拓展训练
理论与实操

TUOZHAN XUNLIAN LILUN YU SHICAO

张宝峰　许晓部　吴　勇　主编

苏州大学出版社
Soochow University Press

图书在版编目(CIP)数据

拓展训练理论与实操 / 张宝峰,许晓部,吴勇主编.—苏州:苏州大学出版社,2022.10
ISBN 978-7-5672-4070-4

Ⅰ.①拓… Ⅱ.①张… ②许… ③吴… Ⅲ.①拓展训练 Ⅳ.①G895

中国版本图书馆 CIP 数据核字(2022)第 170370 号

书　　名:	拓展训练理论与实操
主　　编:	张宝峰　许晓部　吴　勇
责任编辑:	管兆宁
助理编辑:	张亚丽
封面设计:	吴　钰

出版发行:	苏州大学出版社(Soochow University Press)
地　　址:	苏州市十梓街1号　邮编:215006
印　　装:	苏州市深广印刷有限公司
网　　址:	http://www.sudapress.com
邮　　箱:	sdcbs@suda.edu.cn
邮购热线:	0512-67480030
销售热线:	0512-67481020

开　　本:	787 mm×1 092 mm　1/16　印张:15　字数:329 千
版　　次:	2022 年 10 月第 1 版
印　　次:	2022 年 10 月第 1 次印刷
书　　号:	ISBN 978-7-5672-4070-4
定　　价:	49.80 元

凡购本社图书发现印装错误,请与本社联系调换。服务热线:0512-67481020

《拓展训练理论与实操》编写组

主　编：张宝峰
　　　　许晓部
　　　　吴　勇
编　者：（按姓氏笔画排序）
　　　　王　康
　　　　王文江
　　　　李红年
　　　　李雄旺
　　　　杨俊亮
　　　　赵雪龙
　　　　蒋　辉
　　　　解文华
　　　　戴　杰

Preface 前言

与传统的以教为主的教育模式不同,先行后知的体验式教学方式更加关注学生的体验,进入校园后很快得到了学生的认可。拓展训练采用体验式教学模式,其营造的体验式课堂包含的不再是单一的课程学习,它促进的是师生的多元化发展。掌声雷动、喊声四起,学生们兴致盎然,这是拓展训练课的常态,课堂俨然已经成为一个体验学习的乐园。"小游戏,大道理",通过挑战自我、熔炼团队,学生在学习中感悟游戏内外的道理,深入思考人生的哲理。就这样,学生在团队合作中提高了自身适应社会的能力,培养了面对困境时积极勇敢的心态,激发了沟通协作中的想象力和创造力;而教师也与学生共创、共享、共成长。将游戏变大就是生活,将道理变小就是真谛,拓展训练课更多的是挖掘游戏之外与其相近的真实生活,不仅能为学生个人未来走向工作岗位奠定良好的基础,也能推动学生综合素质的发展,为社会培养复合型人才。

当前,有关拓展训练的书籍大多是十年前的版本,更新滞后。为了使拓展训练在学校得到更好的普及和发展,急需一本适合学校学生使用的新教材,为此我们联合从事拓展教学的教师和一线优秀的拓展培训专家合力编写了一本适合当前学校教学和拓展训练发展的新教材。

本教材从以下模块切入,让读者不仅能对拓展训练有较全面的认知和了解,也能学到实际的游戏项目,部分项目还配有视频教学的二维码。

本教材分理论和实操两大部分,共十二章,各章标题及撰稿人如下:第一章拓展训练概述,由张宝峰、许晓部撰写;第二章拓展训练课程与模式,由许晓部撰写;第三章拓展训练的安全,由张宝峰、赵雪龙撰写;第四章拓展训练的场地与器材,由许晓部、张宝峰撰写;第五章拓展教师,由张宝峰、许晓部撰写;第六章破冰项目,由张宝峰、蒋辉、王康撰写;第七章高空项目,由张宝峰、赵雪龙撰写;第八章场地项目,由许晓部、戴杰撰写;第九章水上项目,由许晓部、李雄旺、王文江撰写;第十章主题项目,由吴勇、杨俊亮、王文江撰写;第十一章体育项目,由张宝峰、蒋辉、解文华、李红年撰写;第十二章数字团建项目,由吴勇撰写。全书由张宝峰、王康统稿,视频和图片由吴勇、许晓部提供。

从历史切入了解本源。如果你刚刚进入拓展训练这个行业，建议从第一章和第二章开始阅读，这样会更容易理解。

从安全切入学习本质。安全是拓展训练的前提，也是生命线，所有拓展训练行业的从业者都应该不断加强对安全的认知与理解，安全是全方位的，希望认真阅读第三章和第四章。

从师生关系切入理解角色。如何在拓展训练课程中更新认知，建立新型的师生关系，做一名优秀的拓展训练教师，建议阅读第五章。

从内容切入学习项目。内容为王，游戏项目是开展拓展训练的核心，从第六章到第十一章，你将学到破冰项目、高空项目、场地项目、水上项目、主题项目、体育项目，虽然内容有点多，但这些是实战派的基础。

从时代切入跟上步伐。随着经济和数字化进程的不断推进，本教材首次引入数字团建项目的新概念，介绍了数字团建的模式与应用场景，开启了数字时代的团建新赛道，相关内容请阅读第十二章。

从模式切入持续更新。我们已经进入快速学习、不断迭代的新时代，知识日新月异，仅仅从本教材获取相关内容是不够的，那如何持续学习呢？我们建立了线下学习与研习通道，让你在第一时间就能学到当下的最新项目，相关内容请关注本教材视频教学中的二维码。

感谢苏州大学体育学院的资助和陶玉流院长的支持。本教材在编写和出版过程中得到了苏州大学出版社的大力支持，在此表示感谢。

由于编者水平有限，教材中有疏漏和错误在所难免，敬请读者批评指正！

编　者

2022 年 9 月于苏州

CONTENTS 目录

理论部分

- **第一章　拓展训练概述** ·· 3
  - 第一节　拓展训练的起源与发展 ·· 3
  - 第二节　拓展训练的主要特点 ·· 7
  - 第三节　拓展训练认知 ·· 9
  - 第四节　拓展训练对高校大学生综合素质提升的促进作用 ············ 12
- **第二章　拓展训练课程与模式** ··· 18
  - 第一节　拓展训练课程 ··· 18
  - 第二节　拓展训练的课程模式 ·· 22
- **第三章　拓展训练的安全** ·· 33
  - 第一节　拓展训练安全概述 ··· 33
  - 第二节　据展训练安全原则 ··· 42
- **第四章　拓展训练的场地与器材** ·· 59
  - 第一节　拓展训练的场地 ·· 59
  - 第二节　拓展训练的器材 ·· 60
- **第五章　拓展教师** ·· 72
  - 第一节　拓展训练课程中的新型师生关系 ································ 72
  - 第二节　拓展教师的要求 ·· 75

实操部分

- 第六章　破冰项目 …………………………………………………… 83
- 第七章　高空项目 …………………………………………………… 100
- 第八章　场地项目 …………………………………………………… 114
- 第九章　水上项目 …………………………………………………… 173
- 第十章　主题项目 …………………………………………………… 180
- 第十一章　体育项目 ………………………………………………… 199
- 第十二章　数字团建项目 …………………………………………… 217

参考文献 ………………………………………………………………… 231

理论部分

第一章 拓展训练概述

第一节 拓展训练的起源与发展

▶▶ 一、拓展训练的起源

拓展训练源于第二次世界大战时期。第二次世界大战期间,英国战火纷飞,其盟军的商务舰队在大西洋上屡遭德国人袭击,许多英方的运输船被击沉入海中,由于海水冰冷,又远离大陆,船上的绝大多数海员不幸葬身海底,但仍有少数海员在历经磨难后得以生还。人们在了解了这些生还者的情况后,惊奇地发现,很多生还者不是身强力壮的年轻海员,而是富有经验的年长者。经过一段时间的调查研究,专家们终于找到了答案:这些人之所以能活下来,主要是因为他们有良好的心理素质、强烈的家庭责任感和求生欲望、良好的团队协作精神和沟通意识等综合素质。当遇到灾难时,他们首先想到的是"我一定要活下去",他们相信自己能找到办法,努力让自己冷静下来,主动与别人合作,想办法求救或自救。而年轻的海员想得更多的可能是"我怎么如此不幸,这下我可能要完了,不能活着回去了",他们只顾及自己,过早地失去了信心,或无谓地浪费了太多体力。

对于生还海员的研究,教育学家库尔特·汉恩做出了许多贡献。库尔特·汉恩通过对这一现象的分析和研究,得到的结论是:能在恶劣环境中求得生存,不仅要有体能,更重要的是要有良好的心理素质。而良好的心理素质是可以通过后天训练获得的。于是,库尔特·汉恩于1941年和英国人劳伦斯·豪尔特在英国威尔士的阿伯德威建立了一所海上训练学校。在这所学校里,他研究设计了一些人工设施和自然条件,用以模拟海难发生时的情境,让那些年轻的海员做一些具有心理挑战的活动和项目,以训练和提高他们的心理素质,提高他们应对海上危机的求生能力。这项训练明显提高了海员的心理素质和生存率。当时,这所学校对第二次世界大战期间的兵员保障起到了非常积极的作用。库尔特·汉恩称这项训练为拓展训练(Outward Bound,简称OB),又称外展训练,其寓意为"一艘孤独的小船,离开平静的港湾,去迎接暴风雨的考验",这是拓展训练的雏形。

> ## 小贴士
>
> ### 拓展训练的创始人——库尔特·汉恩
>
> 　　1886年,库尔特·汉恩出身于柏林一个有地位的犹太家庭。他从小喜欢远足探险,探险过程磨炼了他的意志。生活的阅历使他深刻体会到:学农要从种植开始,学哲学要从辩论开始,一切知识来源于实践,经验来自亲身体验,有了亲身体验就会获得长久的记忆,甚至终身不忘。后来,汉恩构想着将来建一所学校,以"从做中学"的理念来实现他的愿望,他希望在这所学校里思想和行动不再对立。这些思考对他后来的思想有重要影响。由于汉恩犹太人的身份和他的社会活动,德国统治者想要对他实施谋杀。在1933年2月的大逮捕中,汉恩入狱,在他英国朋友的努力下,英国首相拉姆齐·麦克唐纳做出官方抗议后,汉恩被释放,并于同年7月启程到了英国。1934年4月,汉恩建立了戈登思陶恩学校,起初只有2名学生,但这并没有动摇汉恩的决心,在他不断努力下,9月份有了21名学生,不久该校就成了一所非常有名望的学校,此后学校的招生人数稳步增长。
>
> 　　1938年,汉恩获得了英国国籍。其后,他呼吁英国战争委员会在部队中实行一种训练,这种训练能够在几个月内让英国士兵在耐力、胆识和自卫能力方面不亚于德国士兵。第二次世界大战期间,英国部队征用了戈登思陶恩学校,学校搬迁到了威尔士的营部。
>
> 　　后来,汉恩又提议创办一所新型的学校,课程运用汉恩的"城郡徽章计划"来改变年轻人的态度,提高年轻人的身体素质,增强年轻人的事业心、韧性及激情。这是一个雄伟的国家计划,学校对年轻人进行一个月的培训,培训课程包括小船驾驶训练、体能训练、越野训练、救援训练、海上探险、穿越山脉的陆地探险及对当地居民的服务活动。1941年,这所学校在威尔士的阿伯德威成立,取名Outward Bound School,简称OBS,这就是拓展训练课程模式的开端。
>
> 　　在OBS里,学生通过在海上、山谷中、沙漠中的磨炼可以得到生活的体验。从最初在阿伯德威的日子开始,OBS一直在发展,但始终没有脱离汉恩的基本理念,即在自然环境中获得挑战的深刻体验。通过这种体验,个体能够建立起对个人价值的认知,团队(小组)也会更清楚地意识到人与人之间的相互依靠,以及所有人都要关心处于困境和危险中的人们。

二、拓展训练的发展

（一）国外拓展训练的发展

第二次世界大战结束后，OBS的规模越来越大，学生中不但有年轻的海员，还有工厂的学徒、警察、消防员、军校学生等。1946年，OB信托基金会在英国成立，目的是推广OB理念并筹集资金创办新的OBS。OB信托基金会拥有OB的商标，掌握着该商标使用许可证的发放权。1962年，曾在戈登思陶恩学校任教的美国人乔什·曼纳在美国成立了科罗拉多拓展训练学校（COBS），并于1963年正式从OB信托基金会获得了商标使用许可证。1964年1月9日，组成OB法人组织的文件在美国起草，随后的数年间，OBS在世界各地不断成立，实践着OB理念，OB组织也逐渐发展成为OB国际组织，目前其办公地点设在美国犹他州的德雷伯市。

OB国际组织下属的OBS已经遍布全球六大洲，有多所分校。这些分校秉承了汉恩的教育理念，学生包括家长、教师、企业员工、各级管理人员等。在亚洲地区，新加坡最早建立OBS，此后中国香港、日本先后引进了这种体验式教育的课程模式。

拓展训练从海员职业训练开始，发展到团队心理训练，其训练项目中可以找到"大海和船"的痕迹，例如，注重绳索的使用，徒手或借助于绳索的攀爬活动；也可以找到心理测试的试验项目，例如，拓展训练的常选项目"信任背摔"就是源于亲子关系测试的心理试验项目。随着心理学专家对拓展训练的介入，拓展训练增加了项目选择，扩大了可受益人群，加深了对受训人员的影响。

随着社会的进步，人类进入工业社会，很多人经常有与落海海员相似的境遇。人们在面对飞快的工作节奏和复杂的人际关系时，往往会出现思想保守、情绪焦躁、精神压抑的状态，更为严重的是很多人因承受不住压力而做出极端的行为，这些现象会给社会和个人带来很大的损失。拓展训练适应了我们所处的时代对完善人格、提高素质和回归自然的需要，成千上万的人参与其中，一同感受拓展训练带来的令人震撼的学习效果，同时，参与此类课程也成为现代人生活的新时尚，近几年有不断升温的趋势。

（二）国内拓展训练的发展

在我国，拓展训练首先进入的地区是香港。1970年，香港成立了香港外展训练学校，它是中国第一个加入OB国际组织的专业培训机构。1995年，以"拓展训练"命名的体验或教育模式整合改造后进入中国内地，当时，北京拓展训练学校是最早开始在内地开展拓展训练课程的培训机构。1999年，OB国际组织在广东肇庆建立了拓展训练基地，它是该组织在我国的第一个拓展培训基地。

拓展训练进入我国内地已近30年，当初的北京拓展训练学校已发展为在全国拥有12家分支机构和27个拓展培训基地的人众人教育集团。现在估计全国每年参加拓展训练的人次有近百万，且每年都在不断增加。

拓展训练在我国以星火燎原之势急速发展，目前已经遍布全国的拓展培训机构、拓展培训公司有千余家。随着国内拓展训练的普及与发展，参与培训的单位也由最初的外企，发展到国企、事业单位乃至乡镇民企，参训人员从高层领导发展到普通员工。列入世界500强的跨国公司，如花旗银行、惠普、爱立信、IBM等都逐渐开始把拓展训练作为员工必须参加的培训课程；政府部门及国内大型企事业单位，如中国机械进出口（集团）有限公司、中国图书进出口（集团）有限公司、中国工商银行股份有限公司及中组部、公安部等也把拓展训练作为员工必须参加的培训课程，定期、分批进行培训。

在近几年的发展中，拓展训练原有的传统项目已不能满足客户的需求，众多培训机构和培训教师在保存传统拓展训练中经典项目的基础上，结合野外活动、室内活动项目，研发了许多新型的项目，如大型主题团建、沙盘模拟、军事魔训、体育创改、数字团建等。

（三）学校拓展训练的发展

在近几十年的学校发展历程中，拓展训练的发展一直伴随着现代学校的发展，并渐渐融入现代学校的教学体系中。

拓展训练在得到认可之后，慢慢地被西方一些国家的教育系统关注，它们派了很多教师和学生参加体验活动，此后主流教育学校和OBS进行了多个领域的合作。有一段时间，OBS在主流教育学校中设立了一些分支机构，这些分支机构被称为"学校中的学校"。拓展训练在许多教学研究人员的关注与研究下，理论更加丰富，课程体系日趋完善，并使学习规律得以向体验式学习回归，在其他学科和领域内大胆地结合，取得了良好的效果。

与西方国家学校拓展训练的发展相比，我国当前学校拓展训练的开展和发展均具有自己的特色。改革开放以后，我国一些大城市也有一些教育工作者曾经尝试在学校成立"课外活动小组"，目的是丰富学生野外生存知识、提高学生综合素质。

1999年，清华大学率先将体验式培训引入MBA、EMBA的教学体系中，随后北京大学光华管理学院、中山大学岭南学院、浙江大学、中国工商管理学院等的MBA、EMBA课程也纷纷把拓展训练作为指导内容，甚至作为学生开学的第一堂课。

2003年，北京师范大学体育与运动学院针对学校教师开办了第一期拓展训练学习班，学时为一周。这是当时国内具有权威性的培训，但是一周的时间对于拓展训练来说太短，教师们不能完全深入地掌握拓展训练的相关内容。随后，一些拓展培训机构也开始举办各种形式的拓展教师的学习和资格认证辅导班，短期内对拓展训练的发展起到了一定的推动效果。

学校开展拓展训练课程面临的主要问题是如何培训专业教师和进行课程设置。很多学校因为教师资源不足，只能随意给学生提供几个简单的项目，这样不系统的教学不利于学生全面学习拓展训练相关知识，甚至会歪曲学生对拓展训练课程的认识。学校开展拓展训练课程必须有完整的教学大纲和教学计划。目前，北京大学、清华大学、中国农业大学、中央财经大学、浙江大学等一些高校已经把拓展训练作为本科生体育必修课的选项课之一，有着完整的教学大纲和教学计划。这些高校的拓展训练课程的教师主要有以下两个来源:一个是新引进的青年教师,这些教师在读书期间曾去拓展培训机构做过兼职,对拓展训练有了一定深度的了解;另一个就是学校原有教师,他们自发去拓展培训机构做过兼职,或者进行了专门的学习。截至2018年,北京大学、清华大学、中国农业大学、中央财经大学、浙江大学、北京师范大学、上海财经大学、西北师范大学、东北林业大学、江西财经大学、江南大学、苏州大学、苏州市职业大学等300多所高校开设了拓展训练课程,其中高职高专院校有近100所。目前,我国的拓展训练正以更快的速度向更多的学校扩展开去。

第二节 拓展训练的主要特点

拓展训练实质是一种以身体活动为手段的教育模式,采用对身心的不断刺激来形成稳定的心理品质,是体育社会功能的一种体现和延伸,它在培养人的意志品质、沟通能力、协作精神、团队意识等非技能素质方面有着十分突出和显著的效果。概括起来,拓展训练有如下几个特点。

▶▶ 一、体验是基础

拓展训练在某种程度上等同于体验式学习,它是一种摆脱传统教学观念的双向学习方式,即"在体验中学习""在做中学"。拓展训练最大的特点在于它是一种以学生的体验为基础的培训。它抓住了人类学习习惯的特点,以各种方式模拟我们在实际的工作和生活中可能遇到的矛盾,虚拟各种场景让学生去亲身感受。人类最基本的认识方式是感觉,而不是思考。原始的人类就是通过五官的感觉去认识世界的。有研究表明,人类对听到的事物大约可以记住10%,对看到的事物大约可以记住20%,对亲身经历过的事物大约可以记住80%。人类对事物的认识是从感性上升到理性的,也就是说,我们首先对事物形成感性认识,然后才能通过分析总结上升为理性认识,这才是符合客观规律的认识方式。拓展训练为每一名学生营造一个逼真的全方位感受的机会,再加上教师高水平的引导,当学生对经历的情景充满了疑惑和好奇,对获取知识充满了渴望时,他们的状态是完全开放的,这时可以将影响直接施加到他们心灵的最深处,从而产生良好的学习效果。

▶▶ 二、认知的培训

拓展训练属于教育的一种。如今,教育大体可以分为三类:知识的教育、技能的教育和世界观的教育。我们从出生甚至胎教就开始接触教育,到幼儿园、小学、中学,从性质上看,这个阶段我们所接触到的绝大部分都是知识的教育;到了高等教育阶段,我们不但学习知识,也接触一些研究分析问题的方法、技能,开始有一些独立解决问题的机会;工作之后的在职教育,更多的是专业技能的培训,目的是让我们学会用知识去解决一系列的问题,创造价值。而如今,被越来越多的企业重视的拓展训练,则更多的是世界观的引导,形式上以学生为中心,以学生的感受为主体。拓展训练在引导世界观方面的优势是其他培训方式无法比拟的,它可以让学生在十分开放的状态下,认识到自身在性格等深层次方面的优势和劣势,也只有通过这种在人的心灵最深处施加影响的方式才能有效地让学生形成正确的世界观。

▶▶ 三、挑战极限

拓展训练的各种项目活动都具有一定的难度,这些难度不但表现在体能要求上,还表现在心理考验上。因此,拓展训练要求学生充分发挥体能和心理上(尤其是心理上)的潜力,经受一定难度的考验,通过努力完成任务,最终战胜自我,达到训练目的。例如,断桥项目要求学生在高8米左右的高空从一块木板跳到1.5米左右远的另一块木板上,在地面这是个很容易完成的动作,可当你站在高空中的木板上的时候,高度会让你心理上产生巨大的恐惧,在这种特定的环境中能否及时调整心态、控制自己的情绪,果断、勇敢地跨出一步,将是成功的关键。很多人在亲身体验过这个挑战之后都得出这样的结论:断桥一小步,人生一大步。断桥项目能让学生懂得,当你拥有果断、自信、敢为的良好素质时,很多困难和危机都会迎刃而解。

▶▶ 四、以学生为主体

人的主观能动性对于发挥自身的潜能和提高学习的积极性具有极其重要的作用。体验式学习的首要特点就在于要求学习者发挥主动精神,对自己的学习负主要责任,真正成为教学过程的主体,也就是强调学习者积极主动地参与、融入教学实践的全过程,学习者不再是知识的被动接受方,而是主动吸收方。在课后总结中,教师也不过多地发言,只是根据项目完成情况进行点评,主要让学生分享自己的感受。这样,活动的操作、体验、交流、总结都由学生独立完成,可以让学生更加了解自己,从而正确评价自己。

▶▶ 五、综合性活动

拓展训练的所有项目都以体能活动为引导,引发出认知活动、情感活动、意志活动和交往活动,有明确的操作过程,要求学生全身心地投入,是一个综合性活动。挑战极限的拓展训练项目都具有一定的难度,主要表现在心理考验上,需要学生向自己的能力发出挑战,突破自己的极限。集体中的个性拓展训练项目实行分组活动,强调集体合作,力图使每一名学生都竭尽全力为集体争取荣誉,同时从集体中吸取巨大的力量和信心,在集体中显示个性。团队合作的拓展训练项目,依赖团结协作,一个人难以凭借个人的力量取得成功,在整个团队中,每个人都是必不可少的一部分,在这里,1加1不等于2,而是更多,队员之间需要相互信任、相互激励、相互学习、相互帮助。在拓展训练中,整个团队好比一个大家庭,学生们能充分体会到其中的乐趣,也可以清楚地看到自己的价值所在。

▶▶ 六、高峰体验

拓展训练也是磨炼个人意志品质的教育方式。在拓展训练中,每个人都会不断面对挫折、面对失败,但是在同伴和教师的鼓励下仍然会站起来,以更坚强的意志和更坚定的信念去参与挑战。在克服困难、顺利完成任务以后,学生能够体会到发自内心的胜利感和自豪感,获得人生难得的高峰体验。

▶▶ 七、自我教育

在拓展训练的课程教学中,教师会在课前把课程的内容、目标、要求及注意事项向学生讲清楚,活动过程中一般不再进行讲述,也不参与讨论,充分尊重学生的主体地位和主观能动性;在课后的引导分享中,教师只是点到为止,主要让学生自己来讲,以达到自我教育的目的。

▶▶ 八、课程新颖

野外拓展训练教授的是课本外的知识,因此对于总是埋头于课本的学生来说,这种训练无疑是一种陌生、新奇而又刺激的挑战。在野外拓展训练中,每个人都在接触新事物、学习新事物、了解新事物、掌握新事物、运用新事物。这种训练能培养学生的观察能力和动手能力,激发学生的学习兴趣,使学生切切实实地学到一些能运用于生活的知识,体会到学习的快乐。

第三节　拓展训练认知

▶▶ 一、拓展训练的概念、内容及分类

(一)拓展训练的概念

拓展训练是体验式学习的一种。人们在总结前人成果的基础上,将拓展训练定义为:通过专门设计的具有针对性和挑战性的课程,利用各种典型的场景和活动方式,让团队或个人经历一系列的考验,磨炼克服困难的毅力、培养健康的心理素质和积极进取的人生态

度、增强团队意识的一种体验式培训方式。

(二) 拓展训练的内容

拓展训练的内容是由几百个不同类型的拓展训练项目组成的。在拓展训练中,每个经过精心设计的活动,都被称作拓展训练项目。参与不同的拓展训练项目,会有不同的体验与收获。根据不同的拓展训练课程培训目标的需要,可以安排不同类型的拓展训练项目进行组合搭配,以此形成不同的拓展训练课程方案。拓展训练课程方案不同,培训目标和培训效果也不同。对于诸多的拓展训练项目,选哪些项目进行组合,如何组合这些项目,以使学生消耗的身体能量与受到的心理冲击趋于合理并达到训练目标,需要对每个项目的特点进行分析、比较,以便制订出合理、有效的拓展训练课程方案。

(三) 拓展训练的分类

要想了解拓展训练的特点,就要研究拓展训练的分类。由于采用的分类标准不同,拓展训练的分类也各式各样。有的把拓展训练分为个人及双人项目、沟通项目、破冰项目、团队协作项目、基地拓展训练项目,有的把拓展训练分为室内情景训练、户外场地、野外和水上等项目,有的把拓展训练分为融冰模块、信任模块、沟通模块、挑战模块、协作模块、士气模块和分享模块,有的根据练习场地将拓展训练分为室内拓展运动、户外拓展运动、专业场地拓展运动,有的按照拓展目的将拓展训练分为个人潜能类、熔炼团队类,有的按照基本功能将拓展训练分为健身类和教育类,有的把拓展训练分为场地、水上、野外三类。

除上述分类标准外,拓展训练还可以按照项目的性质进行分类。拓展训练项目的性质是由拓展训练的目标和任务决定的。拓展训练项目的性质可以直接表明活动本身的针对性,也可以让学生更加清楚活动的训练价值和所要投入的重点精力,这对于学生调整心态、理解规则有积极作用。拓展训练项目的性质还可以帮助拓展教师在设置项目和监控课程时更有依据。通过对拓展训练项目性质的分析,可以很好地组织安排项目与项目之间的顺序,按照团队发展理论使项目有机组合,更好地帮助学生挑战自我与熔炼团队。拓展训练按照项目的性质可以分为破冰项目、个人挑战项目、团队沟通项目、团队合作项目、团队信任项目、融合类项目等。

二、拓展训练的功能

拓展训练的不同项目具有不同的功能,但总体来说,拓展训练具备以下六个功能。

(一) 挖掘自我潜能

人的潜能是无法预估的,如果没有经历一些事情,人们可能永远都不知道自己有哪些隐藏的潜能。拓展训练有目的地给学生设置一些困难,让他们在经历后发现自己还有这方面的潜能,从而增强他们的信心。拓展训练能让学生知道,任何看似不可能完成的事情,在没有亲自尝试之前都不要轻易放弃,自己的潜能就是在不断地大胆尝试中被发掘出来的。

（二）培养创新精神

创新是知识经济的灵魂,创造力是衡量科技人才的重要标准。而培养创造精神和激发想象潜能是拓展训练的重中之重。在拓展训练中,很多项目都是为培养学生的创造性思维而设计的,活动中没有人教你怎么做,书本上也没有相关知识。在特定的环境中,要完成任务,学生只能靠自己的思维和实践动手能力,从而激发学生的创造力和想象力。

（三）培养团队协作能力

拓展训练中有很多需要团队协作才能完成的项目,让学生在集体中、合作中、矛盾中、解决问题的过程中提高适应社会的能力、领悟做人的道理和树立集体主义精神。

（四）培养良好的心理素质

拓展训练强调的是,"不是你不能,只是你不敢;不是你的能力问题,而是你的心理问题;积极的心态将是你获得成功的原动力"。学生在拓展训练的特定环境中,要面临各种各样的困难,挑战极度的心理恐惧,能否及时调整心态,控制自己的情绪,果断、勇敢地跨出一步,将是能否成功的关键。拓展训练能让人懂得,自己拥有了果断、自信、敢为的良好心理素质,任何困难和危机都会迎刃而解。它就像一个安全、充满真诚并富有挑战的心理实验场,要求学生不断克服自己的心理恐惧,提高情绪调节和自我调控能力,保持平和的心态,勇于挑战自己、战胜自己,培养冷静、果断、坚韧不拔的良好品质。因此,参加拓展训练能培养学生良好的心理素质。

（五）掌握野外生存技能

拓展训练能让学生体验和掌握就地埋锅烧饭、分辨可食植物、处理一般性动植物对人体造成的伤害、查看地图、正确使用全球定位系统（GPS）、利用指南针解决迷路问题等技能。让学生真正学到在恶劣环境中生存的基本技能,同时帮助他们增强在以后工作中的自信心。

（六）拓展体育课程的时间和空间

目前,高等学校普遍反映体育场地、器材、设施不足,高校扩招使这一问题更加突出。拓展训练课程的开展,把传统意义上的体育课堂搬到社会和大自然中,最大限度地拓展了体育课程的时间和空间,也为今后体育课程的内容和方式的改革开阔了视野。

▶▶ 三、拓展训练的实施过程

拓展训练的实施可分为单个拓展训练项目的实施与拓展训练课程的实施两个过程。

单个拓展训练项目的实施过程包括六个环节:引导、体验、感悟、总结、分享、应用。

（1）引导:教师通过简单明了、意味深长的开场来引导学生进入场景,让学生如身临其境,跃跃欲试。

（2）体验：学生带着好奇和疑问投入活动中，体验活动带来的刺激。

（3）感悟：学生在亲身体验中感悟到一些有价值的理念。

（4）总结：针对学生在活动中的表现，教师以提问的方式帮助学生剖析自己。

（5）分享：通过教师与学生间的互动和学生与学生间的互动提取有关活动的感悟。

（6）应用：学生将训练中学到的知识应用到实际工作和生活中，并从中受益。

拓展训练课程的实施过程包括前期分析、课程设计、场景布置、破冰课程、项目挑战、引导分享、提升心智、改变行为八个环节，具体内容在第二章介绍。

第四节 拓展训练对高校大学生综合素质提升的促进作用

一、拓展训练对高校大学生的心理健康具有积极的促进作用

拓展训练以"团队合作学习"的方式打破了传统教育中以"独善"为主的教育模式，让大学生在集体中、合作中、矛盾中和解决问题的过程中增长适应社会的知识，领悟做人的道理，树立集体主义精神。

拓展训练中的大部分项目都是针对提高人的心理素质设计的。在活动过程中，大学生不断克服心理恐惧，战胜自我，并明白这样一个道理：面对困难时保持平和的心态、充分信任自己，对于不断挖掘自身的潜能非常重要。

拓展训练有目的地给学生设置一些困难，让学生在经历后发现自己还有这方面的潜能，从而增强其自信心。参加过拓展训练的学生在活动结束后常说的一句话就是：不管什么事情，在你没有尝试之前不要轻易放弃，许多事情不是你不能做，只是你不敢做，不是你的能力问题，而是你的心理问题，要勇敢地尝试那些看似不可能完成的事情，你的潜能就是在你不断大胆地尝试中被挖掘出来的。

拓展训练有利于培养大学生的信任感和包容心。例如，信任背摔项目体现了人与人之间的信任，在高1.6米的高架台上向后倒的一刹那，几乎每个人都会产生莫名的恐惧，担心下面的队员无法接住自己，而越不能信任对方，向后倒时越不容易被接住。大部分将这个项目完成得很好的学生发现，在下面接的时候，上面的队友越是表现得相信自己，自己的信心就越强，接地就越轻松，而当自己向后倒时，也相信下面的队友能很好地接住自己，因此倒地也很好。这个项目告诉我们，信任他人，不但可以增强同伴的信心，也可以发挥自己最大的潜能。

拓展训练有利于培养大学生积极进取的人生态度。拓展训练中很多活动告诉我们：不论做任何事情，用什么样的心态去面对是非常重要的，抱着一个什么样的心态，将得到一个什么样的结果。例如，在做求生墙项目的时候，很多学生面对这个项目首先想到的是不可

能,但是当他们认真、积极、努力地去面对的时候,他们发现,看似不可能完成的事经过努力完全变成了可能。学生们在一起讨论与分享经验时一致认为,面对一项任务,如果你的心态是消极的,你的大脑中出现的就是无法完成这项任务的理由;相反,如果你的心态是积极的,你就会想出很多行之有效的解决办法。

显而易见,参加拓展训练的大学生,正是有了这些特殊体验后,才在激动、恐惧、犹豫、喜悦中不断感悟着人生与生活的真谛,自觉地把拓展训练中的特殊体验作为维持和增长自我挑战能力的方式,培养自己的体育精神。

▶▶ 二、拓展训练对高校大学生的社会适应能力具有积极的促进作用

拓展训练可以培养大学生的团队协作意识。成功需要合作,需要团队中所有成员积极默契地相互配合。拓展训练中有很多需要团队协作才能完成的项目,如信任背摔、电网、空中单杠等,这些项目能让大学生在参与中体会到团队协作的重要性。

拓展训练可以培养大学生良好的沟通能力、社交能力和语言表达能力。拓展训练中有很多项目要求学生在看不见或听不到的情况下与大家共同完成一项任务。例如,盲人方阵项目要求十几个人在规定的时间里把一捆杂乱的绳子拉成一个正方形,并且所有人平均分布在正方形的四条边上,整个过程所有人都要蒙上眼睛,在这种情况下,每个人需要与队友进行沟通,认真倾听别人的想法,清楚阐述自己的观点,最终团队意见达成一致来完成任务,项目进行中个人与个人、个人与集体间需要不断进行交流,在嘈杂的环境中让同伴清楚地知道你的想法,说服同伴采纳你的建议,这都是对语言表达能力和社交能力的巨大考验。

拓展训练有利于大学生启发想象力、培养创新精神和提高解决问题的能力。拓展训练中很多项目都是为培养学生的创新精神而设计的,如扎筏、电网、雷阵等,学生没有在书本上学到过完成这些任务的方法,没有人教过他们怎么做,要完成任务只能靠自己,靠挖掘自己的潜能,发挥自己的创造力和实践动手能力。在完成任务的过程中学生会发现,自己的想象力原来那么丰富,动手能力原来那么强。

拓展训练实行分组活动,强调集体合作。无论是集体拓展项目还是个人拓展项目,都力图使每个学生竭尽全力为集体争取荣誉,同时从集体中获得巨大的力量和信心,在集体中彰显个性。同时,拓展训练又是一个自我教育的过程,教师在课前把项目的内容、目标、要求及注意事项向学生讲清楚后,活动中一般不再进行讲述,也不参与讨论,充分尊重学生的主体地位和主观能动性,即使在课后的总结中,教师也不做滔滔不绝的发言,只是点到为止,主要让学生自己讲,由学生自己独立完成对活动的操作、体验和总结。学生可以通过项目活动,更加了解自己,从而正确地评价自己,提高社会适应能力。

总之,拓展训练是一种学习模式的突破,已受到越来越多大学生的喜爱。随着我国开展拓展训练课程的高校越来越多、从事拓展训练工作的教师越来越专业、学校有关拓展训练的资金投入与场地建设不断完善,拓展训练受高校大学生欢迎的程度也会越来越高,这将使拓展训练课程的开展更加丰富多彩,拓展训练也会有更大的发展空间。

拓展训练相关的主要国际组织和概念

1 拓展训练相关的主要国际组织

1.1 外展训练国际组织（OBI）

和1946年英国成立的OB信托基金会的作用相似，1964年1月9日，OB法人组织在美国成立，它不再依托大西洋基金会生存，而是通过OB组织筹集赞助，寻求发展。随着OB理念在世界各地的传播，许多国家建立了OB分支机构，OB组织逐渐具有了国际组织的规模，OBI逐渐形成。1983年，第一届OBI组织会议在新西兰召开；1988年，在美国召开的OBI国际会议提出了对OB商标进行保护；1991年，在阿伯德威召开的OBI国际会议在庆祝OB 50周年的时候成立了国际理事会。2005年底，OBI成为全球规模最大、历史最悠久的从事户外体验式教育的非营利机构。

1.2 美国户外领队学校（NOLS）

由于拓展训练和探险活动在英国实施的结果得到了肯定，美国于1960年引入了OB。1962年6月16日，美国第一所拓展训练学校在科罗拉多州成立，其强调将通过教师的素质来改善美国的教育制度。为了解决教师这一问题，保罗·K.佩特佐于1965年3月23日在怀俄明州兰德尔正式成立了美国户外领队学校，简称NOLS。保罗·K.佩特佐原来是美国OB学校的领队教师和登山运动员，他开办学校的初衷是为拓展训练学校培养专业的领队人才。随着发展，NOLS已可提供全面的户外拓展教育，在全世界建立了多个分支机构，能提供2至12周的户外拓展活动。

1.3 体验教育协会（AEE）

随着户外拓展活动的不断开展，从20世纪70年代开始，户外教育在美国已成为对多个领域起推动作用的教育形式，但它缺乏一个能将其整合规范化的组织机构。当时，正在发展的拓展训练学校、学术机构和大学一起合作，举行了若干以户外体验教育为主题的学习方法研讨会，对体验教育如何在不同领域运用与发展进行了规划，这些教育学者们在1977年组建了一个较为专业的组织，即体验教育协会，简称AEE，其目的是致力于更好地发展体验教育，支持其专业方面的进步、理论方面的提高以及对世界各地体验教育模式的评估。

1.4 挑战课程技术协会（ACCT）

随着绳索课程在美国的不断开展，设施建造者们于1988年举行了一系列座谈，产生了成立挑战课程技术协会（ACCT）的想法，并在不断完善之后于1993年正式成立了ACCT。ACCT最初的任务之一就是建立绳索课程的行业标准，但是1994年发行的第一版标准手册只包括安装标准，1998年发行的第二版标准手册增加了挑战课程操作的技术标准，2004发行的第六版标准手册的内容包括绳索课程的安装、检查、操作和道德标准。目前，正在制订的标准包括对课程和管理者的认证,它的服务对象主要是绳索课程的教师、项目管理者、保险公司代表等。

1.5 原野教育协会(WEA)

保罗·K.佩特佐与大学教授和户外活动领导者弗兰克·拉普顿博士、查克·格雷戈里博士和罗伯特·克莉斯蒂于1977年在西伊利诺伊大学成立了原野使用教育协会,简称WUEA;1980年改组为原野教育协会,简称WEA。WEA的课程也强调户外体验教育,并注重判断力和决策力的训练,不仅要了解人的能力,还要认识并尊重人的局限性。WEA的使命是:提高户外领队人员的专业水平,从而增加户外活动的安全性。

2 拓展训练的相关概念

2.1 户外培训

户外培训是指任何在户外进行的培训活动。它的特点是培训场地在户外。主要包括两种类型:一种是探险训练,这类活动风险很高;另一种是户外训练或户外学习,主要是中低风险的户外活动。

2.2 体验式培训

体验式培训是指通过个人充分参与活动,获得直接认知,然后在拓展教师的指导下,在与团队成员的交流中,提升自我认知的培训方式;或者说,凡是以参与活动开始,"先行后知"的培训方式都可称为体验式培训。归纳总结为:在有目的的教育行为中,按"先行后知"的方式获得知识和实践能力的学习就是体验式学习,这种学习模式进入培训领域的操作行为就是体验式培训。

2.3 体验式学习

一些教育哲学是体验式学习产生的基础,例如,教育家约翰·杜威的"从做中学"的理论和他撰写的《经验与教育》;在杜威和库尔特·莱温的相关理念基础上,大卫·库伯提出的"体验学习圈"理论以及讲述该理论的《体验学习:让体验成为学习和发展的源泉》一书;认知心理学家让·皮亚杰的"认知发展"理论以及其他教育、心理学者的理论形成的体验式学习的主要理论框架。从实务课程操作来讲,体验式学习就是透过个人在人际活动中的充分参与来获得个人的经验,然后在拓展教师的引导下,通过对差异化过程的观察反省,在对话交流中获得新的态度、信念,并将之整合后运用于未来解决问题的方案或策略上,达到一定的目标或愿景。

2.4 行动学习

20世纪40年代,英国教授雷格·瑞文斯担任国家煤炭理事会教育与培训的主管时开创了行动学习(action-learning,AL),这是一种能够提高管理者的管理能力,并且能让机构获得更好发展的学习方法,许多组织、管理机构和企业对其进行了广泛应用。1985年,以AL为基础的MBA课程形成了。1995年,瑞文斯教授在伦敦召开了第一届行动学习研讨会。行动学习要求学生积极参与解决真实、复杂而紧急的问题,并利用提问及反思相互学习,从而明显地改变自己在相关领域的行为表现。因此,行动学习能够帮助潜在领导者为更高层级的工作做好准备,在企业内形成一个学习系统,这样对个人和企业的发展都很有利。

2.5 管理培训游戏

管理培训游戏是将实际工作的时间与空间进行限制,将管理理念寓含在特殊设计的游戏中进行训练的一种活动。管理培训游戏模拟的内容真实感强,使学生易于感悟其中的道理,且富有竞争性与趣味性。

2.6 户外极限运动

户外极限运动是人类在与自然融合的过程中,借助现代高科技手段,最大限度地挖掘自身潜能,向自身挑战的娱乐体育项目。

2.7 主题式冒险

主题式冒险是PA在台湾的名称,是美国人杰瑞·佩创立的一个教育理念和课程模式。1971年,以project adventure为名称的教育方案上报到美国联邦教育局,得到认可后成了全美中等学校的教育课程,后又进入了企业管理领域。现在,PA能提供更多元化的服务,形成了非营利国际教育组织——PA组织。

PA是拓展训练与常规学校教育结合的产物,现在它的课程主要以美国基础教育法第三案为主,是将在户外的冒险性活动,如攀岩、泛舟、登山、露营等改良为只需要很少教具的场地活动。PA的课程有低度、中度及高度之分,多用于心理咨询方案或团体成长为主的心理治疗,以"游戏"教案引导学习,适时激发挑战冒险的精神。

PA的课程模式和我国盛行的户外拓展训练类似,因此它也是我国拓展训练尤其是在学校开展的拓展训练课程的借鉴模型。

2.8 历奇为本辅导

历奇为本辅导(adventure based counseling,ABC),是PA组织的里程碑式人物,号称"体验式学习之父"的卡尔·朗基在拓展训练的基础上,创立并注册的一种学习模式,它更多地利用陌生、新奇、惊险的任务给学生带来心理冲击,目的是培养学生健全的人格。

2.9 以问题为本的学习

哈佛医学院首创了以问题为本的学习(problem-based learning,PBL)模式,拓展训练是它的三大理论根源之一。PBL旨在解决医学院的教学与学生在未来工作中可能面临的书本知识和真实情况相脱节的问题。由于PBL的旺盛生命力和它在校长培训中的应用价值,布里奇斯和海林杰将其引入了教育领域,《以问题为本的学习在领导发展中的运用》一书是他们在各种背景下运用PBL的经验做的相关研究的成果之一。

2.10 EL外展训练

1987年,哈佛大学教育学院研究生院院长罗·约维斯卡在国际拓展训练会议上发表的演讲提出,拓展训练对年轻人有极大的震撼并且难以忘记,不过这种简短的、一生一次的经历并不能给他们提供反复、持久的支持和激励,拓展训练需要进一步的发展。这次的演讲促成了1988年"拓展训练议案"的提出。这个议案的设计强调在主流和传统学校中使用以体验为基础的教育,把拓展训练的原则和学术研究的严格作风结合起来。这个议案就是EL外展训练(expeditionary learning OB),它是拓展训练新改进的课程模式,目的是让拓展训练更经得起时间的考验,它抓住了基本的探索学习的概念,鼓励长期的知识考查,充分开发学生的勇气和才智,激发学生的激情。乔治·布什总统的"发明美国教育"(1991)的提议为这个议案赢得了研发基金。

第二章 拓展训练课程与模式

第一节 拓展训练课程

怎样让学生更好地认识拓展训练？拓展训练课程是什么样的？为什么拓展训练能够在世界范围内受到越来越多人的喜爱和认可？这些问题和我们正确认识拓展训练课程有直接的关系，不同的拓展训练课程具有不同的针对性，也会给学生带来不同的体验和收获。

人们通过拓展训练课程中项目的活动方式、学生在项目中的角色认定及项目对学生的培养目标，对每个项目进行评估和层次划分。对于诸多拓展训练项目，选择哪些进行使用，如何搭配以使身体能量的消耗与心理活动的冲击在比例上趋于合理，需要对每个项目的特点进行比较、分析，并在实践中进行验证。

一、拓展训练课程的活动层次

拓展训练课程的活动可分为以下五个层次。

（一）层次一：传统的理论学习部分，有时也在室外进行

教师一般会在拓展训练课程开始前，将学生集中在训练场、教室或会议室中，完成课程的开始部分：讲解拓展训练的基本知识和完成拓展训练任务应具备的基本技能，告知拓展训练中应注意的行为规范与安全要求，介绍拓展训练的模式及引导分享的形式，宣传拓展训练课程中领导及团队文化的存在意义，分析可能遇到的困难及解决办法，等等。有时候会插入一些理论知识的讲解，如团队建设、管理技巧、个人沟通与职业素养等相关知识。

（二）层次二：较低风险的户外活动项目，在团队的支持下以个人挑战为主

调整个人用积极的心态与行动参与项目，感受在队友的支持下接受挑战，加强自信与互信的培养。

项目范例：高台演讲、信任跳水等。

(三)层次三:较低风险的户外活动项目,以团队挑战为主

树立团队共同面对困难与战胜困难的信心,加强队员之间的合作意识、合作技巧及有效沟通,明确分工与领导在团队中的作用,了解个体决策、专家意见与群策结果的差异,学习层级管理、监督机制、时间统筹,等等。

项目范例:盲人方阵、电网、数字传递等。

(四)层次四:较高风险的户外活动项目,在团队的共同参与下,挑战与战胜困难的项目,尤其是对个体心理冲击力较大的项目,以激发个人潜能

帮助个体了解自己在团队中的作用;理解自己与他人之间的关系;从新的角度认识自己的潜力;培养勇敢面对困难与战胜困难的决心;培养在挫折面前的自我说服能力;培养自我激励与对他人进行激励的能力;合理地树立榜样以及效仿榜样;体验成功并能快乐地与他人分享;认同在同一现实面前不同人有不同的认知,并能求同存异地看待问题;合理地保护与信任队友;等等。

项目范例:信任背摔、高空断桥、空中单杠等。

(五)层次五:较高风险的户外活动项目,以团队挑战为主

培养团队意识与团队合作精神;提高团队工作效率,营造和谐环境;培养良好的人际关系;强调信任在团队中的作用;及时肯定团队的良性发展;等等。

项目范例:求生墙。

拓展训练课程的活动被分成的五个层次不是课程优劣的等级划分,也不是课程开展的先后顺序,它们只表明项目在活动的性质上有一定的针对性。教师安排课程时的要求,团队发展所处的时期,接受挑战与完成任务所产生的结果,也许会不尽相同,甚至会产生相悖的可能,这就要求我们要及时了解个人或团队的挑战能力,对项目进行合理的设置与调配,这样至少可以使安全隐患降到最低,有利于实现培训的最终目标。

▶▶ 二、拓展训练的项目选择

拓展训练的培训效果由以下因素决定。

(1)培训机构提供的课程体系。包括项目的具体介绍。

(2)场地与器材。有些培训机构以租借的形式与场地提供方合作,同一套方案常常由于不同提供方的场地与器材的不同而不得不更换或调整,这是不可取的。

(3)拓展教师的业务能力。带领学生完成项目任务并不难,如何有针对性地进一步提升总结,需要委托方提前与承办活动的培训主管认真交流,拓展教师必须就此提前备课与预演,尤其是那些互相借调拓展教师的培训机构,更应该如此操作。

(4)委托方需求。有些委托方只要求培训机构提供一套方案,然后把注意力集中在价格或项目的数量上,这样是不对的。切忌有一天安排超过4个项目的想法。

（5）培训目标。很多时候，委托方只提出例如"增强团队精神"这样一个笼统的要求，不做进一步的细节划分，也有的只要求"让大家玩得开心就行""出来玩就是放松一下"，此类要求占总要求的50%以上，难免有时让人觉得有些拓展训练已经"变味"了，培训机构也无奈地默认，毕竟这是客户要求。

在我国大部分地区，拓展训练还是以团队参加为主。团队参训可以参考以下几个方面选择项目。

（1）前期调查。对参训人员的身体状况、是否参加过同类项目、是否能在预计时间参加等进行调查。此外，拓展培训机构的资历和能力也需要提前调查清楚。

（2）确定时间。包括参训季节、参训天数等，这对于课程提供方非常有用。

（3）确定人数。人数过多或过少都不利于课程设计和培训实施，绝大多数的培训基地能够宽松地接待100位以内的人，人多了虽然也可以安排，但课程效果一定会受到影响。若人数过多，可分批参加，这样虽然增大了组织方的工作量，但课程效果会好很多。注意分批参训的学生间须对有些活动规则互相保密。

（4）选择拓展训练基地。风景优美、设施齐全的基地固然好，但有特色、设施普通的基地也是拓展训练的不错选择。如果是时间较短的课程，选择距离为1个小时左右车程的基地比较合适。距离太远也是影响课程效果的因素之一。每年都会有对路程时间估计不准的情况发生，例如，本应上午开始训练，结果中午才到达基地，可以想象这种课程的实施效果有多糟。组织者最好能够提前一周在同一时段对路程状况进行确认。

（5）确定培训目标。如果是沟通课程或培养团队协作精神的课程，人员组成复杂反倒有利于课程实施，但主题课程最好使主体参训人员与之符合，如对销售人员的激励课程就具有很强的主题性。

（6）确定具体项目和替代项目。项目可针对培训目标进行精细选择、合理搭配，除遇不可抗拒因素，不要轻易改变提前设定好的项目课程表。

（7）评定项目难易与风险。相应的应急预案和保险策略也应考虑在项目选择之内。

（8）参训要求与特殊准备。例如，是否有水上项目，是否有着装要求，基地附近的人文环境要求等。

对于拓展训练来说，项目选择正确意味着成功了一半。至于选择哪些项目，可以参考本书实操部分的内容，然后与培训机构进行真诚和有效的沟通，共同制订一个共赢的方案。

▶▶ 三、拓展训练的课程分类

拓展训练的课程因标准不同而有不同的分类。

（1）按照课程的时间长短可分为长课程与短课程。

（2）按照项目本身的特点可分为高山课程、水上课程、原野课程、极地课程、场地课程等。

（3）按照项目的学习目标可分为沟通课程、激励课程、团队课程、创新课程、解压课程等。

（4）按照参训学生的特点可分为新员工融入拓展课程、儒商拓展课程、销售人员拓展课程、公务员拓展课程、亲子拓展课程等。

（5）按照学生的性别组成可分为男子课程、女子课程、男女混合课程。

（6）按照季节的特点可分为冬季课程、夏季课程、春季课程、秋季课程等。

（7）按照组织方的性质可分为培训课程、学校课程等。

不同分类方式和所列课程，只要看到课程名称就一目了然。下面针对部分课程进行简单介绍，希望能对组织方、委托方与参训学生提供一点借鉴和帮助。

长课程一般为1个月，最长的为3个月，包括体能训练、安全教育、识图定向、攀岩、沿绳下降（速降）、远足、马拉松、溯溪、泛舟、扎营、野外生存等活动。这种课程在国外开展较好，资金主要来源于赞助基金，部分来源于学生自筹，课程主要针对青少年学生。

长课程是一项艰苦的体验，许多人会在中途的时候想放弃，因此在活动开始前与家长的沟通极为重要，组织方一般会希望家长在发现孩子逃课回家后尽快送回，或者孩子在课程期间通过电话向家人求助时家长能给孩子更多的鼓励与支持，必要时必须下狠心让孩子坚持下来。许多青少年在坚持参加完长课程的训练之后，家长发现他们的确有了惊人的变化，尤其是那些曾经有不良习惯的孩子。长课程以磨炼意志、改变态度、重新认识自我、激发潜能与学会与人相处为训练目标。

对于中国现阶段的青少年，长课程的确可以为他们提供一个锻炼的机会。国内有人组织过"长途行军到北京"的活动，尽管人们对此项活动有褒贬不一的评论，但它也不失为一次大胆的尝试。如果希望进行此类课程，不论是组织方还是委托方都须谨慎，必要的组织经验、后援能力、应急处理能力等都必须得到确保。由于受通信等条件的限制，活动区域不要偏离救护与后援车到达的地方太远，毕竟直升机救援还没有像电影里那样快捷与方便。

现有的成人长课程中设置的"再走长征路""李白唐诗之路""茶马古道"等活动都是较好的尝试。

短课程一般为5~16天，更短的为2天左右，往往选择长课程中的一两个项目进行，或者以拓展基地的项目为主。短课程能够让学生保持更大的激情，这种课程在用于企业团队文化渗透时会有很好的效果。如果能够将野外活动与拓展基地的活动相结合，往往能够取得更好的效果，而且便于操作，具备这种能力的组织机构也较多。

我国现在最流行的拓展训练以2天的课程为主，这种课程主要是在拓展训练学校的基地开展，活动以场地户外项目为主，同时融入一些室内培训的经典项目，以个人挑战激发潜能与共同挑战熔炼团队为主。参加这类活动往往需要和当地居民接触，爱惜他们的劳动成果，尊重他们的生活习惯，这也是活动中学习和体验的一部分。

学校拓展训练课程的开设使拓展训练得到了更加蓬勃的发展。学校拓展训练课程的开设以场地训练项目为主，部分有条件的学校会搭建高空项目的训练架，有些学校虽然开设了拓展训练课，但还未来得及建设更多的训练设施，只能做一些地面项目，如校园定向、校园寻宝等,或者在一些体育项目中融入拓展训练的理念,同样能取得很好的效果。

在北京,目前有北京大学、中国地质大学、北京师范大学等学校将拓展训练列入了学生的学习科目之中,并且取得了很好的效果。部分中小学也开设了拓展训练课程。此外,将拓展训练的理念运用到体育课或相关课程中,也可以收到很好的效果,对学生的理论学习与实践运用都有帮助。

第二节 拓展训练的课程模式

一、拓展训练课程的实施过程

一般来说,拓展训练课程的实施过程包括前期分析、课程设计、场景布置、破冰课程、项目挑战、引导分享、提升心智、改变行为,共八个环节。

(一)前期分析

前期分析会对参训群体的组织结构、个体特征与参训目标等进行细致分析,并以此为依据进行培训安排。不同行业、不同环境、不同领导风格的参训群体有不同的特征,不同性别、不同民族、不同年龄的学生在培训活动中也会有不同的表现。因此,课程设计的优劣以及其后一系列环节能否有良好的效果,都和前期分析有密切关系。对于一个准备前来参训的群体,努力了解他们的行业特征以及换位思考他们想要的培训目标,是一种负责任的态度,也是培训机构必须要做的。课程的前期分析有大量工作需要完成,例如,设计调查问卷;通过走访参训单位直接了解参训群体的需求,并提出合理建议;充分了解参训人员的年龄、专业、学历、参训时间、参训需求;等等。这些因素都会直接约束并影响课程设计。

(二)课程设计

拓展训练会针对不同参训群体的特点及需求进行课程设计,课程设计对于整个课程来说非常关键,直接决定着课程是否能取得预期效果。课程前期有大量工作需要完成,不同的课程体系有着不同主题的课程目标,直接决定着参训人员的体验和收获。课程设计流程如表2-1所示。

表 2-1　课程设计流程

步骤	内容
第一步	填写拓展训练专业调查问卷。这个问卷专为拓展训练设计,根据参训群体目前表现出的一些现象的倾向性调查,对参训人员的年龄、学历、参训需求等情况进行统计,综合评估这个群体的现状
第二步	根据问卷反馈的情况,由教师以课程设计的形式对该群体的现状及需要解决的问题给出解决方案
第三步	由教师与参训群体的代表进行面谈,以进一步确认参训需求、方案细节和其他操作细节等事项
第四步	确定方案。前期准备工作包括器材的准备、教师的安排、行程计划等

与企业拓展训练相比,学校拓展训练课程的设计相对简单,学生群体的年龄、学历等都是相对固定的,课程由教师根据本校的师资等具体条件进行设计。

拓展训练课程的设计应遵循以下几个原则。

（1）顺序性原则。拓展训练课程的项目安排要求有一定的顺序。一般把信任背摔作为第一个项目,这个项目与高空断桥项目相比,其个人挑战性相对较低,可以充分拉近团队成员之间的心理距离,使成员迅速融入团队、进入拓展训练的状态。但是,如果第一个项目就是高风险、高难度的,很可能给个别学生带来"当头一棒"的感觉,以至于直接产生退出的念头。拓展训练课程的最后环节需要安排团队协作的项目,这样可以在学生的情绪和团队的氛围都发展到高潮的时候结束项目,如逃生墙项目。

（2）连续性原则。拓展训练课程的项目之间应保持一定的连续性。刚开始,项目之间应该留出一段时间进行一些小游戏,这有助于活跃团队气氛。项目之间的间隔时间不可太久,否则项目之间会有脱节感。不应连续进行两个或多个分享方向相同的项目。教师在整个过程中都要调控团队的氛围,确保团队始终处于高涨、热烈的氛围之中。

（3）完整性原则。安排不同分享方向的项目进行组合,如将信任、沟通、个人挑战等项目组合在一起,这样的拓展训练课程才具有完整性和系统性。当然,也要根据参训群体的需求,突出一两个重点分享的方向。一般情况,信任背摔与高空挑战是整个课程体系中的经典项目,属于拓展训练的首选项目。

（三）场景布置

场景布置对于拓展训练课程也是非常关键的,场景布置需要注意的细节非常多,例如,破冰环节需要准备笔、纸、旗子、秒表等物品,需要根据团队的人数合理摆放桌椅。项目进行前需要准备不同的器材,例如,高空项目需要准备安全带、头盔、绳索、锁具等,缺少任何一件器材,安全都无法得到有效保障,甚至可能导致项目不能进行；孤岛求生项目需要准备生鸡蛋、羽毛球、胶带、报纸等；盲人方阵项目需要准备眼罩,眼罩须定期消毒清洗,佩戴时用纸巾垫上。

除了硬件方面的场景布置外,还有情景模拟和规则的布置。教师对于规则的布置必须讲解清晰,而且项目的语言布置必须按照每个项目的特点讲解到位,这要求教师具有丰富的实践经验和对项目特点的深刻理解,否则很容易引起学生的疑义,导致项目效果不如意。

(四)破冰课程

破冰课程是拓展训练项目开始前的一个必需课程,意为打破人与人之间生疏的"坚冰",使学生迅速地融入团队,使团队成员之间的距离迅速拉近,很快熟悉起来,完全融入士气高昂的团队中来。拓展训练大多以团队为单位,以团队的形式完成一个个挑战,征服一个个困难,这要求团队有高度的凝聚力,要求教师能运用各种方法和手段使所有学生在短时间内迅速活跃起来、融入团队。

破冰课程1

破冰课程主要包含以下几个环节:互相问候、拓展训练(体验式培训)介绍、热身小游戏、团队文化建设和展示(旗人旗事)等。

破冰课程2

(五)项目挑战

项目挑战是拓展训练课程的实践环节,学生以团队为单位完成一个个挑战,每个项目都有其突出的重点,有的侧重个人挑战,这样的项目挑战难度较大;与之相反,一些注重团队协作的项目,个人挑战难度相对较小,这取决于前期的课程设计。在项目挑战开始前,拓展教师首先应简明扼要地将项目的规则和目标叙述清楚。针对不同的项目特点,拓展教师要充分发挥自己的引导作用,如用激励、鼓励、暗示、反问、沉默等不同的引导手段,确保团队每个成员都能全身心地投入项目挑战中。

破冰课程3

一些项目开始时,教师应注意合理安排第一个接受挑战的学生,例如,在信任背摔项目中,第一个接受挑战的学生应该体重较轻且自信;在高空抓杠、断桥项目中,第一个接受挑战的学生应该身体素质较好且胆子大。第一个学生顺利地完成项目,能鼓舞所有学生的士气。

(六)引导分享

引导分享是拓展训练课程的重要组成部分,它是指学生完成项目后围成一个圆圈,在教师的引导下,把自己在项目进行中、项目完成后的直接体验,结合自己生活和工作中最真实的感受表达出来。教师通过引导分享,让学生充分感受到拓展训练的内涵,使学生的内心受到启迪,并能结合教师的记录与大家分享得失,在求同存异中达成默契、共同进步。

1. 引导分享的方式

引导分享一般采取轮流发言与随机发言相结合的形式。一个项目结束后,最好能让每个人都有机会发表自己的看法,尤其是最初的几个项目,要保证每个人都有机会发言。引导分享环节经常会进行"圆桌会议",就是希望创造一个每个人都有平等发言机会的环境。因此,教师会提示所有成员:"在这里,所有人都是平等的,每个人都可以畅所欲言。"有些参加拓展训练的MBA班里会有同一个企业的员工,也有领导与中层管理人员甚至基层人员同时参加的队伍,此时的提示很重要。

发言顺序经常是某一个人先开始,然后按顺时针或逆时针方向轮转,在个人挑战项目中按完成任务的先后顺序轮转也是一个不错的选择。第一个分享人经常是最先完成任务或完成任务困难最大的那位学生。其他人应该在分享人讲完后为其鼓掌,同时也要祝贺每一个成功的人。遇到个人挑战不成功的学生,为了照顾他们的情绪,大家说话会很谨慎,即使这样也会害怕无意中刺痛了队友的心,其实大可不必,可以很坦诚地对其说:"这次成功并不是最终的结果,每个人都有自己的软肋,可能你在这个项目中表现不佳,但在另一个项目中就会成为优秀者,况且每个人的成功都和你的支持分不开……"

2. 引导分享的原则

(1)及时性原则。一个项目挑战完成后,应该立即进行分享。项目刚刚结束时,学生还沉浸在项目的氛围之中,如孤岛求生里捏破鸡蛋的挫败感、盲人的无助感、哑人的焦虑感,高空抓杠成功后的喜悦感等,此时进行分享有利于学生把自己最真实的体验滔滔不绝地表述出来,此所谓"趁热打铁"。

(2)主体性原则。教师一定要清晰地知道,引导分享的主体是学生,而不是教师。许多教师由于经验不足,对引导分享环节把握不到位,怕引导得不够或冷场,于是自己成为引导分享的主体。教师在引导分享环节中的角色是主持人、引导者或记者,任务是提出一些开放性的问题,引导学生分享各自有关项目的感悟。

(3)主题性原则。每个拓展训练项目都有其核心理念,但也有其他方向的分享点。不同项目的分享点有许多是相同或相似的,所以每个项目的引导分享应重点突出其核心理念,同时根据参训团队的需求展开分享,如信任背摔项目应重点引导分享"信任",高空断桥项目应重点引导分享"个人挑战"。有时分享时,许多学生情绪高涨、发言积极,这时教师须及时引导学生围绕主题进行分享,避免跑题。

(4)求同存异原则。每个人都可以说出自己的真实想法,当想法不同时,大家不要针锋相对,只要陈述自己的感受就可以了,这也正好可以了解不同的人对同一个项目的不同认知。

引导分享环节的关键是学生在完成项目挑战之后,从激动、颤抖的高峰体验中抽身,进行自我反思,进而修正自我概念。分享时应将大部分时间留给学生,最后由教师进行总结。总结需要抓住项目的核心理念,避免理论套理论,可结合一些寓言故事进行总结,这样学生能有更加深刻的领悟。

(七)提升心智

拓展训练中有很多看起来很危险、会使参训者感到压力的活动,但这绝不是单纯为了地追求惊险,而是希望参训者在明确了个人和团队的目标,开展了与自我改善有关的活动,接受了队友的帮助,克服了一个个困难之后,体验到由于达到目标而带来的强烈的成就感。这种成功的体验是学生以积极的态度面对事物和苦难的基础,能使学生的心智不断提升,是拓展训练的主要目标。

（八）改变行为

马斯洛曾说,心改变,你的态度跟着改变;态度改变,你的行为跟着改变;行为改变,你的习惯跟着改变;习惯改变,你的性格跟着改变;性格改变,你的人生跟着改变。在回访参加过拓展训练的学生时,许多学生提到了一个共同问题:为什么在培训时大家激情四射、亲密无间,而到单位又回到了从前的状态?曾抱头痛哭过的队友在工作中见到时也不过点头和擦肩而过。其实,很多拓展训练都是短期的,一般为1天或2天。客观地说,想通过一两天的拓展训练来改变一个人的心智模式是不可能的。在学校开展拓展训练课程能够解决这个问题,因为学校拓展训练课程的教学是以学期为单位的,连续多次的体验势必使学生不断修正自我概念,最终实现行为和习惯的改变。

二、拓展训练引入高校的模式

"模式"应该具有导向性、动态性和高效性的特点。导向性是指明确的培养目标。动态性是指"模式"虽然是人才培养过程中相对稳定的结构,但是社会经济的发展是动态的过程,这就要求"模式"必须与之相适应。高效性是指在一定时间内,依据"模式"进行实践操作,充分利用"模式"的要素有效地培养出与社会经济发展相适应的人才。

（一）与体育课相结合的模式

1. 以必修课的形式引入体育教学

拓展训练由于方式和目标与体育课有很多相似之处,因此可以以必修课的形式引入体育教学。

2. 以选修课的形式引入体育教学

拓展训练的部分项目对体能的要求较高,这决定了并不是所有拓展训练项目都适合引入体育教学,学校可以采取选修课的形式,让学生根据自己的喜好,选择是否选修拓展训练课程。因此,综合性的高校可以优先考虑以选修课的形式将拓展训练引入体育教学,最好先由部分学校试点,然后看效果进行推广。拓展训练能否以选修课的形式引入体育教学还需要实践去检验。

（二）与课余体育相结合的模式

为了丰富学生的课余体育生活,拓展训练可以与课余体育相结合。

1. 以俱乐部的方式进入课余体育

我国高校体育教学俱乐部主要包括课外体育俱乐部(含单项体育教学俱乐部)、课内体育俱乐部和课内外相结合的体育俱乐部。这里的俱乐部指的是课外体育俱乐部,也称课余体育俱乐部,它是一种社团型的俱乐部。拓展训练以俱乐部的方式进入课余体育具有自愿性、主动性、灵活性、丰富性和多样性的特点,其优势主要体现在:① 俱乐部的活动是体育课的延伸;② 参与活动的人数多,学生自觉参与意识强;③ 能提高学生对体育的认知,培养学生锻炼身体的兴趣,促进学校体育活动的整体发展。

拓展训练中有些特殊项目需要的时间比较长,因此可以选择在周末进行,如水上项目中的扎筏、划艇、漂流等,野外项目中的远足、露营、登山、攀岩、野外定向、伞翼滑翔、户外生存等,都需要较长时间,而且人数不宜太多,如果俱乐部的成员太多,可以分组、分时间段进行,还可以以夏令营或冬令营的方式进行。

2. 以拓展训练运动会的方式进入课余体育

由于传统运动会的项目设置基本沿袭了竞技体育,从小学到大学都这样,这样的运动会只是运动能力强的学生的表演场,因此运动能力不强的学生参与的积极性不高,按照他们的说法:"这是他们的表演,我们顶多当个观众,我们高兴的是可以放假自己玩了。"也就是说,传统运动会没有调动广大学生的积极性。在学生的参与积极性上,教师应该下足功夫。现在已经有部分高校采取体育文化节的形式举办运动会,受到了广大学生的欢迎。每年举办为期一周的体育文化节,节目丰富多彩,甚至有师生共同参与的接力等项目,增加了师生交流的机会。拓展训练运动会迎合了当代学生的口味,集趣味性与挑战性于一体。当然,举办拓展训练运动会不能把社会上的拓展培训机构的项目简单地照搬过来。

3. 定期与不定期的拓展训练

组织部分班级、院系的学生定期或不定期地进行拓展训练,如夏令营、冬令营、集体拓展训练、旅游拓展训练等。

▶▶ 三、拓展训练引入高校的配套措施

(一)师资建设

目前,高校的体育教师基本没有拓展训练的学习和教学经历,甚至对拓展训练知之甚少,因此在开设拓展训练课程之前必须对体育教师进行培训。首先,体育教师应掌握拓展训练的基本理论知识,了解拓展训练的主要目标和内涵。其次,体育教师可到拓展培训机构进行实地考察和学习,了解拓展训练的项目内容、训练过程和组织方法。学校体育教学中开设的拓展训练课程应与拓展培训机构的课程有所区别,其在设计训练方案时,应主要借鉴拓展训练先进的培训理念和培训项目,充分利用高校现有的教学资源,不能简单地照搬拓展培训机构的常规课程模式,而要结合学生的心理、生理特点,适应高校教学标准的要求,符合高校人才培养的目标,考虑场地设施的状况,将拓展培训机构的训练方法与高校的体育教学有机地结合起来,设计出个性化的教学方案。

(二)训练基地建设

拓展训练基地的建设是必要的,主要是高空架。学校有自己的基地,一方面能保证安全;另一方面能节约成本,如学生外出拓展时的场地费、车费、餐费等。

(三)安全管理

拓展训练中的野外项目和基地项目都有一定的危险性,因此必须重视安全保障,确保

从各个方面杜绝安全隐患,保证拓展训练的顺利进行。首先,在意识上必须引起高度重视,项目设计时要考虑其危险因素,并制定好相应的救助措施,以防万一。其次,必要的安全保护器材不能缺少,由于国内还没有统一的对相关器材的评价标准,应该使用正规厂家的产品,磨损比较严重的器材要毫不犹豫地舍弃。再次,项目实施前须进行必要的安全检查,并给学生讲清注意事项。最后,在训练中须严格监督和管理。

▶▶ 四、学习与评价

学习,只有经过评价,并把反馈的信息用于以后教学的改进,才能取得更好的效益。评价可分为自评和他评,自评为自己对自己的评价,他评包括教师对学生的评价、学生之间的互评、学生对教师的评价及教师之间的互评。

(一) 自评

教师要对自己进行评价,总结每次拓展训练活动中出现的问题,并做好相应的记录,在以后的教学过程中予以改进和完善。学生须通过每次拓展训练活动发现自己存在的缺点和不足,在以后的学习和工作中努力改正。

(二) 他评

拓展训练课程不像其他课程有明确的评分标准,它的评价主要在分享部分产生。它强调通过训练发生素质变化,如社会适应能力的增强、心理素质的提高等,这些都不是立即可以用分数来判定的。拓展训练强调引导学生进行讨论,让学生通过讨论获得启示,并将其引入以后的学习和工作中。因此,教师对学生的评价通常采取证书形式,而不是成绩单。证书主要记载学生进行拓展训练的项目、经历和客观表现,一般不做主观评价。学生之间可以通过活动中的互相了解,指出对方的不足。学生也应该给教师提出反馈意见,如自己的不满或其他更好的建议。教师之间应加强沟通,总结每次拓展训练活动的成功与不足,并应用到以后的教学活动中,以求共同进步。

1. 拓展训练引入学校的发展新趋势

早期的拓展训练是结合中国本地特点形成的一种特殊的培训方式,运用体验式学习、冒险学习和团队学习的理念,既保留了在山野与海洋中进行体验的本源思想,也加入了风险可预知和操控的人工冒险情境设施,以此给人们接近真实的活动体验。它从管理培训的角度设计课程,借用体育教学和户外教育的方式,延用团队旅游的组织方式,利用多学科的文化底蕴,给中国的拓展训练指明了一个特殊的发展方向。

拓展训练在不断的普及与完善中进行细化,也正是这些新趋势所共有的特点形成了拓展训练的本质特征(图2-1)。

（1）以管理培训为主导的拓展训练。其主要目的是培训企事业单位人员，挖掘员工的潜能与激情，提高领导与主管的管理水平，从而使团队更加团结、更加有凝聚力，继而创建企业文化，培养团队精神和团队行为意识，最终为企业创造高绩效的工作氛围。这是企业在"以人为本"的新的管理理念下对人力资源的充分投资与利用，常被称为"拓展培训"。

图2-1　拓展训练的本质特征

（2）以休闲旅游为主导的拓展训练。其主要目的是提高都市人的生活质量，让他们在余暇时间走出城市，走进大自然，娱悦身心、享受生活。以休闲旅游为主导的拓展训练主要是到旅游景点和度假村，在专门的拓展场地和休闲活动场所中边玩边练、边练边学。带有游玩特色的拓展训练也是一种消费体验行为，是体验经济下的一种产物，有时也被认为是"体验旅游"。

（3）以学校教育为主导的拓展训练。其以学校课程为主要开展方式，以心理、管理和体育学科为载体，进行有针对性的教学。绝大多数学校以体育课为主，在当前素质教育、健康教育、人本教育和"三自主"关于"放开"和"开放"的思想指导下，社会上时尚的、新兴的、有用的新运动形式走进体育课堂，拓展训练也以此为契机进入体育课堂，以弥补传统体育课的某些不足，从而培养出身体健康、心理健康，有较强社会适应能力、创新思维的人才。这类拓展训练被称为"学校拓展训练"。

在企业团体的培训活动中，拓展训练注重管理理念的导入和分析，将活动中出现的现象和学生的反思与管理理论逐步结合，使项目活动的内涵不断深化，这缘于最初接受培训的学生主要是MBA班的学生和企事业单位的管理层人员，这种特色在现阶段仍然十分明显。随着企业员工的参与，拓展训练的管理特点更多地向社会行为理念转化，许多企业更愿意以旅游的形式为员工组织拓展训练活动，活动形式逐渐向轻松和娱乐的方向发展。企事业单位借用拓展训练的游戏项目组织趣味比赛，媒体或一些机构借用拓展训练组织娱乐挑战活动等，使拓展训练的形式更加多样化；户外运动俱乐部将拓展训练作为户外游戏，以此增加户外技能学习的有益元素；青少年素质教育引用相关活动形式开展有针对性的训练，如进行主题班会或德育教育，丰富了拓展训练的实用价值；学校将拓展训练课程列入体育课中供学生选修，不仅丰富了体育课内容，也对体育课的教学方式的改进有很大帮助。

拓展训练形式和内容的多样性给了拓展训练更多的生机，利用拓展训练开展各式各样的活动，提高了拓展训练本身的利用价值，但如果拓展训练的目的是教育而非娱乐，那就不能抛弃拓展训练的主旨，不能流于形式，以免降低其对团队和个人的培养价值。随着拓展训练在学校的深度发展，拓展训练课程本身会更加细化，最重要的是拓展训练又是一种开启思维的学习方法，它的许多方法、思路及它所具有的交叉学科特点，会使其成为丰富相关领域的一种"技术"，从而带动其他相关方面发展。

2　户外运动的新发展

我国学校开设的拓展训练课程,从实质上讲属于户外体验式学习的一种,虽然大多数活动和课程只是在模拟的户外情境中进行,但是在课程中不断强调户外特点,会使学生产生强烈的户外参与意愿。对于一些涉及野外工作的学校或院系,将拓展训练课程作为参加野外学习的导入课程,是一种很好的方式。

绝大多数学校在建设拓展训练场地时,都喜欢建造一块岩壁,或者在高大的攀岩场地边上零星地建造几个高空项目设施,希望拓展训练与攀岩建立一个紧密的联系,这对于两者的发展都有帮助。北京大学、中国地质大学、东北林业大学等学校都采用了这种模式,整个场地气势宏伟、功能齐全,充分展现了拓展训练的户外特点。

大部分拓展训练课程的教师都喜爱户外运动,有些是攀岩或登山爱好者,有些曾经是定向越野教师,有些喜欢参加穿越、野外生存等活动,这些教师对户外运动的热爱有助于拓展训练课程的开展。另外一些教师是拓展培训机构的教师,他们除了在拓展训练场地上引导学生活动外,或多或少都会接触一些户外运动。

学校开展拓展训练课程一段时间后,学生会有走向野外的需求。部分学校依山傍水,景色宜人,可以利用地理优势引导学生在野外参加一系列活动,使学生感悟自然。户外运动与拓展训练的紧密结合,是拓展训练内容更加丰富和全面的重要一步,也是户外运动趣味化的重要一步。

3　体育游戏的新发展

拓展训练在我国作为一个专项进入学校课堂后,主要作为体育课多元化的一种补充课程,但从本质上讲,拓展训练和许多体育活动相似,有许多类似游戏的活动成分。拓展训练采用体验式学习模式,在操作层面上高于简单的游戏,注重活动之后的分享和归纳总结两个阶段。

许多体育游戏经过改变或组合之后就能够成为极具价值的拓展训练项目。一位精通体育游戏的教师很容易在拓展训练课程的教学中发现游戏的成分,同样,一个好的拓展训练工作者也一定是一个游戏高手。用拓展训练的学习方式开展游戏教学,是体育课的一个新趋势。在拓展训练课程的教学中加入游戏元素,能够更好地激发学生的兴趣,使游戏更加刺激并蕴含哲理,让学生在体验中得到一种不同寻常的快乐。

体育游戏与拓展训练的结合是一个双赢互惠的模式,它对于体育游戏课将是一个重要的改变,能够丰富游戏的内涵,至少对于传统体育课的热身环节是一个大的突破。

4　体育教学的新发展

体育教学长期以来存在一种现象,很多学生喜欢体育但不喜欢体育课。拓展训练课程的教学形式能给学生全新的感觉,让学生喜欢并愿意为此付出自己的努力,究其原因是拓展训练课程将活动项目与中国传统文化紧密结合,活动形式灵活多变,活动结果不唯一且无论成败均会有收获。在传统的体育教学中,教师是教学的中心,学生只需要专心听讲、认真记笔记、认真模仿即可。而拓展训练课程以学生为主体，强调学生的主动性、参与性，在特有的情境中激发学生积极努力地参与挑战的热情。拓展训练课程重在参与，若没有参与，就没有经历，也就难以产生任何体验，更谈不上收获。

拓展训练课程的教师通过激发学生的学习兴趣，增强了学生主动参与的积极性，将被动学习变成主动学习，把"要我学"变成"我要学"，学生不再是被动地和单向式地接受知识，而是在各种乐趣之中挑战、感悟、反思，从做中学、在学中乐，从而实现真正的"寓教于乐"。

以拓展训练的模式做参照，可以让现有的体育教学更加吸引学生，并且充分体现学生的主体地位。例如，运用组合类项目"挑战150"的思路，将篮球的技术进行组合，将个人挑战与团队配合相结合；把"不倒森林"的木杆用篮球代替，加入转体或加大间隔进行传接；把"能量传输线"设计成用人体伸展双臂面对面或背对背传输，加上受指令"盲人"定点投篮、蛇形运球穿越人桩等。拓展训练活动中的各项技术不用教师教授，可以让学生通过自学和互学进行解决，这样学生在挑战时会将更多的注意力放在团队协作上，而这种能力需要以个人技术为基础，于是他们会更加努力地练习。

分组教学是体育课的一大特点，但是简单随机的小组搭配很难让学生感受到团队的价值。运用拓展训练的团队挑战方式，将学生分成若干个小组，利用拓展训练的团队建设方法，对小组建设进行辅导，能提高学生的竞争和合作意识。

将拓展训练的体验式学习和团队挑战方式与体育课结合必将成为一个热点，也将成为未来体育课改革的一个亮点。

5 拓展训练课与专业课结合的新发展

拓展训练课程在专业特点明显的学校开展后，紧密结合相关专业，利用相关专业的优势资源、体育教学的方式和拓展训练的教学理念，成为极具价值的"多面手"。在美国，哈佛医学院利用体验式学习模式，首创了基于问题的教学方法（PBL），旨在解决医学院的教学与学生在未来工作中可能面临的书本知识和真实情况相脱节的问题。中国人民公安大学开展的"警察心理行为训练"也是拓展训练作为课程在学校的新发展，依托该课程，中国人民公安大学至今已经在全国成立多个训练中心，该课程也成为拓展训练课程新发展的典范。拓展训练在有旅游专业的学校与院系中，也深受师生们的青睐，并成为旅游经济开拓未来市场、开创旅游新思维的重要载体。拓展训练在与专业课结合时，促使专业课与体育教学进行了全新的合作，创造了新的合作模式，达到了取长补短、互相包容的效果。有些院校在专业课开课前先通过拓展训练活动提高学生的热情与认知，随后利用拓展训练课的方式开展专业课程的教学；有些院校先进行专业课的基础知识教学，然后将课程的相关理论设计到拓展训练活动中，尤其是一些有管理专业的院校，这种方法收到了很好的效果，甚至被命名为"商战拓展"或"商战特训"；有些院校由体育教师组织拓展训练活动，由专业课教师进行分享和理论提升，共同完成拓展训练课的整体教学。不论采用哪种方式，只要是将拓展训练的理念和专业课很好地结合起来，就会收到很好的效果。

6　学校培训功能的新发展

学校在肩负着对学生进行教育的同时,也担负着对社会传输知识和文化的功能,许多学校都有专门的培训机构。由于参加培训的学生往往来自不同的地方,彼此之间不够熟悉,加上大多数学生都是有工作经验的成年人,突然回到教室会有不适应的感觉。这些机构在开展培训工作时,将拓展训练课程引入课堂,作为第一课,可以让学生很快地互相熟悉起来,并且对学习有新的认识,于是学习起来劲头更足了,方法也更得当了。

拓展训练在学校的开展,是拓展训练在学校功能新发展中最简单、最便捷的一部分。学校可以最大限度地借鉴商业培训的模式,运用我国拓展培训所积累的经验,依据各自的特点和条件,选择合适的课程体系全面开展拓展训练活动,为学校的继续教育与培训体系服务。修建专门的训练场地和训练设施,加入以场地冒险为主题的中高空项目,在丰富学校拓展训练内容的同时,也让学生更全面地了解拓展训练的自我挑战价值。因此,学校应尽早将拓展训练纳入体育选修课,制定适合学生特点的教学大纲,由学校自己的体育教师授课,接受学校与学生的课程评估。

7　苏州市职业大学"一校一品"特色活动——"团队体育竞赛"

将拓展训练引入学校,并积极地将其与校园活动进行融合,苏州市职业大学在这方面取得了良好的成效。为了激发大学生参加体育锻炼的热情,有效开展阳光体育活动,苏州市职业大学自2009年起在校运会中增加了一项特色活动——"团队体育竞赛",深受学生喜爱。随着参与此项活动的学生人数逐年上升,活动的影响力日益扩大。2014年,校阳光体育领导小组讨论决定将校运会调整到每年下半年举行,改为校秋季运动会,把每年上半年留给"团队体育竞赛"活动,作为学校每年的一项常规工作加以开展,并以"舞动青春"为主题将之设为学校"一校一品"体育工作建设项目。2017年12月,苏州市职业大学的阳光体育活动"舞动青春——团队体育竞赛"得到了全国高等学校体育教学指导委员会的认可,苏州市职业大学获评全国高等职业院校体育工作"一校一品"示范基地。

"舞动青春——团队体育竞赛"是苏州市职业大学"一校一品"特色阳光体育活动项目。团队体育活动以拓展训练的内容为载体,融入当前主流的城市体育游戏元素,深受学生喜爱。学生在享受团队体育乐趣的过程中,获得成长;在挫折中收获成功,提升个人心理素质;在情感交流中合作,增强团队合作精神。因此,无论是对于学生体质的发展、团队精神的培养,还是对于校园文化的建设,其都能发挥积极作用,具有较强的推广价值。

第三章 拓展训练的安全

1963年,26岁的科林·鲍威尔刚刚从越南战场返回美国。作为一名军官,他的下一项任务是参加为期1个月的空降突击队员课程。在课程快要结束时,他要和其他军人一起从直升机上跳伞。鲍威尔是直升机上的高级军官,负责确保整个过程顺利进行。飞行一开始,他告知每位队员必须确保各自的固定开伞索是牢固的。当跳伞员跳下去时,开伞索会自动将降落伞拉开。接近跳伞地点时,他再次向队员大声叮嘱,要求他们再一次检查开伞索。下面的文字描述了其后发生的事情。

接下来,我就像个大惊小怪的老妇人,开始亲自检查每个人的开伞索,从拥挤的人群中挤出一条道来,用手沿着开伞索摸下去,直到开伞索与降落伞的连接处。一位军士的挂钩松了,吓了我一跳。我把那个荡来荡去的开伞索拉到他面前,这位军士一下子目瞪口呆,因为这意味着他走出直升机的舱门后,会像块石头一样掉下去。

这件事情发生后,鲍威尔感慨道,人在有压力、困惑或疲乏的情况下很容易出错。因此,在其他人都思维迟钝的时候,领导者必须保持双倍的警醒。"一贯核对细节"成为他此后严格遵守的一条规则。

对于一个活动的领导者、组织者或指导者,具备安全意识是非常重要的,为此我们要极其重视。正如鲍威尔坚持不断地要求大家对开伞索进行检查,以至于自嘲地描述自己像个大惊小怪的老妇人,就这样,当他发现潜在危险时,他也感到了巨大的压力,因为如果没有及时排除隐患,其结果是非常可怕的,也许我们就不能够看到鲍威尔的这段自传了。

鲍威尔讲述的这个故事让我们想到了拓展训练的许多项目,也让我们再次感受到安全对于拓展训练的意义。

第一节 拓展训练安全概述

初次接触拓展训练,许多人的顾虑来自活动的安全性,即使组织方就此做了一些承诺,对安全的疑虑也会伴随着学生直到课程结束,毕竟风险在拓展训练中是实际存在的。拓展训练中的空中单杠、垂直速降、高空断桥、信任背摔等项目的确让人觉得很危险,但这些项目本身侧重的就是心理挑战,只要操作规范,安全是可以获得充分保障的。不过从另一层意义上讲，学生对安全有所考虑，对训练的实施与安全管理都是有益的。

> **小贴士**
>
> 　　参加以野外活动为主的户外拓展训练时，我们必须认真应对风险和危机。1965年，美国的拓展训练教师卢·柯维特从山顶坠落遇难。1969年，英国的拓展训练教师科林·亨德森落水遇难，同年，参加拓展训练的男学生沃尔特·肯尼迪在明尼苏达溺水而亡，男学生旦·卢卡斯在游泳测试中死亡。其后的9年中，在8起户外拓展训练的事故中又有13人失去了生命。

　　我国对于拓展训练的安全问题还是比较重视的，但伤亡事故每年都有发生。事故的发生在所难免，但没有合理的事故上报与业内通报程序应当引起重视。

　　在一个高风险的行业里，没有人能够确保万无一失，但不能因噎废食、望而却步。思想上不必过于紧张，正确地对待不可预测的事故，按照应急预案及时处理、及时上报，事后认真分析、做好总结，可以使行业得到更好的发展。

　　拓展训练中的安全不单单指身体的安全，而是全方位的安全，它包括：① 身体安全，保护学生的身体不受伤害；② 心理安全，将心理压力控制在学生可接受的范围内；③ 行为安全，不强迫学生做违反道德、法律的活动；④ 器材安全，注意器材的保护；⑤ 环境安全，注意环保习惯与意识的培养。

　　由于安全问题是拓展训练中很重要的一部分，在我国现有的拓展训练中，课程的设计已经很大程度降低了活动的风险。实际上在 PA 活动中，伤害事故的发生是不多的。根据美国 PA 组织的研究机构的研究，在某种程度上，PA 活动比散步还安全，意外事故的发生率很低。目前在国际上，在拓展训练这种具有风险的行业里，由于人们对其安全问题的认知程度与操作的规范程度已处于较高水准，其事故发生率处于较低的水平。但是，我们不能就此放松警惕，因为我们必须清楚地知道，拓展训练中一旦出现事故，其伤害程度较大，后果较严重，给受伤者身心造成的不良影响深远。

　　美国挑战课程技术协会（ACCT）专门派人负责拓展训练安全标准的设定和规范，从支持性结构中的树木、圆柱、建筑物，到钢索系统的材料、质量、连接、淘汰期，乃至安全带、头盔、绳索等相关器材，都有严格的标准。目前，我国主要参照登山行业的安全标准，尚没有专门规范拓展训练安全标准的专业组织，这是国内拓展训练需要解决的一件大事。

　　由于拓展训练在我国尚处于初级阶段，为促进拓展训练的良性发展，出于规范行业、维护声誉的需要，国内一些户外拓展培训机构一直在努力促成训练基地安全标准的制定。几年前，美国某公司和国内一家企业合作开展拓展训练的培训工作，在基地建设中，遇到了美国标准与中国标准转换和材料国产化的问题，由此引出中国拓展训练基地建设标准问题的讨论，后来它们将基地建设的资料提供给中国工程院，希望在其协助下为中国拓展训练安全标准的制定与出台做些筹备。对此,一些户外拓展培训机构都表现出很大的热情与支持。可以预期,拓展训练安全标准是必将出台与实施的,中国拓展训练也必将逐步走向规范化。

▶▶ 一、拓展训练的设施安全

拓展训练是以在地形条件恶劣、周边环境复杂、天气多变、处处危机的情境中训练生存能力为开端的,其原有的训练特点注定了其固有的风险。

(一)拓展训练安全的首要条件是场地的选择

不同的场地存在的风险是不同的。一般说来,野外环境下的拓展训练(以下简称"野外拓展训练")比人工建造场地的拓展训练(以下简称"场地拓展训练")更危险,由于不可控因素会加大风险出现的概率,因此野外拓展训练必须在有经验的拓展教师的指导下进行。在不熟悉的环境中活动应该更加小心,过于冒险并不是一件好事。然而,很多事故往往出现在看似安全的地方,因此即使环境看上去不那么危险,对自己的安全多一点关注也是一个好习惯。

人们对场地拓展训练危险的认知不如野外拓展训练来得直接,所以容易麻痹大意,正是此原因,场地拓展训练反而更需要注意。例如,有些地方用普通的平屋顶做求生墙项目的训练,屋顶的四周没有护栏,也没有特殊的保护设施,学生在没有护栏的屋顶上救人,实际上是很危险的。有人曾经和组织方进行过交流,但组织方认为屋顶很低,即使跳下去也没有问题。在实际的场地拓展训练中,不能因为高度低就认为危险低,从而放松警惕,这样出现危险的可能性反而更大。

合理使用场地也是拓展训练中降低风险、减少事故的重要因素。例如,雷雨天禁止开展高空项目,如果有学生在高空位置也应立即下来,并且远离高空器材;在多雨的地区进行拓展训练,如果必须完成一些项目,要多加防范雨后造成的湿滑,如高空断桥项目中的木板雨后容易打滑,这时可在需要跳过去的木板一端铺上一条大毛巾。

在不同季节、不同气候下使用不同的场地时,要多留意经常出现的"有惊无险"的场面,这些惊险常常因为我们运气比较好,并没有造成任何事故,可没有人能保证一直有好运。"有惊无险"的场面正是我们好好分析、找出原因、化解危机、避免事故的最佳案例。

(二)拓展训练中的器材安全

拓展训练中会大量使用保护器材与辅助器材,目的是保护学生的安全,增强课程的真实性,使学生更好地完成训练。器材的选择和使用对拓展训练的顺利开展起着至关重要的作用,尤其是保护器材的选择和使用,对学生的身心安全有不可替代的作用。

购买器材必须认准产品的产地、规格、认证等,按照安全要求使用是确保器材使用寿命的基础,合理的保养和维护是降低器材损耗、确保器材安全的重要部分。

保护器材主要有保护绳、安全带、锁具、上升器和止坠器、头盔等,这些器材都有严格的淘汰要求,一定要遵章执行。本书第四章会对拓展训练的保护器材做详细介绍,这里只对使用时的注意事项进行介绍。

1. 使用绳索时应注意的事项

拓展训练中使用的保护绳与登山和攀岩活动中使用的保护绳相同,所有高空项目都会用到保护绳。对拓展训练中使用的保护绳进行较细致的介绍,是为了最大限度地降低高空项目的风险,使拓展训练具有更高的安全性。保护绳是拓展训练中最重要的器材,上升、下降、跳跃等活动都需要用到保护绳。铁锁、安全带等众多器材也只有和保护绳连接在一起才能发挥作用。

拓展训练中常用的绳索有保护学生上升、跳跃、下降的动力绳,如空中单杠项目的用绳;固定在场地器材上,用于连接上升器或制动器,保护学生攀爬时上升或下降的静力绳,如高空断桥项目的用绳;用于双手抓握的不同粗细的麻绳,沿绳攀爬或摆动时使用,如飞越急流项目的秋千绳。

绳索的作用很多时候只有在出现意外时才能体现出来,如在高空断桥项目中,学生在断桥上时,绳索只在意外失手时起到保护作用。有的时候我们可以假想绳索并不存在,但是无论多大的把握,也绝不允许摘除绳索,并且要保障它状态良好。

在拓展训练中使用绳索需要注意以下事项:

(1) 认清动力绳与静力绳的区别。攀登和跳跃活动绝对不能使用静力绳,用静力绳攀爬是对自己和他人生命极其不负责任的表现。

(2) 选择合适长度的保护绳。保护绳长度一般用米表示。整条绳的长度一般有50米、55米、60米、70米四种规格,场地拓展训练中的高空项目一般用25~30米的保护绳,将上述规格的保护绳从中间截为两段即可在拓展训练中使用。

(3) 选择合适直径的保护绳。保护绳直径一般用毫米表示。直径大的保护绳保险系数和耐用性会好一些,拓展训练最好选用直径为10.5毫米的保护绳。

(4) 使用前仔细检查绳索有无伤痕,是否产生扭结,用手感受绳索是否有鼓起或粗细不匀的地方,出现这些情况的绳索都可能在使用时断裂。产生扭结的绳索有可能会因重量的冲击而断掉,须多加注意。扭结是指绳索上产生的扭曲情形。若绳索产生扭结,需要在使用前拉住绳索的一端将扭结处恢复,使用结束后整理时也应采用较不易产生扭结的捆绑法。

(5) 避免弄脏绳索是延长绳索使用寿命的重要保障,脏污是导致绳索劣化的主要原因,会使其强度变差。在拓展训练中,不要将绳索直接置于地面,尤其是有较多沙砾的地方,下方保护时主绳尾端最好放在垫子上,不要让油渍等附着在绳索上。此外,如果不小心弄脏了绳索,一定要及时将绳索上的脏污处理掉。

(6) 时刻提醒学生不要踩踏绳索,绳索会因被踩踏而劣化。此外,若有小石子等钻进绳索内部,绳索负重时可能会断裂。拓展教师在下方移动时要注意脚下的绳索,一定不要踩在绳索上。

(7) 不能在绳索附近抽烟或使用明火,一旦火星溅到绳索上,绳索的保障性就荡然无存了。

(8) 最好不要弄湿绳索,即使是经过防水处理的绳索,也要尽量避免在使用时弄湿,因为吸了水的绳索不但重,而且滑,非常难使用。

(9) 有些项目需要用绳索将某些器材连接起来,并将其长期固定在器材架上,如空中单杠项目。如果用绳索连接器材并将其挂在器材架上,一定要经常更换绳索,并且每次使用完后应将其拆卸下来。

（10）避免向别人借使用过的绳索，或将自己的绳索借给别人使用。因为在不知情的状况下使用承受过突破重量的绳索，很容易带来不可预料的危险。

（11）保护绳的使用要有规律。一般保护绳两端的1米处较柔软，易打结，其他部分较耐磨，如果是裁成两段的保护绳，最好每次都能分清中段与绳头。如果条件允许，不同项目的保护绳最好专用，这样可以按项目对保护绳的使用程度进行评估。

（12）注意保护绳的更新换代。由于材料的老化，保护绳正常使用的期限为4年。保护绳在使用超过5 000米后需要更换，包括用于上升、下降、跳跃等所有形式。假设在巨人梯项目中，上方保护点离绳端的距离为9米，到达最高点后离绳端2米，略去学生完成任务的过程上下反复尝试的距离，每次上升距离为7米，下降距离为7米，那么一根保护绳的使用范围应该在350人以内，由于上升阶段对绳的拉力较小或没有拉力，那么最多也不应超过700人。当然，如果保护绳在使用过程中受到较大的磨损，应该提前更换。

2. 使用主锁时应注意的事项

使用主锁前必须仔细检查其是否有裂痕，开口的开启、闭合是否平顺，承受一个人的重量时开口能否打开。使用一段时间之后，主锁的开口易黏住打不开，可能是开口有损伤的刻边，也可能是污物积在枢纽或弹簧处。损伤的刻边可用锉刀小心磨掉；开口生锈、枢纽或弹簧处有污物可将煤油或汽油等滴在枢纽或弹簧的孔内，并开闭开口直到平顺为止，然后把主锁放在沸水里煮，除去清洁溶剂即可。如果处理后依然打不开，说明开口发生了弯曲，则这把主锁已无法再使用。

主锁的使用非常简单，扣入支点再扣入保护绳即可。在使用主锁时，为增加安全性，有以下几个方面需要注意：

（1）主锁材质特殊，多为铝合金或钛合金，如果从1米多的高空平落在坚硬的地面上或快速撞击在硬物上，应暂停或放弃使用，以防主锁内部有裂痕，在受到强大拉力时断裂。

（2）拓展训练与攀登不同，拓展训练中人们穿半身式安全带时主锁除了和自身摩擦外，一般不会与外物摩擦，因此多数锁门开口应朝向外侧，防止多次摩擦后丝扣被打开。

（3）高空跳跃项目中，由于冲击拉力较大，学生身上的保护点与保护绳间必须使用2把主锁，2把主锁的锁门方向应相反，且各连接一根保护绳。

（4）连接支点和保护绳索时，不能将3把以上主锁连在一起使用，因为这样的连接会使主锁发生纠缠甚至扭开。

（5）高空换锁时一定要先挂上新锁再摘下旧锁。

（6）选择主锁时要了解不同种类主锁能承受的拉力，不同主锁的质量和价格都不同，要根据实际需要进行选择。如普通登山和攀岩用的D形主锁质量为50克左右，而带保险丝扣的保护主锁质量为100克左右。除了使用刻有UIAA字样的主锁外，建议使用同一个品牌的主锁和配套保护器材，因为不同品牌的产品有时并不匹配。

常见高空项目中主锁的使用范例如表3-1所示。

表 3-1　常见高空项目中主锁的使用范例

项目	使用方法	正确使用理由	错误使用后果
空中断桥	锁口向下,锁门向外	锁门前方无实物,不会松动保险丝口	学生在踟躇不前时,会左右或来回摆动面前的保护绳,若锁门向内,有时会将保险丝扣磨开,后果危险
巨人梯	锁口向下,锁门向内	平时与身体平行,收紧保护绳时,摩擦主要来自木柱,不会松动保险丝口	若锁门向外,遇硬物对锁的损伤较大,一旦丝扣松开失去作用,受挤压后保护绳从中脱落出来的可能性加大,后果危险
高空单杠	锁口向下,2把锁的锁门方向相反	冲坠较强的项目必须使用2把主锁,分别与2根保护绳单独连接,锁门方向相反	单锁危险较大,2把主锁锁门同向,互相摩擦与发生纠缠的可能性加大,而且对丝扣的冲击力加大,会降低主锁的使用寿命

3. 使用上升器和止坠器时应注意的事项

上升器和止坠器都是在高空项目中经常使用的保护器材,它们一般需要在高架的上下两端固定连接的路绳上使用。上升器一般是手柄式,在上升时用手推动就可使其沿绳上升,遇到人员下坠时通过棘轮与绳的阻力起到阻止下坠的功效。上升器主要为拓展教师摘挂保护装备时使用,使用不当会有安全隐患,一般不建议初学者使用。止坠器在攀爬保护时无须人工操作就可以沿路绳跟随使用者上下移动,无论在垂直还是斜拉的路绳上都可以很好地发挥功效。止坠器最好在直径为10.5～13毫米的静力绳上使用。止坠器可以在瞬间制停下跌、下滑和不受控制地下落。好的止坠器可以在30厘米的滑动距离内有效阻止下跌。止坠器通常必须和原配的O形锁和势能吸收器联合使用。

4. 使用头盔时应注意的事项

不论是参加场地拓展训练中的高空项目,还是参加野外拓展训练中的攀爬项目、下降项目、水上项目和绳索项目,参训者都应该戴头盔。应当注意的是,许多拓展教师虽然十分注重学生对头盔的使用,自己却常常忘记戴头盔。拓展教师戴头盔在确保自身安全的同时,也在向学生传递一种安全理念。

拓展训练中我们需要选择质量较好、功能简单的传统头盔,这类头盔款式经典、质量轻、舒适性好、透气性强,外壳采用聚乙烯材料,内层采用尼龙材料,外壳与内层之间采用无铆钉连接,简单快速的颈部收紧系统可以随时将头盔调整到最舒适的松紧度,紧贴皮肤处采用速干、透气材料,两侧的通风孔可以降低头部温度并帮助排汗。

头盔不仅能保护我们的头顶,还能保护我们的脸部,尤其是流线型较好的头盔,有的还会有一个前遮,这种设计并不是为了好看或时髦,在一些快速移动的项目中,树枝或绳索有可能会伤到脸部,流线型较好的头盔可以起到很好的保护作用。

5. 使用辅助器材时应注意的事项

在拓展训练中,我们还会使用一些辅助器材用以保护学生的安全,如求生墙下面的海绵包、电网一侧的薄垫、防滑手套、护腿板等。

在进行活动时,为了更加真实地重现项目情境,总是需要一些辅助器材。辅助器材越多,活动难度就越大,对于参加活动的人来说,难度加大会转移他们投入在安全上的注意力。因此,教师仔细讲解辅助器材的使用方法与要求,不断提醒学生注意事项,是使用辅助器材时必须注意的。例如,在模拟盲人的项目中,由于学生使用了眼罩,加大了磕碰的概率,这时教师必须要求所有学生不得随意远离队伍;当听到教师喊"停止"时,学生就不要继续前进了,也不要蹲在场地上以防绊倒他人;前进时不要将手背在身后,防止正面撞到其他人,可以将手放在胸前保护自己;等等。另外,使用绳结网时,如何打绳结可避免绳结滑动,如何确保绳结网用于攀爬和抬运学生时的安全,教师都必须提前向学生讲解清楚。

有安全保障的场地与器材能够让委托方安心参加活动,让组织方顺畅实施训练活动,让参训者全身心地投入训练之中。场地与器材安全是拓展训练顺利开展的基本保障,由于同一场地常会有不同的教师与学生使用,所以任何人发现任何隐患都应该及时通报,确保随后使用的人员心中有数。不论使用何种场地和器材,在未得到安全保障之前,参训者都不得冒险使用,以此确保自己的身心安全。

▶▶ 二、拓展训练的安全管理

拓展训练中的安全是指在拓展训练活动内外,所有参训者与其所处的环境能够受到保护,从而获得身体、心理与环境的正常状态。拓展训练中的安全概念是在"大安全观"指导下的概念,在拓展训练中教师也应当按照"大安全观"对学生进行安全教育。

(一)拓展训练的安全保障

科学系统的课程设计、随时随地的安全意识、国际认证的器材装备、严格规范的操作方法、丰富实用的教学经验、灵活有效的安全预案是拓展训练获得安全的保障。只要我们能够认真对待,正视项目的特点,承认项目的风险性,在教学中消除物的不安全状态,杜绝人的不安全行为,控制不安全的环境因素,我们就能获得更大的安全保障。

安全意识是拓展训练中非常重要的部分,参训者应将安全意识融入日常生活习惯之中,以此获得训练的附加价值,从意识深处认可拓展训练的安全操作规范。

1. 人员安全意识保障

拓展训练前的准备工作如下:

(1)出发前准确填报自己的姓名、民族、身份证号、既往病史等。

(2)确认自己是否有医疗保险。

(3)检查随身携带的物品是否符合拓展训练的要求。

(4)携带一些常规药品。

2. 组织管理安全保障

(1)按时作息,这是保证正常参加拓展训练的先决条件。

(2)拓展训练中各队队长有义务和责任保证在集体活动时每位队员及时且准确地到

达集合地点。

（3）学生在完成项目期间不允许出现不合时宜的嬉笑和打闹，因为这样可能会导致不必要的危险和事故。拓展教师要求停止某种行为或暂停项目时，学生要即刻服从。

（4）所有器材未经允许不得擅自使用。

（5）出于团队协作、统一行动及保证参训者个人安全的考虑，所有人活动期间不得擅自离队。如果有人掉队，必须全体等待。若有特殊情况，经拓展教师批准后，由专人负责管理相关队员。如无特殊情况，出现迟到、早退的人员归队后，全队接受惩罚。

（6）活动期间严禁吸烟与用火。由于所有用于保护的绳索与安全带都属于易燃物，即使火星造成的轻微损伤都会带来安全上的隐患，因此，严禁用火是出于对参训者人身安全的考虑。

（7）参训期间不得饮酒。因为拓展训练中会有部分高空或一定风险的项目，可能会引起参训者激动、恐惧、兴奋、小的眩晕等，饮酒会加重以上症状，从而使心脑血管承受的压力进一步增加，甚至会影响参训者的判断力、反应力及分析和抵御风险的能力，这些都可能造成危险情况的出现。

（8）活动期间注意保护环境，不要随意丢弃垃圾、踩踏花草。

（二）拓展训练的安全指导方针与原则

1. 拓展训练的安全指导方针

安全对于拓展训练来说不仅意味着完善的体系、严密的制度，更是我们思想意识的一部分，将融入参训者的日常生活中。经验丰富的拓展教师严格依照安全操作规程指导、监控活动的全过程，才有可能确保在拓展训练中实施"绝对的安全"这一指导方针。

2. 拓展训练的安全原则

场地和器材的特殊性、活动内容的未知性、特有的心理挑战等特点决定了拓展训练具有一定的风险性。让参训者在身体、心理上获得最大的安全保障，是拓展训练更好地发展甚至进入学校课程至关重要的一环。

为了消除安全隐患、降低风险，参训者需要遵守以下拓展训练的安全原则。

（1）双重保护原则。

所有需要安全保护的训练项目，都必须设置双重保护，其中任意一种保护方法均足以保证项目实施过程中参训者的安全。

例如，做信任背摔项目时，每个环节都要有双重保护。学生爬上背摔台后，拓展教师一定要将他引到保护架内，直到他背靠保护架站稳，绑上背摔绳后，再慢慢将他引到台边站稳，学生向后倒时拓展教师在确认方向正确后才能松开背摔绳。学生倒下后队友首先用双臂接住，即使其体重很大，也会落在队友的弓步腿上，绝对不会落在地上，因此接人队员必须弓步站立。

（2）器材备份原则。

任何需要器材保护的项目，都必须准备备份器材。

例如,在跳跃冲击性项目中,必须有两套独立的绳索与主锁;在空中单杠项目中,单杠前后需要各打一个保护点,两条独立的保护绳各自连接一把主锁,主锁锁门异侧挂在连接点上,确保其中任何一个都能起到独立保护的作用。

(3) 多次检查原则。

所有的安全保护器材必须合理使用,项目完成后必须复查一遍,操作中部分保护要多次检查,以消除操作失误的可能性。

例如,做高空断桥项目时,学生挑战前,首先自己检查一遍,然后队长与队友检查一遍,到断桥上之后,拓展教师再检查一遍,如安全带是否穿戴正确、头盔是否扣好等。

(4) 全程监护原则。

拓展教师须对项目进行中可能遇到的安全问题进行全程监护,争取将安全隐患消除在萌芽中。

例如,做求生墙项目时,拓展教师与安全监护人员要时刻监护整个过程,不合理动作一出现就要叫停,且随时提醒;不仅要关注上爬的人员,也要关注墙上的人员,整个过程要尽收眼底,做到心中有数。

(5) 自愿参与原则。

按照"挑战基于选择"的原则,不得强迫学生参加高风险活动,由学生自己判断和选择是否参与。

例如,做高空或体能要求较高的项目时,身体不适的学生可以不参加,极度逃避某项活动或不愿说出不想参加的理由的学生可以由其自己决定是否参加,教师和其他人不要强迫其参加。

除此之外,还有一些原则性要求是必须要做到的,如高空换锁时应遵循先挂后摘的原则、项目进行中应遵循互相保护的原则等。

(三) 拓展训练安全保障实操

1. 实操案例

2009 年 6 月,某单位在进行拓展训练时,背摔学生的肘关节砸伤了队友的鼻梁骨。造成这场事故的主要原因是教师操作失误。背摔是考验拓展教师动手能力的主要项目之一,备课时拓展教师要多加练习。有研究表明,在拓展教师测评中,2 年内的新教师绝大多数存在操作环节缺失的问题。因此,拓展教师本人多加体验和练习是提高自身能力的主要途径,基本要求是工作经验少于 2 年或带课经验少于 40 次的新教师每个月应至少亲身体验 1 次拓展项目实操。

2. 法式五步保护法

在空中单杠、断桥、缅甸桥、天梯等项目中,为了避免被保护者坠落时受力太大,保护者须随着被保护者移动,并将保护器材直接固定在自己身上。将绳索一端系于被保护者安全带上,另一端向上延伸通过上方保护点绕下后按 8 字形缠绕在 8 字环上,将 8 字环挂在保护者安全带上。保护者以右手为主要用力手,左手握住从上方下来的绳索,右手握紧从 8

字环绕出来的绳索。保护者两腿前后分立,重心略向后,随着被保护者逐渐向上而不断将绳索收回。保护者收绳时,应注意以下动作要领:

（1）左手根据被保护者的上升速度向下拉绳,右手同时将从8字环绕出来的绳端向上收紧,这时右手离8字环较远。

（2）右手向下翻至右胯后部。

（3）左手抓住从8字环绕出来的右手前的绳索。

（4）右手换到8字环与左手之间抓紧绳索。

（5）恢复第一步姿势,如此反复操作。

以上为法式五步保护法。保护者必须始终有一只手抓紧从8字环绕出来的绳端。被保护者到达顶部后或需要下降时,将右手背于胯后紧贴躯干,手握力略松将绳索逐渐放出。被保护者一旦失误脱落,保护者可在两脚站稳的基础上,重心后移,右手迅速用力抓紧绳索背于胯后,利用8字环的摩擦力使绳索停止滑动,而将被保护者固定在空中,使其得到保护,然后再将其慢慢放下。以上保护技术,左利手者操作正好相反。空中单杠项目因冲坠力较大,应有两位保护者。

3. 安全认证

目前,国内户外装备还没有权威性或官方的安全认证,国际上有三个已得到认可的安全认证。

（1）UIAA认证。国际登山运动联盟(Union Internationale Associations des d'Alpinisme, UIAA)是国际公认的为攀岩器材订立标准的权威组织。UIAA标识是指这项产品通过UIAA规定的测试,并达到UIAA所定的标准。

（2）CE认证。欧洲统一(Conformité Européene, CE)是比UIAA更常见的标识,因为它的范围不限于攀岩器材。CE标识表示这项产品适合依照它所设计的用途使用。

（3）EN认证。欧洲标准(European Norms, EN)逐渐被世界上许多国家接受,作为产品适用性的指针。在攀岩器材方面,EN的大部分标准虽然来自UIAA,但界定比UIAA更严格,也更先进。对于攀岩绳应如何构造及在控制条件下应达到怎样的表现水准,EN都做了额外的要求。

第二节 拓展训练安全原则

▶▶ 一、户外安全原则

安全与风险是同时存在的,户外安全就是通过风险管理手段保障户外活动的安全。以下是参加户外活动时需要遵守的安全原则。

(一)结伴同行原则

结伴同行原则,即在户外始终两人或两人以上结伴而行、互相照应,尤其对于青少年和户外经验少的人。

未经领队同意,任何人都不能擅自脱离队伍。每个人必须清楚地知道什么地方可以去,什么地方不可以去。

领队应该始终处在队列最前的位置,保证队员在队列中的位置。指定责任心强的人或副领队处在队列最后的位置,并且明确其任务就是保证所有队员都在自己的前面。

队伍行进速度应该以最慢的人为准,以保证队员始终在一起。

不做计划外的活动。例如,如果有人在没有做准备的情况下去徒手攀岩,不管岩壁有多低,领队均须设法阻止。

队伍行进一段时间后应停下来,让队员喝水、休息,炎热的天气尤其应该如此,再次出发时要确认每个人都在队伍中。

每个人都应携带哨子,以便在需要帮助或遇到麻烦时发出信号。哨子只有在紧急情况下才可以使用。

每个人都应该听从领队的安排,特别是在遇到复杂地形或安全问题的时候,队伍中的每个人都应该知道可能会发生什么,什么能做,什么不能做。

领队应该懂得识别活动区域的有毒动植物。

任何人发现周围有可疑的动静或人时,都应该即时告诉领队。

(二)行前准备原则

凡事都需要未雨绸缪,对于充满不确定因素的户外活动更是如此。户外活动的风险往往与环境因素、装备因素和人为因素密切相关,行前的计划与准备也要从这些方面来考虑。

无论参加何种类型的户外活动,出发前参加者都要问自己七个问题:为什么去?去做什么?去哪里?什么时候去?和谁一起去?怎样去?带什么东西?

1. 为什么去?

观景、健身、探险、结交朋友等,这些都可能是人们参加户外活动的目的和动力,户外活动类型的选择及其他计划与准备也多半和人们的动机相关联。假如去户外只是为了放松,自然不必选择难度大、时间长的路线;如果是为了探险,那么一般不会走成熟的、大众的、简单的路线。所以,明确参加户外活动的目的,能更好地为出行做准备。

2. 去做什么?

现实生活中经常发生这样的情况,户外活动的参加者由于对活动目标的设定没有给予足够的重视,或者目标不明确,和现实发生了脱离,导致活动进行过程中出现人与人、人与物、人与环境之间的种种矛盾和冲突,有时甚至给活动本身带来了灾难性的后果。因此,明确活动目标是行前准备工作的重要内容。

行前准备工作往往与人们参加的户外活动的具体内容相关。徒步、露营是最常见的户外活动,攀岩、划皮划艇、骑山地自行车等也逐渐流行起来,而无论参加什么样的户外活动,知道去做什么才能清楚需要做哪些准备。

3. 去哪里?

去哪里或走哪条路线取决于人们参加户外活动的目标。对目的地和路线的信息了解得越多越好。现在人们想去的任何地方,网上基本都可以查到,但从认识并去过的人那里得到的信息会更多也更准确。

需要了解的内容如下。

(1) 背景资料。

搜集活动当地的环境资料和地图。

与当地有关单位或个人取得联系,了解当地地形、天气及当前季节气候等相关情况。

与去过此地的人取得联系,从他们那里获得相关信息,如他们的行动路线、遇到的意外情况等。

(2) 合法性。

是否需要许可证,若需要,须了解许可证的获取方式、需要的费用等。

对队伍的规模有无限制。

露营地点有无相关规定,如在靠近水库、居民区露营是否需要经过许可或审批。

途中有无保护区、禁行区等,如动植物保护区、军事禁区、宗教区域等。

(3) 路线情况。

活动路线的长度、难度、走向等。

活动路线的出入条件、位置、车辆的通过性等。

风险因素的识别与分析,知晓活动路线某一特定区域潜在的危险。例如,地理环境方面的河流、陡坡、断崖、碎石坡等,天气方面的降雨、降温、雷电等,动植物方面的有无伤人动物、有毒昆虫及有毒植物,等等。

路线中有无水源及其具体的位置。

路线中有无需要特别注意的地方,如观光景点、历史文化遗迹等。

(4) 季节和天气。

活动地点的白天时长、日出时间、日落时间、温差等。

季节对天气的影响,如沙尘暴、雷雨等。

天气对活动的影响,如对出行有无影响等。

活动地段的海拔。海拔每上升 1 000 米,气温下降约 6℃。例如,从海拔 500 米的地方出发,而露营的地方海拔为 2 500 米,那么气温就会相差 12℃ 左右,携带的服装就要按比出发地低 12℃ 来准备。

4. 什么时候去?

户外活动的时间有两方面需要考虑,一是具体的时间计划,二是活动的季节特点。其中,具体的时间计划不仅要考虑活动的时间,还要考虑往返路程的时间,并须预留机动时间,以备意外情况之需。户外徒步时间有一个粗略的估算方法,叫作奈史密斯定律,据此方法可以粗略地估算路上徒步的时间。虽然活动时间会受体能、经验、队伍规模、地形等因素的影响,但估算出一个粗略的时间,再根据获得的信息进行修正,对行前准备工作会有极大的帮助。

> **小贴士**
>
> ### 奈史密斯定律
>
> 对于一个成熟的徒步者,徒步时间可以按下面的公式估算。
> 徒步速度:3.2 千米/小时。
> 上升速度:305 米/小时,每小时休息5分钟。
> 徒步时间=徒步距离/徒步速度+上升高度/上升速度+以上所用小时×5分钟。
> 为方便理解,举例说明:徒步12.8千米,上升610米,徒步时间=12.8千米/(3.2千米/小时)+610米/(305米/小时)+以上所用小时×5分钟=4小时+2小时+6×5分钟=6小时30分钟。

留出足够的时间做准备非常重要,如计划路线、准备食物和装备、决定使用的交通工具、攒钱、与多方沟通等,都需要足够的时间才能做得很好,切勿匆匆出行。

5. 和谁一起去?

不管是在日常生活中还是在紧急情况下,你的同伴就是你最好的资源。和优秀的同伴一起出行,会给你留下很多美好的回忆。每个人都希望活动中的每个参训者都具有与活动相匹配的能力、能和谐相处的个性及良好的判断力,但是这需要提前对同伴进行了解,并且确信彼此能够宽容对方的缺点与不足。和技能出众的同伴出行时,要学着做一个学习者。

6. 怎样去?

考虑交通时,脑子里要有这些问题:选择什么交通工具?中途需不需要换乘?目的地和出行时间是否有班车或能否租到车?往返目的地是否都有交通工具?需不需要额外的车辆运送装备?租用车辆时应确认车况良好,有合格的车检和保养。如果能签订租车协议,那就更好了。

7. 带什么东西?

(1) 户外十大必需品。

① 额外的服装与庇护物品。风衣是任何季节和天气条件都要携带的,哪怕是炎热的夏季。可用于庇护的物品有户外雨布、天幕等,它们可以应对寒冷、潮湿和炎热的环境。

② 额外的水。除了正常喝水的量外,还需要另备1升饮水(若在沙漠,需要另备2升)。行程中在可能的条件下应随时补充饮水,装满水壶。

③ 额外的食物。备适量的能量棒、能量补充液、干果等高热量食物。

④ 刀具。保证刀具能正常使用。

⑤ 备用电池和头灯(手电筒)。头灯(手电筒)平时不用时,把一节电池倒置或将电池拆下来另放,这样可保证其不在背包里被意外打开。

⑥ 火柴、打火机或点火器等引火器。引火器最好防风并用防水袋或密封袋装好。

⑦ 地图和指南针。懂得使用地图和指南针,在户外一定要知道从哪个方向来,往哪个方向走。全球定位系统(GPS)是很好的选择,但要根据活动时间备好电池。

⑧ 防晒物品。带帽檐的帽子、防晒指数(SPF)在15以上的防晒霜及长裤、长袖上衣,都可以有效防晒。阳光强烈时戴一副太阳镜特别有用,别忘记抹唇膏,唇膏里通常含有防晒成分。

⑨ 急救包。所有户外活动的队伍都应配备急救包,由领队或指定的人携带。队员也可以单独携带自己的急救包,但应该让队伍中的所有人都知道急救包中的物品如何使用。如果行程中用上了急救包,须记录使用的对象、药物名称、用药数量及用药时间。

⑩ 可选物品。哨子或镜子仅用于紧急呼救,不需要帮助时千万不要使用。

千万不要认为以上物品是累赘。当发生紧急状况时,被困人员通常需要较长时间等待救助人员的到来,足够的物品能让被困人员从容应对困境。

(2)根据具体活动选择装备。

决定带什么时考虑以下问题,将有助于装备的选取和准备。

① 你要去哪里(如山区、沙漠、海洋、河流等)?

② 你要从事的是什么样的户外活动(如徒步、登山、滑雪、独木舟旅行等)?

③ 活动中可能会出现的气温变化有多大?

④ 活动中可能会出现哪些恶劣天气(如下雪、下雨等)?

⑤ 活动中需要什么样的鞋子(如徒步鞋、攀岩鞋、雪地鞋、防水鞋等)?

⑥ 活动会持续多长时间?

⑦ 活动需要哪些特别的技术装备(如攀登装备、雪地徒步装备、打包装备等)?

(3)户外服装的准备。

保持正常的体温和身体干燥是户外活动中要遵循的重要着装法则。正确地选择户外服装可以使人体更加舒适,更重要的是能够抵御因环境变化可能对身体造成的伤害。选择户外服装时需要考虑以下因素:

① 服装的质量。

② 活动的特点。

③ 服装的排湿、透气功能。

④ 按最坏的情况准备。

⑤ 服装的干燥时间、保暖性、合身性。

三层着装法是户外服装穿着的不二法则,即内层排汗(排汗内衣)、中层保暖(抓绒衣裤)、外层绝缘防护(冲锋衣裤)。此外,头部和肢体末端(手脚)需要特别加以保护。一般在户外活动中应选择穿几层轻便的上衣,身体中心部位(腿部以上的躯干和头部)及肢体末端(手脚)需要特别加以保护,以便能够及时根据天气状况增减服装。

(4)水和食物的准备。

水和食物是户外活动中必不可少的物资,而如何准备水和食物是一件很有科学性和技巧性的事情。

① 水。

水是人体必需的物质,在体温正常的情况下,人没有水只能生存 3~4 天。人体每天大约消耗水 2.5 升,这些水通过尿液、汗水、呼吸、粪便等方式排出(表 3-2)。

表 3-2　人体每天排水量

排出方式	排水量/毫升
粪便	100
呼吸	400
汗水	600
尿液	1 400

在运动中,人体消耗的水会远远大于表 3-2 中的数据,如 1 个在密林里行军的人每天需要水 8 升左右。不同的运动类型、地理环境及个体特征对水的需求都会有差异,个人可以根据经验和对水的耐受程度来配备适合自己的水量。

脱水会导致身体不适,判断力和协调力下降,容易中暑或患上高原疾病、低温症,严重的可以造成死亡。流失的体液必须通过饮水或吃食物补充,所以户外活动中要定时、少量、多次地补充水分。

不要等到渴的时候才喝水,大家都知道,身体缺水和有口渴的感觉是有时间差的,身体缺水后过一小段时间才会感到口渴。另外,口渴后大量饮水过一小段时间后口渴的感觉才会消失,这时有可能饮水过量,同样会影响活动的舒适度,所以户外活动中需要遵循少量、多次饮水的原则。通常,每隔半小时或一小时就要喝一次水,每次 100~200 毫升。

除了有口渴的感觉外,身体是否缺水还可以通过排尿来判断。如果两三小时都没有排尿,或者尿液少且发黄,说明身体可能缺水了。

② 食物。

营养。户外活动中携带的食物要能够提供活动所需的能量。依据每个人的体能状况和所从事的活动,户外活动中个体日消耗的能量为 2 500~4 000 卡路里[①]。通常情况下,能量的组成应该是 50% 的碳水化合物、25% 的蛋白质及 25% 的脂肪,即食物的碳水化合物、蛋白质、脂肪的比例为 2∶1∶1。2∶1∶1 是平均水平,不同的情形会有不同的变化。在寒冷或炎热的天气条件下,人们对脂肪的需求会增加。碳水化合物可快速提供能量而且易于消化,富含碳水化合物的食物有米面、蔬菜、水果、蜂蜜等。由于碳水化合物提供的能量无法

---

① 1 卡路里约等于 4.186 焦尔。

持续很长时间，所以在食谱中应考虑加入富含蛋白质和脂肪的食物，虽然此类食物需要更多的时间来消化，但是它们可以提供长时间的能量。富含蛋白质的食物有肉类、芝士、牛奶、蛋等，富含脂肪的食物有黄油、坚果、芝士、肉类等。当需要快速和持续时间久的能量的时候，例如在寒冷的天气里，还可以考虑带一些燕麦片、水果干或麦片棒。

搭配。好的户外食物应该有营养、简单、易于准备，并具有质量轻、体积小、实惠、不易腐烂变质、可口的特点。一般来说，每天须安排三顿正餐和若干次零食。每顿正餐的饭量不少于在家中正常饮食的饭量，口味要清淡，行进途中能随时补充能量。热食和冷食要搭配，一天中至少要有一餐是热食。在寒冷或下雨的天气条件下，一天活动结束的时候准备一餐热食就可以了，如果天气非常寒冷，那么可以根据需要选择二餐或三餐热食。

分量。准备食物的分量时，一个最佳的原则就是，为每个人准备1.5倍的分量或多准备一个人的分量。因为人在户外活动中会消耗比平时更多的能量，所以一般会吃得更多。计划的过程可能要依赖预算和可选择范围。如果已有预算或活动有限制，可能要局限在一定的食物类别中。

打包。打包需要考虑空间的限制、背包的大小、牢固性、准备的时间等。可以将食物从原来的包装中取出，然后在塑料密封袋或其他的容器中重新包装，以减小大多数食物占用的空间。务必给所有打包的食物贴上标签，标签上包括简单的说明。标签与说明可以减少途中的很多困惑。若是团队出行，可以将所有成员一餐的食物集中放在一起。

保鲜与卫生。一定要在安全和卫生的条件下准备与储存食物，容易腐烂的食物可安排在第一天吃掉，所有肉类都要在高于60℃的条件下进行烹饪，所有鸡蛋和蛋制品（如蛋黄酱）须冷藏在低于4℃的环境下。

（5）出行前应知晓的十个方面。

出行前知晓以下十个方面的内容，有助于我们应对各种局面。

① 是否队伍中所有人都知道这次行程的详细计划？

② 队伍中是否有身体不适者？如果有，也许会给此次行程带来一些麻烦。

③ 队伍中是否有人有特殊的药物需求？是否每个人都携带了急救包？确保急救包里的急救物品齐全，并且所有人都懂得一定的急救知识。

④ 是否查询了行程中的天气预报？当天气预报提示行程中天气情况恶劣时，做好随时放弃行程返回的准备。

⑤ 清楚此次行程需要携带的衣服、装备和食物，以及为什么要携带和如何合理使用这些物资。

⑥ 学习野外基本求生技能，能够应对紧急情况，以提高自己的生存概率。例如，迷路、遭遇洪水或突遇暴风雨时，能够在需要的时候生火，搭建紧急庇护所，知晓地图及指南针的使用方法，懂得一定的水中救援技术，知道如何营救溺水同伴。

⑦ 计划与准备行程期间，针对所有队员的体能进行一定的训练，要求所有队员达到参加活动的体能要求。

⑧ 每个人都能为自己的安全负责,遇到麻烦时不要总寄希望于他人的帮助。

⑨ 遇到紧急情况需要做决定时,应停止行进,对有利条件和不利条件进行评估后再采取合适的行动。

⑩ 启程前把所有行程信息留给一个可靠的紧急联系人员。在计划和准备阶段做一份求救信息表是非常有必要的,将这份信息表留给自己信任且可靠的人,以备发生意外情况时使用。行前检查非常重要的一个环节是进行再次确认,尤其是要根据装备物资的清单进行再次确认,同伴之间可以互相确认,避免遗漏。

▶▶ 二、营地安全原则

最好的营地是被找到的而不是被建造出来的。就安全方面而言,营地的建设需要考虑落物、雷电、山洪等危险因素的影响。当找到一个适合做营地的地点时,应该环顾四周并从以下几个方面进行查看。

(一)向上查看

查看所处位置的高处是否遍布枯树、丛林。在这种地方扎营,风暴来临时,枯树易掉下大的树枝,足以打穿帐篷,造成人员伤亡。

查看是否在遍布松动岩石的陡坡下扎营。在这种地方扎营,夜间很有可能会有落石砸向帐篷。

查看是否在山脊的顶端或空旷的盆地扎营。这些地方往往是雷击多发处。

(二)向下查看

查看是否在季节性的河床之中扎营。

查看是否在可能突发山洪的峡谷或低洼处扎营。

查看是否在悬崖边上扎营。在这种地方扎营,当夜间起来方便时,很可能因忘记自己所处的位置而发生危险。

查看是否在盆地里扎营。在这种地方扎营,大量的降雨会将帐篷淹没。

查看扎营地是否有大型夜间动物的栖息地。在这种地方扎营,晚上很有可能和大型夜间动物相遇。

如果在冬季或春季露营,要确保自己不在营崩地段。

如果在海滩边扎营,要确保自己不会受潮起潮落的影响。

▶▶ 三、对环境的最小冲击法则

美国经过数十年的研究,开发出一套户外环保法则(Leave No Trace,LNT),即对环境的最小冲击法则。它教人们如何尊重环境,如何对人们活动的区域造成最小的冲击或不造成冲击,以此来切实有效地关爱人们活动的环境。

对环境的最小冲击法则的内核为:利用户外技能,尽可能小地影响自然环境中的土地、水、动植物等。对环境的最小冲击法则基于很简单的思想,即人们在户外环境中要成为大自然的一部分,而不是单纯为了自己的利益利用它。科学家用"承载力"(也叫"环境容纳量")来解释人和环境的关系,它是指土地、水、动植物等仅可承受不可逆转的破坏之前的影响,即人类利用生态环境不能超过其承载力。人类作为大自然的一分子,有责任思考这些问题:这个地方(我们活动的区域)的环境承载力是多少?这个地方可以承受什么样的活动?我们的活动会以什么方式影响环境?这套户外环保法则既是一种环保理念,也是户外环保的技术和方法,具体包括八大法则:① 提前计划与准备;② 在耐受的地面行进和露营;③ 妥善处理垃圾;④ 保持自然原貌;⑤ 在野外合理用火;⑥ 尊重野生动物的习性;⑦ 考虑其他野外活动者;⑧ 尊重当地民风民俗。

下面以露营为例,对以上八大法则进行讲述。

(一) 提前计划与准备

需要提前计划与准备的工作主要有:

(1) 提前计划好行进路线和露营地。

(2) 提前与计划的活动区域联系。

(3) 提前计划好食物的分量并进行简单处理(拆封包装等)。

(4) 提前准备好合适的装备。

运用对环境的最小冲击法则要注意以下内容:

(1) 熟悉地形,明确预期。出发前对计划的活动区域进行研究,收集露营条例、用火限制条例、地形和天气情况、游客可用区域的数量等信息。这些准备不仅可以帮助你和你的团队找到一个舒适的营地,还可以帮助你合理规划自己的行程,避免因计划混乱而出现一直行走到天黑,只能临时找一个不舒服的营地露营的情况。提前准备可以在很大程度上增加行程的安全性,避免时间的浪费和行程的仓促。

(2) 准备合适的装备。携带合适的装备更利于露营。例如,携带温暖的衣物和较好的睡袋,可保持身体的温暖,并且能免去生篝火的麻烦;防水的靴子和鞋套便于在泥泞路段行走,从而避免因躲避泥泞而践踏植被;铲子可以帮助掩埋排泄物;用塑料保鲜袋或可回收利用的容器重新包裹食物,可减少食物垃圾。

(二) 在耐受的地面行进和露营

耐受的地面包括已开发的路径、营址、岩石地、沙砾地、干草地、雪地等。

1. 在步道上徒步

(1) 尽可能行走在现有的步道上,不要贪图一时的方便而走捷径。

(2) 如果步道的状况很好又很平缓,同时背包又不是太重,可以考虑穿底比较软的鞋子。

(3) 遇到泥泞地直接走过去而不要绕过去,如果怕弄脏鞋子,可以穿鞋套或绑腿,踮脚走和绕边缘走会加剧步道的侵蚀。

（4）团体行进时,最好沿单一路线行走。

2. 在非登山步道上徒步

一般来讲,应该尽量避免在非登山步道上徒步。如果一定要选择这样的活动,必须尽可能选择能耐受人踩踏的地方行走,如岩石裸露地或碎石地等。在没有步道且人迹罕至的地方行走时,要尽量分开走,这样能够将对环境的冲击分散到最小。有小路时走小路,勿走捷径,勿开新路;若无小路,可选择对植被破坏力最小的路线。

3. 露营

（1）选择耐受地面建营。

理想的露营地点是岩石区域。许多区域都有巨大而平缓的岩石表面,可以作为完美的露营地,因为这样不必为破坏地面而担心。

沙砾滩、海滩、雪地及冰面都是搭帐篷和做饭的完美地点,因为这些活动对露营地的影响较小,雪的积攒和冰的融化会掩盖活动留下的痕迹。如果无法找到上述非植被地区作为露营地,请慎重选择那些附有植被的地点。研究显示,枯草区、树叶堆比森林里的木本植物生长区更具耐受性;高大和叶茂的木本植物可以遮阳;草本植物、某些地衣类植物等是非常脆弱的,在选择露营地时应该注意避免有这些植物的地方。总之,致密生长的植物要比单独生长的植物不易被破坏,旱土要比饱和土耐受。

（2）在露营热门地区集中使用营地。

在露营热门地区常有专门建营的指定地点,在此搭帐篷是不错的选择。切忌另辟露营地。在公共用地建营,要求距离水源或溪流至少60米。研究表明,在水边露营会增加水源污染,并且会对水下动植物造成伤害,如破坏附近植物的生长、让野生动物难以在此水源饮水等。

（3）在原始地区分散建营。

在原始地区须分散建营,避免大量露营者聚集在一起,这样可以减小对植物的伤害。在露营地、水源、野餐之间留出一些缓冲地带,尽可能少在原始地区过夜。

（4）远离已经受到影响的地方。

有时候,一些地方既没有被严重地损坏,也没有保持住原貌,而是介于两者之间,即刚刚显现出被使用过的痕迹。这些地方也许有被损坏的草丛、刚刚露营过的痕迹及其他轻微的被人们使用过的痕迹。如果露营时远离这些地方,那么这些地方将有非常大的机会可以恢复原貌。

（5）营地布局规划。

当你在原始地区露营时,最好的规划方法是三点规划法,即按照对环境的最小冲击法则规划好营地的炊事区、装备物资区和露营区,这样会减小对整个营地的冲击。

炊事区是做饭、用餐、休闲的最佳场所,也是走动最多的区域。炊事区最好建在平坦的岩石或沙地上,其次是枯草区、莎草地区或枯叶堆地区等。

衣服、食物和装备通常放在帐篷内,而放背包和装备物资也会对地面造成不小的冲击,帐篷的睡眠区域一般是营地中受冲击最小的地方。如果长时间在某一固定区域露营,那么2~3天须挪动一次帐篷的位置,如果帐篷本身就搭建在耐受地面(如岩石等)上,就不需要挪动了。

(三)妥善处理垃圾

户外活动中产生的垃圾如食物残渣、粪便及其他生活废物等都需要进行妥善处理。在户外处理垃圾需要遵循以下原则。

1. 带来什么就带走什么

带走户外活动所制造的一切垃圾是最基本的原则。

垂钓结束后捡起用过的钓鱼线,这样水鸟就不会有被钓鱼线缠住的危险。

用餐后带走食物残渣,包括一些可降解的食物,如果核、果皮等,避免引来野生动物,而使它们依赖人类的食物,或给后来的游客留下不好的印象。

带走类似口香糖和糖块的小包装纸。即使再小的垃圾,在自然环境中,也要经过许多年才可以降解(表3-3)。

表3-3 垃圾降解时间表

垃圾类型	降解时间
纸张	3个月
果皮	3~6个月
烟头过滤嘴	1~2年
易拉罐	10~100年
塑料制品	100~1 000年

注:垃圾的降解受土壤、空气、温度等多种因素影响,以上所列降解时间只是大致的参考时间。

2. 正确处理粪便

可以找一个合适的地点,挖一个浅坑,将粪便排入坑内,然后进行掩埋。合适的地点是指有利于粪便分解的环境。粪便可以在含有微生物的有机土壤中充分分解,有机土壤一般看起来比较黑。

可以用铲子或树枝等挖一个大约20厘米深的坑,使用后再用挖出来的土掩埋,离开时用树枝、树叶、松针等将填好土的坑进行遮掩。

如果多人在固定的营地长时间居住,如大型的登山活动,就需要在营地修建临时厕所,挖坑掩盖粪便。临时厕所的位置应选在距离水源、营地和道路60~70米的地方,以免粪便中的病原体污染水源。临时厕所在撤营时应掩埋并恢复原样,使用过的卫生纸和卫生巾应包装起来带走。这样做的目的是避免昆虫及其他野生动物接触粪便,成为细菌和病毒的携带者,从而传播疾病。

3. 正确使用清洁剂

如果要在露营的中途洗澡,应谨慎使用肥皂,即便是可降解的肥皂,也要在距离水源60~70米的地方使用。切勿直接在水源中洗脸、刷牙、清洗衣物或洗菜,以上操作应在距离水源 60 米以外的地方进行。因为肥皂会改变水生态,并且危害动植物。可使用有挥发性、可降解的清洁剂。

污水最好分散地倒在距离营地和水源 60~70 米、深 25~30 厘米的坑中。

(四) 保持自然原貌

我们需要通过环保手段尽可能地让营地保持自然原貌。

1. 尽量减少营地的变化

与其在帐篷旁边挖一条排水沟,不如找一处能自然排水的地方。应该寻找一个舒服的休息区,而不是通过移动石头、拔除植物来建造一个休息区。如果需要移动石头来固定帐篷,离开的时候要把石头搬回原处。

在营地的时候,穿质量较轻、底较平且较软的鞋子,如凉鞋、拖鞋或慢跑鞋,以减少踩踏对土地的冲击。质量轻的帐篷比旧式的帆布帐篷对环境的冲击小。

在原始地区扎营时,当要离开营地的时候,记得多花点时间尽量把营地恢复原状,如将被压扁的草恢复蓬松、把帐钉留下的洞填平、将脚印尽量抹去等。

在热门的营地扎营时,要尽量把营地恢复到能够吸引其他户外运动爱好者在此扎营的程度,让后来者不至于在其他受冲击较小的营地扎营。

2. 避免破坏生长中的植被

尽量在不破坏植被的情况下进行露营。如果需要把帐篷系在树上,选择合适的、不会对树造成伤害的部位。

3. 不要带走自然和文化物品

野外环境就像一个自然和文化的博物馆,如果很多东西都被人拿回去作为纪念品,那么要不了多久,这些东西就会完全消失。

从任何公共区域拿走自然物品或挖掘古物等都属于不文明行为,有的甚至违法。

(五) 在野外合理用火

在野外尽量用炉具生火。晚上穿足够的御寒衣物,使用帐篷,用保暖性能好的睡袋,保持干燥与温暖,尽量少用火。

如果需要用火,要先确认在所待的地方生火是否为合法的行为,并且没有引发森林火灾的可能。若可以用火,最好找朽木当燃料,绝对不要折活树的树枝,更不能砍树。

尽量把木炭烧成灰烬,等火完全熄灭后,将灰烬分散撒在草丛中。要知道,生火的痕迹会变得越来越大,而且永远不会消失,火对土壤造成的永久性伤害可以达 10 厘米之深。

(六) 尊重野生动物的习性

对于野外环境来说,我们只是访客,尊重野生动物是我们的职责。由于食物和营养问题,许多野生动物濒临灭亡,因此任何打扰都可能给它们的生存带来极大的威胁。

喂野生动物虽然看看很友善,却是一种非常不好的行为。因为这种行为会令野生动物对人类产生依赖,使它们逐渐丧失生存本能。

(七) 考虑其他野外活动者

如果所在露营区域还有其他露营者,要尽量做到不去打扰别人,若举行娱乐活动等,要征得其他露营者的同意。如果在村子附近露营,要注意不要扰民。

(八) 尊重当地民风民俗

我国幅员辽阔,历史文化悠久,有许多独特的地方。除了上述一些环保法则外,我们还要特别关注对民风民俗的尊重。文化多样性和生态多样性一样具有迷人的魅力,尤其在少数民族地区,要特别注意他们的生活习俗和饮食习惯。山区的原住民在特殊的环境中生活,他们在很多方面的想法、看法和做法都可能与我们不一样,我们应该尊重他们的生活习惯和文化传统,这将有助于我们和他们和睦相处、相互了解。

四、户外急救原则

在野外环境中,受伤人员常常无法得到迅速、完备的医疗救助,有限的资源、严峻的自然环境决定了野外急救的特殊性。因此,在野外环境中实施急救,最重要的是要及时判断出伤情的严重程度,及时进行合理的处理,同时防止出现二次损伤。

(一) 急救前的评估环节

在户外环境中,一旦出现人员身体受伤的情况,不要急于进行伤口处理和搬运伤者,否则很容易遗漏事故细节,造成二次损伤和次生事故。在正式处理伤情之前应完成以下工作。

1. 环境评估

(1) 确认伤者是谁。确认伤者的个体基本情况及可能存在的其他风险。

(2) 确认团队其他成员,包括姓名和所处位置。

(3) 确认目前拥有的资源,包括物资、人员、外部的支持等。

进行野外急救时,施救者首先要保证自己的生命安全,同时要确保伤者本人不会再受到伤害。第一个到达现场的人的首要责任是迅速进行全面的现场评估。采取行动前先稳定现场,如果有必要立即打电话给专业急救(救援)团队。进行这一环节的评估时,需要注意以下几点:

① 发现并排除任何风险因素,包括环境因素(落石、低温、雪崩等)和人为因素,创造一个安全、稳定的环境,方便后续救援行动的开展。

② 急救时采取自我保护措施,包括使用手套、护目镜、面罩、消毒剂,正确处理废物,等等。

③ 进行现场评估的同时,还要根据现场的情况分析判断伤病机制。

2. 检查伤者基本生命体征(首要评估)

这一环节的任务是快速检查伤者的三大关键系统:循环系统、呼吸系统和神经系统。

要知道,凡是与这三大关键系统相关的问题,都可能会危及伤者的生命。因此,在着手解决其他任何问题之前,必须优先解决这一环节的评估中所遇到的问题,具体查看内容包括:①呼吸状况,如呼吸的强弱、速率(次/分);②脉搏状况,如脉搏的强弱、速率(次/分);③意识状态,如是否清醒、有无痛感、有无意识等。

进行这一环节的评估时,需要注意以下几点:

(1)使伤者的呼吸道保持畅通,使伤者的脊椎保持稳定。

(2)冷静检查、理性评估,不要因伤者的糟糕状态或病痛挣扎而分心,以免做出错误的判断。

(3)检查和稳定伤者的三大关键系统的顺序要根据实际情况而定。

3. 对伤者进行全面检查(次要评估)

这一环节的检查主要集中在病史排查和全身检查方面,目的是仔细地完成评估,分出轻重缓急,以便解决问题,其评估的速度、细节和顺序是可变的。具体的检查内容包括以下几个部分。

(1)身体检查。

借助于视诊、触诊、听诊等多种手段,对伤者进行从头到脚的全身检查,要特别留意任何异常情况,如压痛、肤色改变、肿胀或变形等。对于无意识或无法配合的伤者,可查看其随身物品,如随身携带的药品、胰岛素注射器等物品,能够为施救者提供更多重要的信息。

(2)搜集伤者的医疗历史信息(SAMPLE)。

SAMPLE 代表的内容如下:

① S 代表症状,包括伤者的口述症状。

② A 代表过敏,包括过敏源、过敏的严重程度等。

③ M 代表药物,包括药物的用途,是否遵医嘱服药,服用的是非处方药还是处方药,等等。

④ P 代表病史,包括家族遗传病史、慢性非传染性疾病等。

⑤ L 代表最后一次的摄入和排泄,包括吃喝拉撒、月经周期等。

⑥ E 代表事件,包括户外事故的细节描述。

进行这一环节的评估时,需要注意以下几点:

① 搜集医疗历史信息可以在体检前也可以在体检后单独进行,但切记不要与体检同时进行。

② 搜集医疗历史信息时要有主次之分。例如,有一位膝盖扭伤的伤者,他若干年前曾做过腹部手术,这个信息可能与眼前的伤势没有太大关系,但是如果伤者主诉腹部疼痛,那么腹部手术史就显得异常重要,因为手术伤疤可能会增加腹部梗阻的风险。

③ 仔细询问医疗历史信息能够发现许多潜在的问题,帮助施救者有针对性地进行救援。如果这一环节执行得准确详细,将会是整个评估过程中最有用的部分。

(3)测量重要的生命体征。

进行重要的生命体征的测量,可以判断伤者的情况是在恶化还是在好转,并能尽早发现潜在的问题。测量重要的生命体征的具体方法取决于可用的装备和施救者的受训程度。测量重要的生命体征的频率取决于后勤状况,以及施救者对伤者的担忧程度,最好每间隔一段时间对以下六个生命体征进行一次测量并记录相关指标,以此为依据对伤者的身体状况做整体判断。

① 脉搏(P):正常成年人的脉搏是60~120次/分,常用的测量位置是桡动脉(手腕处)和颈动脉(颈部)。

② 呼吸(R):正常成年人的呼吸频率是12~20次/分,呼吸急促、吃力或伴有杂音都需要引起重视。

③ 血压(BP):正常成年人安静时的收缩压为100~120毫米汞柱,舒张压为60~80毫米汞柱。

④ 体温(T):人体正常的核心温度为37℃。需要注意的是,人体的核心温度和体表皮肤温度存在较大的差异,野外环境中获得核心温度最准确的部位是口腔和直肠。

⑤ 皮肤(S)颜色:皮肤颜色可以反映血液通过组织内的毛细血管的状况,皮肤颜色的改变通常提示身体出现疾病或因伤痛出现血容量损失。

⑥ 意识水平(AVPU):意识水平是反映脑功能状态的重要指标。A代表伤者处于清醒状态,V代表伤者对声音有反应,P代表伤者对疼痛有反应,U代表伤者处于无意识状态。

基于以上三个环节的信息,施救者基本可以对伤者的情况及周边环境有清晰的认识,此时可进入伤情处理阶段。施救者须对以上环节的相关指标进行记录,以便伤者到达医院后为医生提供急救的参考。

(二) 伤情处理环节

评估环节完成后,迅速进入伤情处理环节。伤情处理有一些基本原则:① 不危及施救者和参与救援的其他成员的生命安全;② 施救者若不是持证医师,不做超越职限的处理;③ 处理应以防止伤情进一步恶化、便于搬运和进一步救援为目标。

1. 伤情处理

在户外可能产生的损伤一般有以下几种:

(1) 软组织损伤,包括开放性损伤和闭合性损伤。

(2) 骨折,包括开放性骨折和闭合性骨折。

(3) 休克。

每个户外运动爱好者都应针对这些损伤进行必要的准备,包括装备准备和技能准备。应该在参加户外运动之前,准备合适的急救包并参加急救技能培训。

2. 搬运

处理伤情的同时,应评估当时的环境、人员和资源状况,根据实际情况制订搬运计划。

(1) 联络外界,最快获得急救和搬运支持。

(2) 在保障其他成员不出现次生事故的前提下,根据人员和环境的情况,确定是否搬运及搬运的形式。搬运形式一般有背负、担架抬等,各种形式适应的情况不一样,应根据实际情况确定最安全、最高效的搬运形式。

(三) 救生物品

人体的基本需求有空气、庇护所、水、食物和生存的欲望。如果没有空气,人大约能活3分钟;在一定条件下,如果有身体庇护所,人大约能活3小时;没有水,人大约能活3天;没有食物,人大约能活3周;如果失去了生存的欲望,则没人知道能存活多久。

在获救之前,任何人都不是生还者,要保持冷静,让自己处在容易被发现的位置,因此无论如何都要随身携带急救包,并确保急救包轻便和小巧,便于随身携带。

1. 急救物品

(1) 各种形式的应急遮蔽物,如救生毯、地垫、防雨罩、睡袋罩、聚乙烯护板或管材、帐篷或背包防水袋等。如果有塑料袋,可以将塑料袋罩在身体上,哪怕是穿着湿的衣物,塑料袋也可以帮助身体保存热量。休息的时候不要把脸遮住,不然睡觉的时候会影响呼吸。结实耐用的背包和防雨罩可使装备在绝大多数情形下都保持干燥,并使背包易于漂浮在水面上,还可以将其割成条状用作路标。

(2) 点火器,包括火柴、打火机等。确保点火器在潮湿的环境中也能点火。

(3) 锋利的刀子。

(4) 哨子。吹哨子求救比喊叫要省力也更有效。

(5) 鱼钩和鱼线。

(6) 锡箔纸。锡箔纸可以用来烹饪食物,将其放置在火后面可以用来反射热量,保持平整光滑可以用来发出求救的反光信号,也可以折成杯子使用。

(7) 短绳,如5~10米的尼龙绳。

(8) 纸和笔。如果需要离开所在的位置,不管时间长短,可以通过留下一个便签的方式告知同伴你要去做什么。

(9) 通常急救包里应装一些果珍、脱水的汤包和固体浓缩汤料,也可配一些麦芽糖、咖啡、盐等。

(10) 急救手册。

2. 急救包

(1) 施救者保护自身的物品,如橡胶手套、口罩等。

(2) 处理开放性损伤的物品,如酒精棉贴、镊子、辅料、绷带、剪刀、别针等。

(3) 处理骨折的物品,如骨折夹板、绷带、三角巾等。

(4) 处理休克的物品,如CPR面罩等。

(5) 急救药品,如止痛片、洛哌丁胺、云南白药等。

此外,可以根据以下因素对急救包内的物资做出相应调整:团队成员的规模、户外活动项目的类型、活动时间的长短、参训者急救和自救的水平、活动地区的偏远程度、所在地区的特殊环境的危险程度等。

拓展训练的风险

当安全和风险在我们头脑中出现时,一些人会以为,安全是一个实在性的概念,而风险是一个模糊性的概念。事实上,恰恰相反,风险是在拓展训练中普遍存在的,而安全只存在于假想的情形中。因此,存在风险是事实,绝对安全是臆想。对于安全和风险这两个概念,我们必须要有清醒的认知,并努力将风险降到最低。

拓展训练中没有绝对的安全,风险时刻潜伏着,稍不留意它就会出现。拓展训练的组织机构负责人和教师应该仔细地检查他们的书面和口头语言,尤其要注意对"安全"一词的运用。事实上,许多组织机构负责人和教师都喜欢回避"风险"这个词,因为讨论风险问题可能会给活动的签约与开展带来不良的影响。"绝对安全是不可能的"这种话他们不愿意说出来,或者他们在模棱两可的词语上来回周旋。如果不能够真诚地与参训者交流,一旦承诺这种活动"绝对安全",就意味着自找麻烦,因为这不仅加大了犯错的机会,也会给参训者造成错觉。这就是为什么要直面风险的原因。坦诚地向参训者说明主要风险的本质,不回避风险,让参训者在了解风险的情况下自己选择参加与否。组织方能做到的只是按照规范操作,避免风险出现时手足无措。

应对风险的"安全实践"背后的观点是,采用标准的操作方式,使活动只出现可以接受的风险,或者将风险挡在转化为事故的门外。当然,可以接受的风险是主观的,也会因人而异,具有不同的价值观、不同的风险规避能力的人对同一等级的风险会有不同的判断。

风险也是拓展训练的魅力之一,体验风险并将它抛在身后的感觉很爽快。虽然拓展训练存在风险,绝对安全也是个错觉,但它吸引越来越多的人参与其中,尤其是当人们感到脆弱或危险时,战胜风险、重归安全的感觉是极其美妙的。

第四章 拓展训练的场地与器材

第一节 拓展训练的场地

场地的选择对拓展训练是至关重要的,不同的场地会有不同的项目设置。同样,合理地利用场地所制造的情境对于培训效果也有帮助,高山与水上的拓展项目会有所不同,炎热的沙漠与寒冷的雪地对学生的态度也会有不同的影响。在这里,我们关注的场地以模拟情境下的拓展训练场地为主,这些场地往往看似相同,其实每个细节的变化都会有不同的培训效果。

拓展训练的场地分类主要有自然环境的野外拓展训练场地、自然环境与人造环境相结合的户外拓展训练场地、人工建造的拓展训练场地等。按照我国拓展训练现行的操作模式,人工建造的拓展训练场地是比较常用的。无论什么样的场地,都需要在不断的实践中进行改进,为了表现项目的理念,随着理念的变化,项目所需要的场地也在不断地变化。

一、自然环境的野外拓展训练场地

自然环境的野外拓展训练场地由于环境复杂多变,适合具有一定专业训练经验的人或在其组织与带领下,体验拓展训练的刺激与乐趣。参与此类场地的活动必须有人对地形极为熟悉,对当地的气候条件有充分的了解,对周边的人文环境有较好的处理经验,在活动开始前一周对场地进行过前期考察,做好各项准备之后才能选择使用。

二、自然环境与人造环境相结合的户外拓展训练场地

自然环境与人造环境相结合的户外拓展训练场地是许多拓展训练推崇的一种活动场地,它是在原有自然环境的基础上,寻找适合某项活动所需要的可利用条件,不破坏场地原貌,局部进行人为改造形成的。例如,利用大坝做沿绳下降,利用河流与钢索进行渡河活

动等。

选择使用此类场地要确保场地周围潜在危机小,场地具有一定的稳定性和持久性,活动期间不干扰周边人群,活动具有较强的抗干扰性。例如,在林间寻宝活动中需要设置部分点标,活动时点标引起他人过多注意或被不知情者移动、取走等都不利于活动的进行。

▶▶ 三、人工建造的拓展训练场地

人工建造的拓展训练场地是指按照一定的课程理念,设计出符合要求的活动,再依据活动要求进行布置与搭建的场地,目的是让活动者在其中学习、训练。人工建造的拓展训练场地是较为普遍,易于被活动者接受,组织实施比较方便的一种场地。

人工建造的拓展训练场地大多集中在度假村、公园和校园。

第二节 拓展训练的器材

拓展训练的部分项目要求学生在空中完成攀登、跳跃、行进、下降等动作,为了确保学生的安全,须使用专业登山器材作为保护装置,如头盔、登山绳、安全带、绳索、下降器、上升器等,所有登山器材应至少遵循 UIAA 和 CE 中的一个,绳索和头盔要求必须有 UIAA 认证,并严格遵守器材的检查和更新制度,以确保拓展训练的安全。

▶▶ 一、头盔

拓展训练中有一些是高空项目,只要进行高空项目,学生就必须戴上头盔。这里使用的头盔与骑普通摩托车、施工作业中使用的头盔完全不同,拓展训练使用的头盔对安全性、舒适性、透气性等各方面性能的要求较高。拓展训练使用的头盔与攀岩、登山、溯溪等户外活动使用的专业头盔相同,必须符合 UIAA 或 CE 的要求。在欧洲,欧洲联盟要求所有在市场上销售的头盔必须通过 CE 的检验;在美国,政府虽然没有相应的强制性规定,但由于市场的竞争和法律的规定,所有在美国销售的头盔都必须通过 UIAA 或 CE 的检验。

(一) UIAA 或 CE 的四项标准

正冲击试验:5 千克钝头重物(钝头半径 5 厘米)从高 2 米处自由落体,砸到头盔顶部,假人颈部承受的冲击力必须小于 8×10^3 牛顿(UIAA 标准)或小于 1.0×10^4 牛顿(CE 标准)。

侧冲击试验:与正方向(头顶)呈 60 度夹角,分别从前方、两个侧方和后方测试,钝头重物从高 50 厘米处自由落体,假人颈部承受的冲击力必须小于 8×10^3 牛顿(UIAA 标准)或小于 1.0×10^4 牛顿(CE 标准)。

锐物穿透试验：1个3千克的锥状体重物(0.5毫米的尖头)从高2米处自由落体,头盔必须至少能承受一次这样的冲击,头盔允许被破坏,但不允许重物接触到假人头部。

稳定性试验(也叫前后移位测试)：10千克的重物从前方和后方分别砸在头盔上,头盔必须仍然完好地戴在假人头上(测试时记录下头盔被砸后移动的角度)。

符合上述标准的头盔才能在拓展训练中使用。

目前,市场上的头盔主要有三种：硬壳头盔、泡沫塑料头盔、混合式头盔。硬壳头盔是用高强度工程塑料或纤维增强高聚物制成的,这种头盔的优点是结实耐用,禁得起摔打,装包时不用太担心；缺点是重。泡沫塑料头盔并不软,这种头盔优点是轻巧,但不及前者结实。混合式头盔里一层薄的硬壳内衬是泡沫塑料,其设计原理和使用感觉同泡沫塑料头盔比较接近。

拓展训练中头盔的使用是为了防止意外发生,很多时候并不产生作用,即使如此,进行高空项目时所有学生必须戴头盔。

（二）注意事项

尽量选择安全可调的头盔,这样可以根据学生的不同情况调节头盔的松紧,戴好头盔后可让学生左右、上下轻摇头检查舒适度。

对于长头发的学生,一定要让其将头发盘起后戴在头盔里面,防止长发露在外面与绳索缠绕在一起,同时一定要摘下头发及耳朵上的饰物。

头盔有前后之分,应将带有徽标的一端戴在前面,另外,大多数头盔颈部的收紧带是搭扣的,教师在帮助学生搭紧搭扣时必须先用自己的一个手指垫在学生的颈颊部,防止搭扣夹伤皮肤。

▶▶ 二、安全带

安全带是人与装备连接的枢纽,是保护人身安全的重要器材。常用的安全带主要有全身式安全带、坐式安全带、胸式安全带。安全带在攀岩与登山中是必备的装备之一。攀岩与登山的安全带有所不同,攀岩使用的安全带一般不用于登山,但登山使用的安全带可在攀岩时使用。

（一）全身式安全带

全身式安全带在拓展训练的高空项目中使用,它的优点是可以防止人在空中翻转,一般由45毫米的宽带制成,全可调,一种尺寸,胸围最大尺寸为108厘米,腿围最大尺寸为90厘米。常见的全身式安全带前后各有1个挂点,有的有装备环,质量一般为600克,轻便型为400克左右。

（二）半身式安全带(坐式安全带)

半身式安全带由腰带和腿带构成,分为全可调和半可调两种。

半身式全可调安全带穿戴方便,适合拓展训练中的学生使用。现在许多安全带的腰带与腿带都可以调整,腰带采用独特的喇叭口外形设计,可以提供更理想的支撑感和舒适性,使动作更加自由。半身式全可调安全带的调整范围为60~100厘米,腿部调整范围45~72厘米,大多有装备环,质量为300克左右。许多经典的多用途半身式半可调安全带,腰部为可调单扣,腰部内为柔软舒适的排汗抓绒衬垫,腿部采用2.5厘米插扣连接,可以迅速调节和穿脱。半身式安全带一般都有不同的型号,半可调的型号大多分XS、S、M、L、XL;全可调的只有部分型号,一般为M、L。

(三) 胸式安全带

胸式安全带能提供上半身额外的支撑,可以让使用者在出现意外时不至于头朝下脚朝上。有些拓展训练项目(如空中单杠)必须使用胸式安全带才能完成。一般的攀岩活动并不需要使用胸式安全带,但是当必须背包上攀,或溯溪、冰雪地攀登遇到较危险的地形时,有胸式安全带和坐式安全带配合使用,能提高活动的安全性。胸式安全带一定要和坐式安全带配合使用,才能达到支撑的效果,绝对不能单独使用胸式安全带。

使用胸式安全带代替全身式安全带的缺点是,冲击力较大时,身体的上半身承受的力过大,有时会带来危险。儿童不能使用胸式安全带。胸式安全带大多是全可调的,由45毫米的宽带制成,质量为200克左右。

安全带需要保养,紫外线会加速安全带中纤维的老化,还会使安全带的强度降低。当安全带有褪色现象时,表示其可能由于紫外线照射开始了老化,所以安全带要尽可能地避免阳光的直接照射,远离热源和化学物品。安全带在自然老化的情况下约有5年寿命;如每周都使用,大约有2~3年寿命;如果经常发生坠落或岩壁摩擦,使用寿命会更短。发现安全带有磨损或损坏时,一定要及时更换。安全带只需要用清水和洗衣粉清洗即可,洗后将它挂在阴凉通风处晾干;不使用时,应放置于远离阳光、高温、化学品及潮湿之处。

▶▶ 三、锁具

早期登山使用的铁锁是用钢或铁制成的,钢制铁锁的优点是坚固耐用,承受拉力大;缺点是重量大,增加攀登者的负荷,无法大量携带。后来这类铁锁逐渐被铝合金铁锁替代,铝合金铁锁质轻且坚固。现在还出现了优于铝合金的钛合金铁锁。

铁锁是攀登项目中用途最广、最不可缺少和替代的器材,攀登时铁锁最主要的用途是在连接登山绳与中间支点时使用。在攀登时,铁锁可以替代许多复杂而烦琐的绳结,安全带、上升器、下降器等许多攀登装备的组合和使用都要靠铁锁来连接。在登山探险及攀登岩壁时,铁锁是安全的保障,有人称铁锁为安全扣。在攀登时,保护绳索是通过铁锁连接在中间支点上的,任何一只铁锁都必须能坚固得足以承受攀登者突然坠落时的冲击拉力。但怎样才算足够坚固呢?根据UIAA的坠落试验,保护绳索至少要能承受1.2×10^4牛的拉力,由于绳索在铁锁上制动摩擦,铁锁的承受负荷应是UIAA坠落试验中保护绳索承受负荷的 4/3 倍,所以铁锁至少要能承受 1.5×10^4 牛的冲击拉力。也就是说,在严重的坠落中要想获得最大安全,铁锁至少要能够承受 1.5×10^4 牛的冲击拉力。

铁锁一般分为 O 形铁锁、D 形铁锁、改良的 D 形铁锁。O 形铁锁的优点是摩擦力小,使用范围广,在岩石锥、冰锥、雪锥上活动比 D 形铁锁好;在攀登时,O 形铁锁一般用于上升器、滑轮等装备的连接,在正常情况下不承受冲击拉力;O 形铁锁活动性好,不会卡在尖角上,不会改变方向或突然移动。O 形铁锁的缺点是承受冲击拉力小,O 形铁锁的负荷由铁锁两边平均分担,一般能承受 $1.5 \times 10^4 \sim 1.8 \times 10^4$ 牛的冲击拉力。D 形铁锁是攀登中使用较多的一种铁锁,D 形铁锁比 O 形铁锁坚固;D 形铁锁几乎全部的负荷是由开口处对面的长边承受,因此承受的冲击拉力大,安全系数高;传统的 D 形铁锁主要用于登山探险。攀岩用的铁锁在传统 D 形铁锁的基础上已加以改良,开口较大,形似腰果状,便于攀登者在攀登中单手挂锁。带有保障丝扣的铁锁,多为大三角形或大 D 形,用于装备的复杂连接,最常见的用途是连接保护绳和安全带,上方保护时用于连接保护绳和上方保护支点。因此,一般我们也称铁锁为保护铁锁。铁锁有开启和闭合两种基本状态,闭合时能承受的拉力是其开启时的 3 倍。

▶▶ 四、保护器

在拓展训练的高空项目中,学生在上升、跳跃与下降时,需要一种来自地面固定点的保护,这种保护需要通过绳索和一些器材的连接来完成。这些器材统称为保护器,包括 8 字环、上升器、下降器等。8 字环的主要作用是增大主绳的摩擦力,以此来确保学生下降时的安全,上升器和下降器是学生在上升和下降时连接身体和保护绳之间可随身体移动的保护器。8 字环简单易学,对于初学者,可以避免一些错误,但是 8 字环使用中容易使绳拧转。上升器、下降器的设计都非常科学合理,极具人性化,使用前应学好基本动作和操作手法,只要按照正确方法操作,安全就没有问题。拓展训练中以 8 字环和上升器的使用居多。

▶▶ 五、绳索

绳索是拓展训练中保护学生安全必须使用的器材,在高空抓杠、高空断桥、速降等高空项目中,绳索的作用是非常重要的,能为学生的上升、下降、通过和跳跃提供安全保障,前面介绍的铁锁、安全带、保护器等众多器材只有和绳索进行连接才能发挥作用。另外,拓展训练中常使用的绳索和登山、攀岩及野外活动中的相同,所有高空项目都会用到绳索,拓展训练中所说的绳索就是攀登中的登山绳。

(一)动力绳和静力绳

在有动力冲坠可能的项目中,一定要用动力绳,如高空抓杠、攀岩、蹦极。静力绳是指延展性几乎为零的绳,一般用于速降、溯溪等,绝不能用于攀登。动力绳为花绳,静力绳为白绳。

(二)绳索的保养

1. 做好使用记录

每根绳索都该有详细的使用记录。可以准备一个小本子,从买下绳索开始,每次使用后都在小本子上记录使用的情况,例如,使用前后外观的变化,此次使用时的坠落次数、坠落情形,是否在粗糙或尖锐的地方拉过,有无被踩到(这在溯溪或冰雪地攀登时特别重要),钩环、8字环和ATC的表面有无磨损(它们会对绳皮造成损伤),其他使用者认为重要的信息。详细的使用记录可以让使用者对绳索的状况清晰明了。

2. 严禁踩踏

使用绳索时,尽量不要让它接触地面。最好将绳索放在一种可以完全摊平的绳袋上,以减少砂石进入绳索的机会。不论是穿袜子或光脚,都不要踩绳索,踩踏会让一些肉眼看不见的沙砾钻进绳索,随着使用而慢慢割断绳皮或绳芯纤维。另外,穿着冰爪时一定要非常小心,不要踩到绳索,因为绳索表面看不到伤痕,里面的尼龙纤维却可能已经被割断。

3. 避免刮擦

尽量避免在粗糙或尖锐的地上拉绳索。做垂降时,最好将绳索和岩角接触的部分用布或绳套包住,绳索不可直接穿过扁带、固定点、伞带等进行连接,因为直接连接造成的摩擦对绳索损伤很大;不要将两条绳索挂进同一个钩环(双绳例外),因为这样绳索会互相摩擦;不要把绳索绑在树上,这样对绳索和树都不好;在潮湿或结冰的地方(如溯溪或冰雪地)攀爬,应使用防水处理过的绳索,湿的绳索强度减低,耗损也快。要正确地垂降,不要用电影中的方法,高速垂降产生的温度会破坏绳皮,跳跃式垂降会对固定点和绳索造成非常大且不必要的负荷。如果是团体教学,最好分批垂降,每一批之间至少间隔5分钟。下攀容易伤到绳索,除非必要,否则应尽量以垂降的方式下岩壁。

每次使用过后要检查绳索,最好的检查工具就是手,它们可以敏感地察觉到绳索的异常处,例如,某处扁了下去,有地方粗细感不同,某一段特别松弛等。钩环、8字环、ATC、上升器这些直接接触绳索的器材也要检查,它们的表面如果有磨损或不正常的凸起会损坏绳索。

4. 定期清洗

绳索应定期清洗,特别是当它用于溯溪或冰雪地攀登这类容易弄脏绳索的活动后。把绳索放在浴缸中,用冷水和中性清洁剂(如象牙肥皂)稍微浸泡一下,然后不断地搅拌,让绳索各处都能洗到,特别脏的地方用软刷轻轻地刷洗,多换几次水,确定所有清洁剂都冲洗干净,再将它摊开在地上或吊起来,置于阴凉通风处自然干燥,不能晒太阳或使用烘干机及吹风机。

5. 及时更换

一条绳索的寿命从1天到5年都有可能,平均是3年。当它被"不可原谅地错误使用"后,1天之内就可以报销。即使不常使用,而且细心照顾,5年之后绳索也会因自然老化而不能担当"重任"了。

（三）绳索的使用期限参考

偶尔使用（约 1 个月 2 次）：使用期限为 4 年。

每周使用 1 次：使用期限为 2 年。

经常使用（1 周 2—3 次）：攀岩者在尝试新路线或某些"难处"总是过不去时，常会发生短距离的坠落，由于这种坠落对绳索的伤害很大，所以大约半年就需要换新绳索。

剧烈坠落：只要发生一次坠落系数接近 2 的情况，这根绳索就该换新了，若绳索某处突然变形且特别柔软，或绳皮破掉且绳芯露出，一定要马上停止使用。

（四）绳索的打结方法

在进行拓展训练、野外探险、森林穿越等高危险性的活动时，经常会遇到需要通过绳索打结来帮助捆绑东西或穿越障碍地带的情况，打的结是否结实可能会直接关系到使用者的生命安危。下面介绍几种绳索打结方法，简单易学，在户外活动及生活中都可以经常用到。

1. 平结

平结又称方结，在各种类型的结中，平结使用频率最高，也最为人所熟知。用平结将粗细相同的绳索连在一起，即使承受很大的拉力也十分结实，而且易于解开。

粗细不同的绳索不适合用此结系在一起；尼龙绳也不适合用平结，因为尼龙绳太滑。可利用平结将绳索系在其他物体上；在营救中使用平结较好，因为平结十分光滑，不易伤着被营救者。

系平结的步骤如下：

（1）将右边一根绳放在左边一根绳的上面。

（2）向下环绕，然后将左边绳端放在右边绳端上。

（3）再向下环绕，两个环可以彼此滑动，如果穿错了位置，会导致两根绳系不到一起，或在受到拉力后难以解开。

（4）同时拉动两根绳索，将平结系紧，或仅从活端用力，也能确保系紧。

（5）系完后检查是否牢固。可将平结每一端的活端再打半个索结。

2. 反手结

在所有的结当中，反手结最简单。首先，将绳索曲成一环状；然后，将活端从后面穿过此环拉紧即成。反手结除了用于绳端处打结（使绳头不易散开）外，很少有其他用场，但它是许多结的组成部分。

3. 8 字形结

此结同反手结一样，可在绳端系一个结点，但比反手结更为有效。首先，将绳索曲成一环状，将活端放至绳索固定部分的后面；然后，将活端绕到固定部分，穿过前面的环即可。

4. 8 字形环

此环比反手环更结实和牢固，制作方法与 8 字形结相同，但使用双股线，将环端作为活端，可放在用来系绳索的锚上。

8字形环是一个将绳索系在锚上的相当有效的结,还可在物体(锚)过高不能将打好的结套上的时候使用。方法是在绳索上制作一松弛的8字形结,将活端绕过物体再拉回,沿着原8字形结的线路重新做一8字形,然后系紧即可。

5. 单编结

此结用于连接粗细相同或不同的两根绳索。对于材料不同,特别是潮湿或结冰的绳索,此结较理想。

此结制作简单,在绳索未承受拉力时容易解开,如果制作方法无误,且承受的拉力是稳定规则的,则此结不会滑开。

打结方法是:首先,将一绳曲成一环状,另一绳的活端向右从后面绕过环;然后,将活端从这根绳与另一绳之间的环间穿过,拉紧即可(拉力增加时,此结自动系紧)。

6. 双编结

此结比单编结更结实和耐用,用于潮湿或粗细相差悬殊的绳索效果较好。如果两根绳索都很粗,使用双编结也十分结实;如果绳索受到的拉力不稳定,普通的单编结容易滑落,使用双编结较结实。

系双编结的步骤如下所示:

(1)将粗绳曲成一环状,将细绳的活端穿过此环,先移到粗绳活端的下面,并从前面开始环绕一周,然后从后面将细绳活端穿过细绳与粗绳的活端。

(2)将细绳活端再次环绕一周,再穿过相同地方(细绳与粗绳的活端)。

(3)拉紧,此结完成。

如果未拉紧,此结受力时容易松动。制作此结不宜使用光滑的绳索,如尼龙材质的钓鱼线。

7. 带结(图4-1)

对于表面平滑的材料,如皮带等,此结效果不错。当情况紧急,缺少绳索,只有被单或其他织物时可用带结。

系带结的步骤如下:

(1)用一根带子的活端制作一个反手结,不要拉紧。

(2)将另一根带子的活端沿反手结的运动轨迹的相反方向穿越此结。

(3)活端应该恰好在结内,这样拉紧时活端就不会滑落。

图4-1 带结

▶▶ 六、拓展训练项目的器材

(一)高空项目

1. 高空断桥

(1)直径10.5毫米的动力绳3根,2根用作桥上保护绳,1根用作路绳。

(2) O形锁4把,D形锁5把。

(3) 上升器1个。

(4) 半身开放式安全带1条,半身自锁式安全带2条,头盔3顶。

(5) 备用扁带1条。

(6) 大毛巾1条。

2. 空中单杠

(1) 长25米、直径10.5毫米的动力绳2根。

(2) 丝扣锁8把。

(3) 上保护点绳套4条,手套6副以上。

(4) 8字环2个。

(5) 全身式安全带和半身式安全带各2条,头盔2顶。

(6) 整理箱1个。

3. 天梯

(1) 长度不少于25米、直径10.5毫米的动力绳2根。

(2) 40厘米的扁带6条,上保护点绳套4条,下保护点绳套2条。

(3) D形锁6把。

(4) 半身自锁式安全带6条,头盔4顶。

(5) 手套7副。

4. 独木桥

(1) 长25米、直径10毫米以上的动力绳2根。

(2) D形锁或O形锁4把,主锁4把,8字环2个。

(3) 全身式安全带2条,头盔2顶。

(4) 手套4副。

(5) 120厘米的扁带2条。

5. 合力过桥

(1) 长25米、直径10.5毫米的动力绳2根。

(2) 丝扣锁8把。

(3) 全身式安全带2条,半身式安全带2条,头盔2顶。

(4) 8字环1个。

(5) 60厘米的扁带2条,足够数量的手套。

6. 沿绳下降

(1) 足够长度的登山静力绳2根(直径大于10毫米),其中1根备用。

(2) 丝扣锁4把。

(3) 40厘米的绳套4条。

(4) 8字环6—8个,主锁10—12把。

(5) 半身式安全带 6 条,头盔 6 顶。

(6) 足够数量的手套,毛巾若干,医用胶布若干。

7. 空中飞狐

(1) 长 50 米的静力绳 2 根,细绳 2 根。

(2) 丝扣锁 6 把,快挂 1 副。

(3) 半身式安全带 3 条,胸式安全带 2 条。

(4) 头盔 2 顶。

(5) 120 厘米的扁带 2 条,60 厘米的扁带 4 条,手套 2 副。

8. 团队攀岩

(1) 长 50 米、直径 10 毫米以上的动力绳 1 根。

(2) 半身式安全带 3 条,头盔 2 顶。

(3) 扁带 4 条,丝扣锁 6 把,8 字环 1 个。

(4) 手套 4 副,镁粉袋 1 个。

9. 缅甸桥

(1) 长 25 米、直径 10 毫米以上的保护绳 2 根。

(2) 铁锁 3 把,8 字环 1 个。

(3) 半身安全带 4 条(或全身安全带 2 条)。

(4) 头盔 3 顶,手套 4 副。

10. 高空 DNA

(1) 长 25 米、直径 10 毫米以上的动力绳 1 根。

(2) 全身安全带 2 条,半身安全带 2 条,头盔 2 顶。

(3) 丝扣锁 4 把,钢锁 4 把或钢缆滑轮 1 个。

(4) 8 字环 1 个。

(5) 60 厘米的扁带 2 条,手套 4 副。

(二) 中低空项目

1. 信任背摔

(1) 1.4~1.6 米高的标准背摔台 1 个,背摔台最好有扶梯或半角护栏。

(2) 长 0.8 米、直径 0.02 米的背摔绳 1 根,背摔绳要求结实、柔软、摩擦力大。

(3) 海绵垫 1 块。

(4) 物品整理箱 1 个。

2. 孤岛求生

60 厘米×60 厘米×25 厘米的木箱 12 个左右,25 厘米×25 厘米×25 厘米的木箱 1 个,木板 2 块(无裂纹),塑料桶 1 个,羽毛球 5 个左右,任务书 1 套,白纸 2 张,生鸡蛋 3 个,筷子 2 双,缠有一段 50 厘米透明胶带的筷子 2 双,笔 1 支,眼罩(N/3+1)个(N 为学生人数)。

3. 电网

专用电网设施或利用固定立柱(树桩)临时搭建的电网(挂 1 张宽 3~4 米、高 1.6 米的绳网,绳网上设有用于学生通过的网眼,网眼数量为学生人数的 110%~120%,在绳网较低处留 2 个相对好通过的网眼)。

4. 水平云梯

硬木棒或水管 10~12 根,要求每根长 80~100 厘米;直径约 4~5 厘米的专用木棒或胶合棒;每队头盔 2 顶,收纳箱 1 个。

5. 越障

(1)高 2.5 米、宽 6 米的绳编大网 1 张。

(2)长约 4 米、直径约 10 厘米的长竹竿 3 根。

(3)长约 2 米、直径约 6 厘米的短竹竿 1 根。

(4)长约 6 米的长绳 1 条,长约 2.5 米的短绳 3 根。

(5)手套 14 副。

6. 高台演讲

(1)一个不低于 2 米的高台,最好有三面护栏。

(2)秒表 1 块,用于简单记录的笔和本。

7. 荆棘取水

长 25 米的保护绳 2 根,长 15 米的尼龙绳 1 根,纸杯 1 个或矿泉水瓶的上半截 1 个,手套 3 副。

8. 飞跃激流

(1)粗绳 1 根,可以承担至少 150 千克的重量。

(2)5 米左右的细绳 2 根,木桩 1 个,水桶 2 个(1 个备用),眼罩、备用手套、医用胶布若干。

9. 求生墙

长 3 米、宽 2 米、厚 0.25 米的海绵垫 2 块。

(三)地面常见项目

1. 盲人方阵

长约 3 米、5 米、15 米,粗 1~1.5 厘米的绳子各 1 根,绳子预先打结并揉乱;数量与学生人数相等的眼罩。

2. 雷阵

硬皮夹 1 个,笔 1 支,教师用图 1 张,教师最好准备墨镜 1 副。

3. 七巧板

不同颜色(红色、黄色、蓝色、绿色、橙色)的拓展训练专用七巧板各 5 套,图形的卡片 7 张,任务书 7 份,记分表 1 张,秒表 1 个。

雷阵

4. 神笔马良

栓有 14 根围绳的"同心笔"1 支,砚台和镇尺各 1 个,彩色加厚的 A4 卡纸 14 张,木板夹子 1 个,A4 白纸 3 张,笔 1 支,纸胶条若干。

5. 有轨电车

电车 1 套。

6. 击鼓颠球

(1) 拴有 14 根长 3 米的细绳的大鼓 1 面。

(2) 排球或同类球 1 个。

7. 数字传递

白纸若干张,笔 1 支,秒表 1 个。

8. 信任之旅

和学生人数相等的眼罩和 A4 白纸。

9. 抽板过河

打磨光净的木板 2 块,手套 4 副。

10. 挑战 150

不倒森林用杆 16 根,长和宽各 40 厘米、厚 10 厘米的方台或 1 个汽车轮胎做的"诺亚方舟"1 个,可供 10 人一起跳的跳绳 1 根,长 20～30 厘米的专用 U 形管 10 根,高尔夫球 1 个,弹力球 2 个,直径 6～8 厘米的圆桶 1—2 个。

挑战 150 是一种项目组合模式,可以安排不同的项目进行组合,有时会加入同心鼓,有时会加入仰卧起坐等,因此需要不同的器材,如眼罩、排球等。

11. 搭书架

任务书 1 张、带有齿口的木板 15 块、便签数张、圆珠笔 1 支。

(四) 综合项目

1. 扎筏

(1) 在人工游泳池中最好穿适合游泳的服装。

(2) 大纯净水水桶 6 只或高约 80 厘米、直径约 50 厘米的大塑料圆桶 6 只。

(3) 长约 4 米、直径约 10 厘米的毛竹 4 根。

(4) 长约 2 米、直径约 6 厘米的毛竹 5 根。

(5) 直径 0.5～1 厘米、长约 6 米的长绳 6 根,长约 2.5 米的短绳 8 根。

(6) 船桨 6 把,救生衣每人 1 件。

(7) 备用救生圈、绳索(一端系好漂浮物)、长竹竿、浮板。

2. 感恩的心

(1) 音响设备 1 套。

(2) 数量不少于学生人数一半的眼罩,活动文稿 1 套。

3. 沙漠掘金

沙漠掘金道具 1 套,包括道具箱与其中的代金币、卡片、进程表、结算表、报价单、采购单、天气情况消耗表、助教工作参考表、羊皮卷、羊皮卷进程 PPT、天气变化 PPT 等。

第五章 拓展教师

第一节 拓展训练课程中的新型师生关系

拓展训练以"先行后知"的体验式学习方式打破了传统的以"教"为主的教育模式,让学生在愉快、积极的参与中学到知识、领悟道理,通过亲身体验来挖掘自身的潜能,能培养创新精神和实践能力,促进果敢、顽强、自信、团结等优良品格的形成。在拓展训练中,没有人是真正意义上的教师,因为没有人能够真正地教别人什么,学生学到的东西也是各有差别,在不同时间与不同地点所发生的一切给了学生各自感悟的机会,因此拓展训练本身就是最好的教师。"从做中学"淡化了教师的作用,教师从站在讲台上教知识转变为走到学生当中,看着他们摸索,甚至在活动结束后找个学生的位置坐下来,自然而然地当一会儿学生,一起参与分享。拓展训练这种新的教育方式符合当前教育改革和素质教育的指导思想,对推动传统教育模式的改革和青少年整体素质的提高具有重要意义。

▶▶ 一、拓展训练中的团队与传统体育课的班级的区别

拓展训练以全新的方式进行教学,教学以团队为单位进行。团队与班级有着明显的区别,团队是指一群技能互补的人为了完成一定的任务和达到一定的绩效而组成的群体;班级虽然也是一个团队,但拓展训练中的团队更具有团队的特征和优势,如需要进行团队文化建设,内容包括队名、队训、队歌、队徽、队旗等。团队对于学生的工作和学习有着积极的影响,团队能提升组织的运行效率,增强组织的民主气氛;团队能促进学生参与决策过程,使决策更快速、准确;团队成员的互补技能和经验可以应对多方面的挑战;在多变的环境中,团队比班级更灵活,反应更迅速;团队对个人也产生着不同的影响,如从众压力、社会助长作用、团队压力、社会标准化倾向。拓展训练可使学生在模拟团队中感受团队的氛围,为以后走入社会奠定基础。

二、拓展训练课程中的新型师生关系

（一）拓展训练中教师的位置和作用

体育教学中教师与学生的关系一直是值得研究和探讨的问题。20世纪末，世界范围的教育改革浪潮冲击了我们陈旧的教育观念，使我们认识到过去的师生关系存在诸多问题。因此，建立一种新型师生关系，突出学生在学习过程中的主体地位，一直是体育教学改革的重要内容。但是，这种理念往往停留于理论层面，学生的主体地位很难得到真正确立。拓展训练课程从根本上改变了教师在体育课程中的地位，使学生处于主体地位，学生必须积极、主动地进行探索性学习，才能完成体育课程对他们提出的任务要求。

1. 教师在教学过程中是组织者和引导者

在教学过程中，教师组织和引导所有学生以积极的态度、高涨的情绪、昂扬的斗志去完成每一项任务、克服每一个困难，组织和引导学生在民主、热烈的气氛中进行学习，积极地提出问题，进行假设，研究问题，解决问题。例如，在断桥等高空项目中，当学生遇到心理障碍不能大胆突破自我时，教师应引导整个团队为其加油鼓劲，这种鼓励对于团队中的个体来说可能是一种压力，但可使学生因为自尊心和团队荣誉感而勇于挑战自我、超越自我。

2. 教师在教学过程中是中介者

教师是知识的拥有者，但他更应该是知识的传递者。教师可在知识和学生之间架起一座桥梁，将学生需要的、最新的知识经过自己的加工传递给学生。可以说教师是教学过程中的中介者，因为他们要使供求双方都满意。教师应具备良好的综合素质，要不断地更新自己的知识，提供最新的教育信息，帮助学生获得社会所需的知识和技能，从而使学生和社会双方都满意。在当前知识爆炸的时代，知识更新的速度越来越快，新知识不断涌现，社会对新知识、新技术的要求也越来越高。因此，教师要不断地提升自我、完善自我，才能更好地帮助学生获取最新的、今后对社会有用的知识和技能。例如，教师在每个项目顺利完成后应积极引导学生讨论，鼓励大家分享活动中的体验，最后教师再阐释这个项目的深层内涵，并折射到学习、工作和生活当中，将拓展训练的理念和每个项目的内涵传递给学生。

3. 教师在教学过程中是服务者

拓展训练课程是以促进学生的健康为目标的，而每个学生对健康的需求是不一样的。个体健康需求的基础有两个，一个是社会需要各种类型的人才，另一个是学生自己的健康观决定了他们的需求。教师在拓展训练过程中已经不再是知识的灌输者，知识的获取应该依靠学生自己的探索和体验，教师仅仅是一个服务者，负责介绍每个项目活动过程中可能遇到的问题。例如，在攀岩、断桥、速降等项目中，教师完全是服务者，他们为项目的进行、学生的安全提供服务，充当着服务者的角色，整个活动都是在教师的引导和帮助下由学生自己主动积极地去探索和完成的。

拓展训练课程的教学过程中，教师是活动的策划者、场景的布置者、规划的执行者、氛围的制造者、安全的监督者、流程的疏导者、矛盾的化解者、知识的提升者。

(二) 学生在拓展训练课程中的位置

1. 学生在拓展训练课程中是劳动者、创造者

拓展训练课程中，学生拥有利用各种体育资源的机会，只要自己不断地参与体育活动，心理健康、生理健康、体能、技术水平都会不断地提高。如果学生不主动地、自觉地参与体育活动，那么他们在各个方面都不会获得回报，因为收获与付出是成正比的。拓展训练课程中，对于各种项目的挑战，学生需要积极地面对，充分挖掘自身的潜能。例如，在扎竹筏、造桥、造塔等项目中，学生需要充分发挥自己的想象力和创造力，根据要求通过自己的智慧和劳动去创造属于自己的成果。

2. 学生在拓展训练课程中是求索者

在学校这片沃土上，学生除了作为一个劳动者通过不断地付出劳动得到收获外，不断地思考和探索也是其得到收获的关键。拓展训练课程中，每个项目都需要学生充分开动脑筋，以饱满的热情和高涨的情绪去完成每一个任务。在完成任务的过程中，学生需要集思广益、民主集中，寻找最简易、最适当的方法，以最高的效率完成任务。探索是一个过程，探索的过程使学生之间充分沟通交流，有助于增进彼此之间的友谊。拓展训练的目标就是使学生在团队活动中充分发挥自己的特长，使他们通过自己的思考和探讨去追求最大的收获。

3. 学生在拓展训练课程中是设计者

现代教学中，学生的学习行为都应该是主动积极的，他们收获的多少主要决定于他们在团队中付出的多少、对其他同学的关心程度及他们的求索精神。拓展训练课程中，学生需要根据不同的项目要求，充分挖掘自己的智慧和潜能，探索、设计各种不同的方法，在解决问题的过程中发现事物的本质。拓展训练课程重视让每个学生不仅学会获得健康体魄的方法，更重要的是学会在团队中沟通交流，正确审视自我。拓展训练课程鼓励学生为增进健康制订计划和方案。

(三) 新型师生关系

1. 民主和谐的关系

在以往的体育教学中，学生始终处于一种被动的学习状态，无论学生当时主观上有什么想法，都必须按照教师的意愿和口令来完成教师布置的任务，学生完全成了被动接受知识的容器和再现知识的反应器，创新意识被泯灭，师生关系较冷漠。拓展训练课程中，教师与学生是平等的，整个课程都是在民主的气氛中进行的。教师的任务就是在民主和谐的气氛中引导学生对未知知识进行探索，使学生在这样的氛围中欢快地进行活动。教师应该信任每一个学生，这样有助于学生增强自信，以更好地挖掘他们的潜能。教师应该充分引导学生，激发他们的积极性，打造民主和谐的团队气氛，当团队面临困难时，鼓励学生集思广益、团结协作，使他们的激情迸发，高效率地完成每项任务。

2. 学生学习行为的主动性和主体性

在传统的学习方式中,学生是被动参与的,需要按照教师布置的任务,无选择余地地参与活动,教师不需要学生有自己的学习目标,只要跟着学就行,因此,学生主动参与学习的意识和能力较差。

拓展训练课程以体验式教学为主,需要学生从做中学、从做中思考、从做中增强体质,教师是引导者、服务者,学生在课程中处于主体地位。学生在拓展训练课程中的收获主要是靠自己积极主动地参与而得到的。

拓展训练课程的挑战性在于教师需要引导学生自己去学习,形成自己的结论,并且最终将其运用到现实生活中去。

长期以来,由于受传统教学观念的影响,体育教学过程中存在着过于注重知识和技能传授的倾向,过于强调接受学习、机械训练的现象,学生的学习兴趣被忽视,学习主动性被压抑,因而不利于培养学生的创新能力和实践能力。拓展训练课程的目标是帮助学生进行有效的学习,使每个学生都能得到充分的发展,获得挑战自我、超越自我、熔炼团队的机会。转变教学方式就是要改变原有的教学状态,把学生置于学习的主体地位上,创设能引导学生主动参与的教学环境,激发学生的学习积极性,重新调整教师的角色,尊重学生的想法,为学生创设宽松、自由的活动空间,这是取得良好学习效果的保证。

当今的教育改革倡导以学生发展为本的思想,重视建立新型的师生关系,只有建立新型的师生关系,学生学习的主动性和创造性才能真正体现出来,学生才能得到更好的发展。

在卡耐基训练课程中,有一句话令人印象深刻,"理论不值钱,具体的方法值钱;目的不值钱,具体的手段值钱;知识不值钱,具体的案例值钱——因为只有它们才是可操作的"。所以,优秀的教师不是理论的畅谈者,而是在课程的教学过程中能够对具体任务提供操作性强的解决之道,包括对学生在现场提出的案例提供精辟见解的人。

第二节 拓展教师的要求

▶▶ 一、拓展教师应具备的能力素质

拓展训练的项目内容,除了将户外活动作为它的可直观行为外,人们更多地将拓展训练与其他学科联系在一起,如心理学、生理学、教育学、管理学、社会学、组织行为学、领导学等。同时,这些学科也以拓展训练为载体,将其理论变得更加丰富、直观、易懂、有趣,使学生有更多的机会在内含学科理论的活动项目中体验与感悟。因此,拓展训练对教师要求很高,拓展教师应具备以下能力素质。

（一）深厚的知识底蕴

拓展教师应全面把握整个拓展训练的操作流程，熟悉每个项目的规则、场景布置、分享点等，掌握每个项目涉及的心理学、管理学、社会学等学科的相关理论。有丰富的知识作铺垫，拓展教师在拓展训练课程的教学中才能做到融会贯通、游刃有余。

（二）良好的组织协调能力

拓展训练取得的效果如何，在很大程度上取决于拓展教师。教师在拓展训练过程中发挥着组织协调的作用，组织协调项目的操作，控制时间的长短，不但要保证团队成员始终保持高涨的参与热情，还要因地制宜地采用不同方式确保不让任何一个学生掉队，在引导分享阶段充分调动每个学生的积极性，让他们积极踊跃地发表自己的感受。良好的组织协调能力是一个拓展教师必备的能力素质之一。

（三）丰富的阅历

丰富的阅历是理论与实践联系的一座桥梁。阅历的积累会不断地修正一个人的人生观、世界观和价值观。拓展教师可以结合自身丰富的阅历，现身说法，举一反三地引导学生进行分享，使学生更加深刻地体会项目的内涵，而不是空的理论和套话。

（四）幽默诙谐的语言风格

美国一位心理学家说过："幽默是一种最有趣、最有感染力、最具普遍意义的传递艺术。"幽默能使社交气氛轻松、融洽，以利于交流；幽默可调节紧张的人际关系，具有易为人所接受的感化作用；幽默能使他人更喜欢你、信任你，因为他不必担心被取笑、被忽视。所以，人们普遍希望与幽默的人一起工作和生活，乐于与这样的人共事。拓展教师幽默诙谐的语言风格可以激发学生的学习兴趣，拉近与学生之间的距离，营造轻松的团队氛围，获得学生的尊重，取得良好的培训效果。

（五）强烈的责任感

作为拓展教师，责任感是其工作的基石。拓展训练极具挑战性和危险性，这对于拓展教师也是一项挑战，这种挑战在于教师必须时刻保持高度的责任感，关注每个学生的安全，关注项目中的每个细节。在保证项目安全的前提下，拓展教师应全力以赴，充分调动每个学生的积极性，确保每次拓展训练都能达到最佳的效果。

（六）良好的沟通能力

拓展教师也是团队中的一员，所以必须在尽可能短的时间内充分融入团队，这是拓展训练取得成功所必需的。拓展训练中，语言的沟通至关重要，同时，非语言的沟通也是必不可少的，如眼神、手势、动作、表情的沟通。

▶▶ 二、拓展教师的常备物品

在我国，拓展训练大多在景区与郊野进行，很少有机会到高山瀚海，相较于国外而言，常备物品就少了许多，但是拓展教师除了要准备课程内容中所需的器材和文件资料外，有几件物品需要每节课都随身携带。

（一）简易药箱与药品

无论拓展训练课的课堂移到哪里，药箱与药品都要随身携带，并放在一个应急使用时可以方便找到的地方，但建议不要把药箱摆放在太过显眼的地方，因为学生参加有一定风险的项目时，药箱上醒目的红十字可能会增加部分学生的心理压力，正如许多小朋友看到穿白大褂的医生会以为要给自己打针，于是就害怕甚至大哭一场一样。

常备药品主要用于轻微外伤的处理，记住，当学生身体出现异常，但又不了解学生身体状况时，不要轻易地提供口服药品，最好的方法是尽快送到最近的医院或向医生求救，如果是出血性损伤，在需要进行应急包扎处理时，最好带上医用手套，不要让自己或学生轻易沾上血液，尤其是手上有伤口时更需要注意。

（二）运动帽

很多时候拓展教师会在烈日下暴晒一两个小时，烈日对脑部的伤害绝对不可小视。此外，帽檐可以保护眼睛，找到一个合适的角度，利用帽檐保护高空中的学生也是不错的选择。运动帽最好选户外专用的，劣质的帽子会让佩戴者燥热难耐。

（三）运动水壶

实用美观的户外运动水壶不仅能让你显得更加专业，而且可以确保自己的水分供应。及时、多次、适量地补充水分，在拓展训练中是必须的，尤其是炎热的天气，失水太多对身体的伤害不仅仅是声音嘶哑那么简单，有时会对身体造成更大的伤害。

（四）深色太阳镜或墨镜

深色太阳镜或墨镜除了有保护眼睛的作用外，在适当的时候，还可以很好地"保护"拓展教师内心深处的一些东西，尤其在一些突破思维定式或需要随时调整方案的拓展训练项目中，总会有一些学生向拓展教师提出一些问题，而这些问题的答案需要学生自己在探索与讨论中发掘，那么戴上深色太阳镜或墨镜，拓展教师就不必有意地回避学生的目光或"泄露机密"了。

许多拓展教师都养成了戴深色太阳镜或墨镜的习惯，而且戴上就不愿摘下，这样做虽然保护了眼睛，但也隔断了与学生的适时交流。大多数情况下，拓展教师不需要时刻戴着深色太阳镜或墨镜，尤其在学生挑战活动结束后，与学生围坐在一起时，还戴着深色太阳镜或墨镜就不符合操作规范了。

（五）其他物品

拓展教师可以配备一个大小合适的腰包，装些必备的小物品，如防晒霜、小刀等。另外，拓展教师应该有一个哨子，在特定的时候，它可以帮助召唤学生，避免自己的嗓子嘶哑；运动腕表或秒表也是拓展教师必备的物品。有些拓展教师喜欢带上指甲刀，因为学生指甲过长不利于做抓握类的动作，稍有不慎还可能折断或撕裂，甚至抓伤自己。

记忆力不是特别好的拓展教师，随身带上记事本与笔是必要的，有时候在学生的发言中可以获得一些重要的信息，大致记录下来可以丰富自己，考证之后也可以使用。

三、拓展教师的课前准备工作

拓展教师在上课前的第一项工作是在第一节课前获取并熟悉学生名单。如果在学校，参加拓展训练的学生人数是相对固定的，一般是24~30人。拓展教师拿到学生名单后，首先确认人数，然后查看学生姓名中是否有不认识或不能确定读音的字，这个细节对于拓展教师是非常重要的，最后尽力记住名单上的姓名。如果名单上还有诸如年级、院系等信息，可以略微留意一下。

拓展教师在上课前的第二项工作是在每节课的课前检查必备器材。如果课程内容是大纲已经确定的，那么可以根据项目的后勤装备手册核查这节课所需的器材，按照器材的使用与安全检查原则，确保上课时不会因器材的准备不足而影响进程。

对场地与周边环境的检查也是课前必不可少的准备工作，尤其是对天气的关注与评估。在引导分享环节，如果拓展教师能提前准备一些大图片、图表或图标，则可以使一些问题显得更加直观或有说服力。

上好一节拓展训练课，受学生欢迎的课堂气氛与课程内容同等重要，课堂气氛往往来自课前准备。优秀的拓展教师会在课前来到上课地点，除了做些必备的课程布置外，还会留一些时间与早到的学生做一些看似闲聊的交流。例如，在上课前师生彼此还很陌生，拓展教师在与学生闲聊时可以问问学生的姓名等基本信息，并将其默记在心中，在上课时如果需要互动，拓展教师正确地叫出学生的姓名，会使课堂气氛显得更加亲近，至少在破冰课上对于打破僵局是有帮助的。

在拓展训练课上，如果需要对学生的某些行为或活动结果进行评比，并且对某些学生进行表扬或奖励，教师的口头表彰无可厚非，但偶尔准备一些小奖品，对于这种体验式的学习，能够更加真实地再现活动结果带给学生的快乐。

四、拓展教师的历练与成长

（一）学习阶段

如果你有意成为一名拓展教师，并且希望被业界富有经验的专家认可，你需要认真地体验与学习。

（1）体验。成为拓展教师的第一步就是亲身体验每一个拓展训练项目,将自己的感受真实地记录下来,并与大家分享。在这个过程中,你的表现能真实地展现你的性格、智慧、体能等。给自己一个综合评价,对以后的成长会有帮助。

（2）观察。项目体验完成后,就可以成为观察员,仔细观察拓展教师的操作流程。要想做到心中有数,成为观察员的这个过程不能省略。观察后将心得记录下来,有不明白的地方及时向拓展教师请教。成为观察员的这段时间会有一个有趣的现象,就是定力不够。例如,学生遇到困难时总想帮助,学生无法突破思维定式时总想点破,引导分享环节中学生不能切入正题时总想提醒。但是,此时的你最好还是忍着,忍不住也得忍,否则有可能打乱拓展教师的节奏。

（3）实习。实习者可以帮助拓展教师布置课程,做些检查工作或参与保护,帮学生做些简单的指导与答疑。这段时间是实习者将热情转化为能量的特殊阶段,也是今后课程指导习惯的养成阶段。按照操作流程规范操作是考核前的重要环节。

（二）成长阶段

如果能通过学习阶段的考核,至少证明你的天赋与努力得到了认可。接下来,除了对自己的要求外,你还必须承担起为他人负责的任务,消除安全隐患与避免麻烦将列入每节课的训练之中。

（1）新任教师。在指导教师的带领下,新任教师可以尝试着上完整的课了。在实际上课前,不断地预演是很重要的环节。指导教师可以当新任教师的第一个学生,当然,与其他同事切磋也是一个好办法。这个时期,紧张与兴奋会不断冲击你的每一根神经,想办法让自己平静下来是将课程顺利完成的关键。

（2）独立任课。到可以独立上课的时候,你已经是一个有较多经验的拓展教师了,这个时候上课的重心由体力向智力转移。你的教学水平不仅体现在顺利组织学生完成各项挑战任务,还体现在引导学生在分享环节将自己对项目内涵的理解表达出来,并能总结提升,给学生以理念上的帮助,让拓展训练更好地为学生的未来生活服务。这个过程需要不断"充电"才能完成得越来越好。当然,大多数拓展教师停留在这个水平上也是无可厚非的,尤其是拓展培训领域的兼职教师和只上课的任课教师,他们仍然是拓展教师队伍中很需要的一部分。

（三）提高阶段

拓展训练如果仅停留在一些不变的流程与项目上,就会出现课程千篇一律、效果大同小异、结果不太满意、最后没了生机的状况。为了改变一些人对拓展训练"进入门槛低,无非做游戏"的错误认知,拓展教师还须进一步提高对项目的感悟能力。

（1）有针对性地选择项目、设计课程、制定大纲,拓展教师或多或少需要下些功夫。合理安排项目不是将项目简单地拼凑在一起,随心所欲地排列开来。这个时候,拓展教师需要扮演培训总监的角色,调查学生的需求,有针对性地制作标书、设计课程并监督实施,然后收集学生的反馈信息。由于激烈的商业竞争,培训总监的水平对取得学生的信任与认可起着至关重要的作用。在学校,拓展教师同样需要依据学校的人文背景、学生特点等设计适合本校的教学大纲。

（2）现在的拓展训练项目已有几百个,但真正经典的不过几十个。如何改造、拆分、整合和创编一些新项目,是拓展教师的工作之一,尤其是科研型学校的拓展教师更应责无旁贷地承担起这项工作。教师间要定期进行一些交流与研讨,将经验和成果与他人分享,在不断提高与发展中,设计出适合学生、具有大健康观、符合我国传统文化底蕴的本土化拓展训练项目,这样才能更好地推动拓展训练的发展。

实操部分

第六章 破冰项目

"破冰"是指打破人际交往中人与人之间怀疑、猜忌、疏远的樊篱,就像打破严冬厚厚的冰层。破冰项目能帮助人们放松心情,为人们创造交往的机会,有利于人们相互学习、增进彼此的了解,从而拉近彼此距离,建立和谐的人际关系。

一、踩轮胎

【项目类型】
团队破冰、团队合作。
【场地器材】
场地:平整的草地1块。
器材:汽车备用轮胎1只。
【人员要求】
12—15人。
【时间要求】
20分钟。
【项目目标】
(1)活跃团队气氛,缓解学生的疲劳。
(2)增强团队意识,提升学生的组织协调能力。
【操作程序】
(1)先进行分组,每组5—7人。
(2)教师把1只汽车备用轮胎放在空地上。
(3)让小组全体成员一起站上去并停留至少5秒。
【注意事项】
在教学生做活动的过程中,教师要注意他们的安全。
【引导分享】
(1)好的主意是怎样产生的?大家在达成共识上是否容易?
(2)活动中有没有冲突和争议出现?团队是怎样处理这些冲突和争议的?

二、怪兽

【项目类型】

团队破冰、团队合作。

【场地器材】

场地:平整的空地 1 块。

器材:无。

【人员要求】

12 人一组最佳。

【时间要求】

5~10 分钟。

【项目目标】

活跃团队气氛,发挥团队创意。

【操作程序】

(1)教师给出要求,例如,小组要创造出 1 只怪兽,这只怪兽只有 11 只脚和 4 只手在地上。

(2)小组成员必须连接在一起成为一个整体。

【引导分享】

(1)大家用了什么方法达成共识?

(2)你认为最有创意的地方在哪里?

【总结与评估】

(1)小组需要先确定一个组合方案。

(2)每位成员必须高度配合执行该组合方案。

(3)组合方案要考虑到每位成员身体上的差异。

三、进化论

【项目类型】

破冰游戏。

【场地器材】

场地:平整的空地 1 块。

器材:无。

【人员要求】

全体人员一起参加。

进化论

【时间要求】

20分钟。

【项目目标】

活跃课堂气氛,增进学生间的友谊。

【操作程序】

(1)全体人员先蹲下扮成"鸡蛋"。

(2)"鸡蛋"相互找同伴进行猜拳,赢者进化为"小鸡"。

(3)"小鸡"相互找同伴进行猜拳,赢者进化为"凤凰",输者退化为"鸡蛋"。

(4)"凤凰"相互找同伴进行猜拳,赢者进化为"人",输者退化为"小鸡"。

(5)持续进行几分钟,直到大部分参训者都进化为"人"为止。

【引导分享】

这只是一个破冰游戏,意在放松心情,不需要分享。

【总结与评估】

教师应尽量使气氛保持轻松和愉快,消除学生间的陌生感。

四、寻宝游戏

【项目类型】

破冰游戏、团队合作。

【场地器材】

场地:教室。

器材:寻宝游戏工作表。

【人员要求】

5人一组最佳。

【时间要求】

20分钟。

【项目目标】

经过一段时间的讲课后,教师可以利用这类破冰游戏来活跃课堂气氛,也可以借这类破冰游戏让学生体会一下团队合作的效果。

【操作程序】

(1)教师让全班学生自由组成几个5人小组,每组选出一位代表作为组长。

(2)教师把寻宝游戏工作表分发给各组的组长,由组长带领全组成员在5分钟之内收集齐表上所列的所有物品,并展示在全班同学面前。

(3)教师检查最快完成任务的小组是否收集齐了所有物品,而后给他们一些奖励。

【引导分享】

(1)回顾一下整个活动过程,小组的全体成员是否都有参与?

（2）回想自己平时做事之前是否有一个计划,哪怕是今天这样简单的游戏。

（3）大家是否能体会到以投资时间来争取时间的道理?

【项目延伸】

寻宝游戏工作表上所列的物品可以是生活中常见的物品,如回形针、肥皂、牙刷、小组成员名单、石头、衣架、圆珠笔等。

五、面对面介绍

【项目类型】

破冰游戏、团队融合。

【场地器材】

场地:平整的空地 1 块。

器材:无。

【人员要求】

20 人以上。

【时间要求】

15 分钟。

【项目目标】

每个学生都能迅速融入团队并相互熟悉和了解,打破学生之间的"坚冰"。

【操作程序】

（1）所有学生相对排成 2 个同心圆,边唱歌边转动,内外圆的旋转方向相反。

（2）歌声停止时停止转动,面对面的两名学生彼此握手问候并相互做自我介绍,歌声再起时继续转动。

六、松鼠与大树

【项目类型】

团队破冰。

【场地器材】

场地:平整的空地 1 块。

器材:无。

【人员要求】

10 人以上。

【时间要求】

25 分钟。

【项目目标】

活跃团队气氛。

【操作程序】

(1) 按3人一组分成若干组,其中,2人扮演"大树"并面向对方伸出双手搭出一个圆圈形成"树洞",1人扮演"松鼠"并站在"树洞"中间。教师和没成组的学生担任"自由松鼠"或"自由大树"的角色。

(2) 当教师喊"松鼠"时,扮演"大树"的学生不动,扮演"松鼠"的学生必须离开原来的"树洞",重新选择其他的"树洞",教师和没成组的学生扮演"自由松鼠"也趁机寻找"树洞",最后没有找到"树洞"的"松鼠"表演节目。

(3) 当教师喊"大树"时,扮演"松鼠"的学生不动,扮演"大树"的学生必须离开原先的同伴重新组合成一棵新的"大树",并圈住某只"松鼠",教师和没成组的学生扮演"自由大树",最后没有形成"大树"的学生表演节目。

(4) 当教师喊"地震"时,扮演"大树"和"松鼠"的学生全部打散并重新组合,扮演"大树"的学生也可扮演"松鼠",扮演"松鼠"的学生也可扮演"大树",教师和没成组的学生也加入游戏中,最后落单的学生表演节目。

【注意事项】

教师要提醒学生在跑动中注意安全,避免受伤。

七、大胆叫出来

【项目类型】

团队破冰。

【场地器材】

场地:室内外均可。

器材:无。

【人员要求】

不限。

【时间要求】

15分钟。

【项目目标】

情绪有正性与负性之分。有些正性情绪,如兴奋、感兴趣、幽默等可以激发人的创造力;而许多负性情绪,如痛苦、焦虑、恐惧等则会阻碍人创造力的发挥。每个人都有过因成功或失败而导致情绪波动的经历。"大胆叫出来"这个游戏可以让学生体验到情绪在解决问题过程中的强大作用,更可以培养学生的幽默感和乐观精神。

【操作程序】

"大胆叫出来"这个游戏要求学生集体参与,而且要偏离自己习惯的社会行为。游戏内容是让学生学动物的叫声。学生要学的动物如表 6-1 所示。

表 6-1 动物对应表

姓氏汉语拼音的第一个字母	动物名称
A—F	狮子
G—L	海豹
M—R	猩猩
S—Z	热带鸟

每个学生选择一个伙伴(最好选择同学中不太熟悉的人),然后彼此盯着看,目光不能转移,同时大声学动物叫至少 10 秒。

【引导分享】

(1)在"大胆叫出来"这个游戏中,你的感觉如何?你是否感到既有趣,又有些尴尬?尽管游戏开始时大家会感到不舒服,但很可能游戏结束时已是笑声满堂。

(2)你是否注意到好玩和幽默的情绪会有助于你在这个游戏中创造性地发挥,可能你灵机一动模仿出的某种出人意料的叫声会获得满堂喝彩,或逗得大家捧腹大笑;而在游戏中感到尴尬却会使你羞于开口。假如你有幽默感,学动物叫就更容易开口。

(3)正性情绪是创造力的催化剂。因此,在最困难的时候,不要忘记幽默可以使你保持乐观和向上。

八、抬人游戏

【项目类型】

团队破冰、团队合作。

【场地器材】

场地:平整的空地 1 块或教室。

器材:桌子 1 张。

【人员要求】

11 人(最好 1 名男生,10 名女生)。

【项目目标】

活跃团队气氛,增强团队意识,感受团队的潜力和凝聚力。

【操作程序】

教师邀请 1 名体重中等的男学生平躺在 1 张桌子上,然后邀请 10 名女学生上来,女学生伸出手,分别紧紧地贴在男学生的头、肩膀、腰、大腿、小腿下面,使其身体平均受力。教师发出指令,要求女学生一起把男学生抬起来。

【注意事项】

在学生做游戏的过程中,教师要注意男学生的安全。

【引导分享】
（1）团队的合力：众人拾柴火焰高。
（2）团队的潜力：冰山理论，自我设限。

九、好邻居

【项目类型】
团队破冰。

【场地器材】
场地：室内外均可。
器材：无。

【人员要求】
10人以上。

【项目目标】
活跃团队气氛。

【操作程序】
（1）选出一人，其他人围成一个圆圈，此人站在圆心。
（2）教师宣布规则。由站在圆心的人随机问圆圈上的人，如问A："你喜欢我吗？"如果A回答"喜欢"，则与A相邻的两个人就要互换位置，在这两个人互换位置的时候，站在圆心的人要迅速地站到这两个位置中的一个上，这样与A相邻的两个人中就有一个人没有了位置，那么就由他来表演一个节目或做自我介绍，然后再由他站在圆心，接着开始下一轮游戏。
（3）如果A回答"不喜欢"，则站在圆心的人会继续问A："那你喜欢什么？"如果A回答"我喜欢戴眼镜的人"，则现场所有戴眼镜的人都必须离开自己的位置寻找空位，而站在圆心的人要迅速地找一个位置站上去，没有找到位置的人表演一个节目或做自我介绍，然后再由他站在圆心，开始下一轮游戏。
（4）A回答"不喜欢"之后，还可以回答如"我喜欢男生"，那么全场的男生必须全部换位置，如果A是男生，他自己也要换位置。为了增加难度和趣味性，还可以回答如"我喜欢穿白袜子的人"等容易被人马上发现的细节。

【注意事项】
防止学生碰撞受伤。

【引导分享】
为活跃气氛可不进行分享。

十、逢三抓手

【项目类型】

团队破冰。

【场地器材】

场地:平整的空地 1 块。

器材:无。

【人员要求】

不限(越多越好)。

【时间要求】

20 分钟。

【项目目标】

(1) 活跃团队气氛。

(2) 让学生感受听的重要性。

【操作程序】

(1) 所有学生坐着围成一个圆圈,平伸出左手、掌心向下,握拳伸出右手、食指向上,每个学生用自己的右手食指顶住自己右侧同学的手掌心,同时左手配合伸到左侧同学的食指上方。

(2) 教师发出口令,当听到数字 3 时,所有学生左手要抓住左侧同学的食指,同时右手食指要迅速逃离,不要被右侧同学抓住。

(3) 教师的口令可分为以下几个阶段:① 大声喊"预备——开始";② 先喊出 1 和 2;③ 分享一个小故事,突然喊出 3。

【注意事项】

教师应注意对口令节奏和音量的控制,适当设置一些"陷阱"。

【引导分享】

(1) 你逃掉了多少次?你被抓住了多少次?你认为自己的反应快吗?

(2) 你有没有认真听?认真听的是什么?认真听为什么还会出现失误?

(3) 思考聆听、注意力、反应三者之间的关系。

十一、猜猜我是谁

【项目类型】

团队破冰。

【场地器材】

场地:室内外平地均可。

器材:不透明的幕布 1 块。

【人员要求】

10 人以上。

【项目目标】

使团队成员快速熟悉起来。

【操作程序】

（1）所有学生分成两组。

（2）所有学生依次说出自己的姓名和希望别人给自己起的绰号。

（3）教师和助理拿幕布隔开两组学生。

（4）第一阶段:两组各派一位代表至幕布前,隔着幕布面对面蹲下,教师喊"1,2,3",然后放下幕布,两位代表以先说出对方姓名或绰号者为胜,胜者可将对方俘虏到本组。

（5）第二阶段:两组各派一位代表至幕布前,隔着幕布背对背蹲下,教师喊"1,2,3",然后放下幕布,两位代表靠组内成员提示(不能说出姓名和绰号),以先说出对方姓名或绰号者为胜,胜者可将对方俘虏到本组。

（6）活动进行至其中一组的人数少于 3 人时即可停止。

【项目延伸】

（1）可增加幕布前代表的人数。

（2）可让一组代表背部贴着幕布,另一组代表凭其轮廓猜出其姓名或绰号。

（3）可在排球场进行该游戏,以海滩球互相投掷时,先说出对方姓名或绰号者为胜(全部说出不可重复)。

【注意事项】

（1）选择的幕布必须不透明,以免游戏失去公平性及趣味性。

（2）学生蹲在幕布前时不要踩在幕布上,以免操作幕布时跌倒。

（3）教师应制止偷窥情况发生。

（4）学生不可离教师太近,以免操作时产生碰撞。

（5）学生说出姓名或绰号间隔的时间很短时,教师必须注意公平性。

（6）本游戏不适用于成员间互相不熟悉的团队。

【引导分享】

（1）如果游戏继续玩下去谁会赢?

（2）我们设计的这个游戏是"no loser/no winner"。

（3）分享双赢的概念。

十二、猜变化

【项目类型】

团队破冰。

【场地器材】

场地:平整的空地 1 块。

器材:数量与团队人数相同的椅子。

【人员要求】

10 人左右最佳。

【项目目标】

训练学生在短时间内找出有效的记忆方法。

【操作程序】

(1) 学生全部排好坐在椅子上,选出 2 位观察员,观察员花 1 分钟记下排列顺序。

(2) 观察员离开现场,留在现场的学生趁机交换位置。

(3) 观察员回来后说出谁和谁换过位置,先猜中的观察员获胜。

十三、交换名字

【项目类型】

团队破冰。

【场地器材】

场地:平整的空地 1 块。

器材:无。

【人员要求】

10 人左右。

【项目目标】

培养学生集中注意力的能力。

【操作程序】

(1) 所有学生围成一个圆圈坐着。

(2) 围成圆圈的时候,每个学生随即更换成自己右侧同学的名字。

(3) 所有学生以猜拳的方式决定顺序,然后按照顺序提问。

(4) 当主持人问"张三先生,你今天早上几点起床"时,真正的张三不可回答,必须由更换成张三名字的学生来回答。

(5) 该回答却未回答的学生被淘汰。

(6) 最后剩下的 1 名学生获胜。

十四、花开花落

【项目类型】

团队破冰。

花开花落

【场地器材】

场地：平整的空地1块。

器材：无。

【人员要求】

不限。

【时间要求】

10分钟。

【项目目标】

学会关注队友的安全。

【操作程序】

(1) 全体学生手拉手站着围成一个圆圈（男女间隔）。拉手方式为每个学生的左右手分别绕过左右侧同学的后背与相隔1人的同学互握手腕、紧紧相扣。

(2) 教师发出"春去"指令时，所有学生身体向右倾，脚不移动；教师发出"秋来"指令时，所有学生身体向左倾，脚不移动；教师发出"花开"指令时，所有学生头后仰，身体向后打开，脚不移动；教师发出"花落"指令时，所有学生低头，身体前屈，脚不移动。

【注意事项】

防止学生手滑脱造成摔倒。

十五、雨点变奏曲

【项目类型】

团队破冰。

【场地器材】

场地：平整的空地1块。

器材：无。

【人员要求】

10人以上（越多越好）。

【时间要求】

10分钟。

【项目目标】

(1) 提高学生的应变能力，使学生的注意力更加集中。

(2) 活跃课堂气氛。

【操作程序】

(1) 学生在教师的指导下完成表现"小雨""中雨""大雨""暴雨"的动作。

① "小雨"——两手指尖互碰。

② "中雨"——两手轮拍大腿。

③"大雨"——用力鼓掌。

④"暴雨"——跺脚。

（2）教师说下面的指令：

① 现在开始下小雨,小雨渐渐变成中雨,中雨变成大雨,大雨变成暴雨。

② 暴雨减弱成大雨,大雨变成中雨,中雨逐渐变成小雨,雨过天晴。

【引导分享】

如何使散乱变得有序？

【总结与评估】

（1）在日常生活中,动词与动作之间可以建立自然的联系,但要建立名词与动作之间的联系就困难得多,这是语言上一个有趣的现象。

（2）游戏开始前需要快速地熟记不同名词所对应的动作,游戏过程中在听到不同名词时快速地做出相应的动作。

（3）此游戏可以用来调节课堂气氛。

十六、兔子舞

【项目类型】

团队破冰、团队互动。

【场地器材】

场地：空地或大会场。

器材：快节奏乐曲和音响。

兔子舞

【人员要求】

10人以上（越多越好）。

【时间要求】

10分钟。

【项目目标】

（1）活跃团队气氛。

（2）加深团队成员的了解。

【操作程序】

（1）全体成员围成一个圆圈。

（2）后面学生的双手搭在前面学生的双肩上。

（3）教师给学生动作指令：左、左、右、右、前、后、前前前。

（4）在教师的指导下逐渐增加难度。

【注意事项】

避免踩到别人的脚。

【引导分享】

（1）为什么会出现步调不一致的情况？

（2）有什么方法能使全体成员的步调尽量保持一致？

（3）游戏进行到后面阶段步调不一致的状况是否有所改善？为什么？

【总结与评估】

（1）个体间的差异导致了总体的不协调。

（2）在人际交往中，增加对他人的了解有助于减少彼此间的不协调。

十七、配对游戏

【项目类型】

团队破冰、团队互动。

【场地器材】

场地：教室。

器材：配对卡（每人1张）。

【人员要求】

10人以上（越多越好）。

【时间要求】

20分钟。

【项目目标】

使新成员在一个和谐的氛围中结识新朋友。

【操作程序】

（1）请每位学生按事先准备好的配对卡（表6-2）上的描述在教室里寻找与之相符的学生。

（2）请被找到的学生在配对卡上对应的位置签名。

【配对卡说明】

（1）配对卡的每格内都标有一个参加本项目学生的特点，请在学生中寻找与配对卡上描述相符的人，并请其在配对卡上对应的位置签名。

（2）有的学生符合配对卡中的多项描述，但每个学生只能在一张配对卡上签一次名。

表6-2　配对卡

爱打网球	爱穿红色衣服	喜欢打篮球	担任部门经理	三代同堂
会骑自行车	讨厌足球	喜欢踢足球	喜欢开飞机	会说外文
爱弹钢琴	养热带鱼	单身	爱跳舞	穿牛仔裤
一头长发	讨厌吃菠菜	有两个孩子	喜欢游泳	曾出席过全国会议
第一次参加的成员	拥有驾照	戴眼镜	读《人民日报》	曾到过其他国家

【引导分享】

（1）根据配对卡，是否能找出几个拥有相同特征的人？

（2）通过配对卡，学生是否能很好地相互了解和熟悉？

【总结与评估】

（1）游戏结束后会发现，有些学生拥有相同的爱好，而拥有相同爱好的学生可以更快成为朋友。

（2）在与陌生人打交道时，可以尝试了解对方的兴趣和爱好，这样可以消除隔阂，有助于双方沟通和交流。

十八、生肖分组

【项目类型】

团队破冰。

【场地器材】

场地：空地 1 块或教室。

器材：无。

【人员要求】

集体参与。

【时间要求】

10 分钟。

【项目目标】

（1）使学生熟练使用肢体语言进行沟通。

（2）活跃课堂气氛。

【操作程序】

（1）教师给学生指令：全体人员以自己所属的生肖进行同类组合。

（2）学生按生肖进行同类组合后，教师可以让学生根据相关指令再进行小组合并，如"龙马精神"即龙组与马组进行合并。

【注意事项】

游戏过程中所有人都不可以讲话，即使发出声音，也不可以是任何带有人类智慧的语言。

【总结与评估】

（1）此游戏可以很快地消除学生之间的陌生感。

（2）肢体语言可以传达出非常丰富的信息，使用者也会因此更加善解人意。

（3）通过这个游戏好好体会一下"心有灵犀一点通"的感觉。

十九、高台演讲

【项目类型】

团队破冰。

【场地器材】

场地:空地1块或教室。

器材:不低于2米的高台1个,高台最好有三面护栏(可以用背摔台加木箱代替);秒表1块;用于简单记录的笔和本子若干。

【人员要求】

14人左右。

【时间要求】

约90分钟,每人3分钟。

【项目目标】

(1)锻炼学生在公众面前讲话的能力。

(2)拉近学生之间的距离。

(3)培养学生对时间的掌控能力。

(4)培养学生对主题任务的全面掌握和分配能力。

(5)培养学生的倾听能力。

【操作程序】

(1)高台演讲是一个个人挑战项目,为了表现特殊压力下的情境,所有学生须轮流站到台上演讲。

(2)从学生双脚站在台上开始计时,演讲时间是3分钟,3分钟一到演讲必须结束。

(3)用1分钟讲讲你的过去,用1分钟讲讲你的现在,用1分钟讲讲你想象中的未来(教师可强调1分钟,并将过去、现在、未来无规律地重复一遍)。

(4)如果演讲结束而时间未到,学生须继续站在台上直到时间结束,其间可以随便讲些其他话题。

【注意事项】

(1)讲解清楚安全要求,确保学生安全。

(2)引导学生要勇于讲话、讲真话、讲负责任的话。

(3)严格按照时间要求进行演讲,最后15秒给予提示。

(4)要求听众及时给予鼓励,营造良好的氛围。

(5)安排1名计时员,负责监控时间;安排1名记录员负责分别用一句话总结、记录每位演讲者的演讲内容,重点记录三段时间的分配和顺序。

【引导分享】

（1）在高台的压力下,你的语言表达能力和逻辑思维能力会受影响吗?

（2）有人说"演讲就是生产力",也有人说"演讲就是领导力",请学生就此分享自己的看法。

（3）大家为什么总在"怀旧"中用去大部分时间,而留给"现在和未来"的时间却很少?

二十、集体握手

【项目类型】

团队破冰、团队沟通。

【场地器材】

场地:空地1块。

器材:表格和象征性的奖品。

【人员要求】

100人以下。

【时间要求】

6分钟。

【项目目标】

让每个学生认识至少一半团队成员。

【操作程序】

（1）请所有学生围成两个大圆圈,一个圆圈套在另一个圆圈外面,内外圆圈的学生面对面站着。

（2）面对面的两名学生彼此迅速地进行自我介绍,介绍完后立即移动。

（3）外圈的学生持续顺时针移动,内圈的学生持续逆时针移动,直到一个圈的所有人向另一个圈的所有人都做了自我介绍。

【引导分享】

（1）内圈与外圈的最佳距离是多少?

（2）当你面对下一个新面孔时,你的第一反应是什么?

（3）在整个游戏过程中,你注意自己的表情了吗? 在说话或聆听时,你的目光停留在哪里?

【总结与评估】

（1）本游戏用于100人以下的团队最为有效。

（2）对于初次见面的人,如果你想和他迅速建立起较为友好的关系,最佳的距离应该是1米,这个距离既不会显得突兀又能体现彼此的热情。

（3）做自我介绍时请注意保持微笑,目光尽可能自然地注视对方的眼睛,进行眼神交流,这样能让对方感受到你对他的重视。

二十一、握手

【项目类型】

团队破冰、团队沟通。

【场地器材】

场地：教室。

器材：无。

【人员要求】

集体参与。

【时间要求】

15分钟。

【项目目标】

(1) 演示强迫性的改变可能引起的不自在或随之而来的抵触情绪。

(2) 活跃现场气氛。

【操作程序】

(1) 请学生按平时的习惯双手交叉握在一起。

(2) 请学生记住自己的各个手指是怎样交叉的(是左手拇指在上还是右手拇指在上)。

(3) 请学生松开双手再重新合拢,这次手指交叉的顺序与上一次相反(本来左手拇指在上的改为右手拇指在上)。

(4) 向学生指出,对于有些人来说,这种身体上的小小变动并不会引起任何不适感,但是对于大多数人来讲,即使微小的变化,也会引起不自在的感觉。

【引导分享】

(1) 当手指采用不同于平时习惯的方式交叉时,你有没有觉得不自在？为什么？

(2) 你是否同意"人都是不喜欢改变的"这个说法？你喜欢改变吗？

(3) 为了缓解对改变的抵触情绪,我们应当怎么做？

【总结与评估】

(1) 改变平时的习惯,常常会让我们觉得不自在。

(2) 很多时候,人并不是不喜欢改变,而是不习惯改变。

(3) 采取积极的暗示,会缓解对改变的抵触情绪。

(4) 改变习惯,改变行为,有助于走向成功。

第七章 高空项目

高空项目是指在专项高空架上完成的项目,此类项目需要在高空保险设备的辅助下完成,活动一般分为上升、下降、跳跃和通过四种,侧重于锻炼心理承受能力、身体协调能力、团队协作能力。

▶▶ 一、高空断桥

【项目类型】

个人挑战。

【场地器材】

场地:组合训练架或专项训练架。

器材:直径10.5毫米的主绳3根(2根用作桥上保护绳,1根用作路绳),O形锁4把(用于上方保护点),D形锁5把,备用扁带1条(D形锁有1把是备用锁,备用锁连接备用扁带以备救援之用),上升器1个,止坠器1个,半身开放式安全带1条,半身自锁式安全带2条,头盔3顶(给学生用的头盔必须无外沿),整理箱1个,大毛巾1条。

【时间要求】

120分钟(项目布课10分钟,项目挑战80分钟,引导分享30分钟)。

【项目目标】

(1)培养学生认识自我、战胜自我、不断进取的精神。

(2)带领学生挑战自我、重新认识自我、正确评估自我,提升学生的自我控制能力。

(3)让学生了解自我激励和激励他人的重要性。

(4)让学生学会抓住机遇、果断决策。

【操作程序】

(1)训练开始之前,检查场地,将路绳及上方保护点安装完毕,并将器材准备齐全。

(2)学生集合后,教师首先对项目进行布置。

① 具体任务:在空中有个断开的桥面,学生的任务是依次上到桥面,从断桥的一端跳到另一端,然后以同样的方式返回,回到地面,视为完成任务。

② 动作要领:正对断桥另一端,双脚前后分开,双腿微屈,前脚探出脚掌的约1/3长,

单腿起跳,起跳后收起起跳腿向前迈出,单腿落地跳到对面。

③ 试跳:学生可以先在地面试跳,试跳的时候教师可以观察学生的动作是否正确,也考察一下学生的弹跳能力。在平地上试跳,禁止在石子地上试跳。

④ 安全器材:指导学生按照要求使用安全器材,如头盔、安全带、止坠器、铁锁等的使用。安排专人负责检查安全器材和摘挂铁锁。

【注意事项】

(1) 跳断桥的时候不允许助跑起跳。

(2) 单腿起跳,单腿落地,不允许双腿起跳和双腿落地。

(3) 腾空起跳,不能迈步(避免进退两难)。

(4) 跳跃的过程中,不允许双手抓绳(避免铁锁和钢缆咬死,身体后仰)。

(5) 断桥正下方不能站人,没有特殊情况不允许离开场地,如果必须离开,请向教师或队长请假,得到允许后方可离开。

【安全监控】

(1) 询问学生的身体状况,对于年龄大、体胖、身体协调性差的学生,要认真观察他们在地面试跳的情况,以便将断桥调整到合适的距离。

(2) 指定两名责任心强的学生负责协助做项目的学生穿安全带、戴头盔、连接止坠器并检查;待前一名做项目的学生回到地面后,下一名学生才能上去。

(3) 教师应先检查钢缆及保护绳是否正常。

(4) 学生上断桥之后,教师须再次检查学生安全带、头盔的穿戴情况并为其扣上保护绳铁锁,然后摘去止坠器铁锁,并扣在扒凳上;学生下断桥之前先扣止坠器铁锁,再摘保护绳铁锁。

(5) 检查2条保护绳是否有交错情况,项目进行期间不允许摘锁、换绳。

(6) 教师在攀爬过程中必须使用上升器,教师必须戴头盔。

(7) 为学生摘挂保护绳时应将其保护在身体的内侧,即教师身体背向断桥的起跳点。学生跃出前,教师应提醒其将起跳脚稍探出板端,然后果断跃出。

(8) 不允许将断桥木板的末端推到倒数第二个卡扣之外。

(9) 遇到特殊情况,按照安全培训时的操作方法处理。

【项目控制注意事项】

(1) 教师要善于察言观色,对于胆怯的学生,及早给予鼓励,消除其顾虑,以使项目顺利进行。2—3人完成后,采取自愿式或点名调动女学生参与,不要将她们全部留在最后。

(2) 以下情况应密切关注:对于脸色苍白,呼吸急促,动作僵硬迟缓,双眼盯着木板不敢看其他地方,两腿颤抖,声称自己有心脑血管疾病、运动障碍和伤残的学生,可测量其心跳;对于有心脏病、高血压、脑血管疾病病史的学生,要不断询问其情况,不强求其完成任务。

(3) 出现以下情况,不应让该学生继续:呕吐或将要呕吐;眼前发黑,不能视物;眩晕,无法站立;心跳超过140次/分;有心脏病、高血压、脑血管疾病病史,声称自己已无法坚持。如遇学生因个人原因强烈抵触,教师不得强求其完成。

(4) 学生仅仅因恐惧而畏缩不前,可使用以下方法:让学生抓住起点固定物站立片刻;让学生松开固定物抓住教师的手站立,教师陪同其向前走一小步;让学生松开教师的手独自站立;不断给其鼓励,坚定其信心,并要求学生做深呼吸(缓慢深呼气,屏住呼吸10秒,迅速呼出气,可在项目布置时教学生做深呼吸)的同时向前移动;让学生试着在木板上轻轻跳动、跨跳,熟悉动作,消除恐惧;建议下方的学生给其鼓励;让学生大喊"1,2,3"后起跳;僵持时间较长仍无效果时,教师可与学生交换位置,先跳到断桥另一端给其示范,并适当接应。

【引导分享】

(1) 让所有学生腾出双手,放在胸口,并闭上双眼,教师把刚才大家上断桥前后的过程描述一遍,让大家回想刚才的心理变化。

(2) 让学生发表感受,记录他们的发言,尽可能记住每一个发言者的姓名,着重记录以下相关内容:认识自我,挑战自我,不断进取;团队意识;自我激励与激励他人的重要性;换位思考;犹豫,心理障碍;压力;等等。

(3) 在学生发言过程中,对于第一个做项目的学生、第一个做项目的女学生、跨越断桥距离最大的学生、犹豫时间最长的学生,教师可给予充分的肯定和鼓励。学生发言结束后,组织大家为一直关注做项目学生安全的队长和安全员鼓掌。

二、天梯(图7-1)

图7-1 天梯

【项目类型】

两人高空合作。

【场地器材】

场地:基地高空训练架。

器材:长度不少于25米、直径10.5毫米的动力绳2根,40厘米长的扁带6条(上保护点 4 条,下保护点 2 条),D 形锁 6 把,半身自锁安全带 6 条,8 字环 2 个,手套 7 副,头盔 4 顶。

【时间要求】

120 分钟。

【项目目标】

(1) 培养学生的团队协作意识。

(2) 让学生体会完成阶段性目标对实现最终目标的重要性。

(3) 让学生在互相鼓励与互相学习中体会团队对提高工作效率的重要性。

(4) 让学生体会群体压力对个体行为的影响。

(5) 让学生认识到克服心理障碍、战胜自我对实现目标的重要性,并建立自己一定能成功的信念。

【操作程序】

(1) 准备工作:器材准备完毕,动力绳提前挂好,了解基地使用日的安排。

(2) 安全布置:

① 介绍安全器材及法式五步保护法,强调保护的重要性。

② 介绍主、副保护顺序。例如,第一组攀爬时,第二组休息,第三组主保护,第四组、第五组副保护。

③ 提醒学生不要踩踏保护绳,以免损坏。

(3) 安全监控:

① 发现学生拉拽胸前的保护绳及两边钢缆的情况应立即制止。

② 发现保护队员拉保护绳帮助学生完成任务的情况应立即制止。

③ 教师亲自检查学生安全带和头盔的穿戴情况,并亲自为学生摘挂铁锁,学生安全带上必须挂 2 把铁锁。

④ 教师在学生开始攀爬前须亲自检查两端保护绳的松紧情况,在保护绳收紧的情况下方可让两名学生分别攀爬。两名学生攀上第一根横木前,教师应紧靠攀爬的学生,双手伸出,防止学生失手坠落到地面上。

⑤ 当学生意识到两个人应相互协助时,提醒学生只允许踩队友的大腿或肩膀,不允许拉安全带的腿带和器械环。

⑥ 每当攀爬的学生由静态转入动态时,应将保护绳收至最紧。

⑦ 随时监控实施保护的学生是否按正确操作方法进行保护。

⑧ 学生攀上第一根横木后,教师应始终站在能够监控和保护学生的位置上。教师应在项目进行的整个过程中,不断强调安全事项。

⑨ 天梯下禁止站人,学生攀爬至高处下降时,教师指导实施保护的学生将攀爬者依次下放,禁止将两人同时下放。

⑩ 学生手指甲应剪短。关注学生身体状况,做好身体健康检查,拿取物品要彻底。

【项目控制】

学生如有头、颈、肩、背、腰、骶等部位的伤病史,或有严重的心脑血管疾病、精神病、低血糖等病史,不能做此项目。如遇个别学生由于个人原因强烈抵触这个项目,不必强求其参加。

(1)项目布置阶段:

① 准备及检查训练器材,准备至少4条安全带和4顶头盔,以便节省两组学生的交接时间。

② 观察场地周围是否有硬、凸、尖物。

③ 带领学生做好全身性的准备活动,重点做好四肢各关节的准备活动。

④ 召集学生到场地进行分组,可以自由分组、游戏分组或队长指定分组,具体的分组方式视团队情况而定。分组时尽量不要把身体素质都很好或都很差的学生分在一组。

⑤ 向学生强调安全保护的重要性。

(2)项目进行过程:

① 注意控制项目时间,对于有困难的小组,及时给予指导。例如,告诉他们,可以一个人踩着另一个人的腿先上去,然后两个人站在同一条垂直线上,下面的人抓住上面的人腰间的安全带上去。

② 每个小组的攀爬者开始攀爬之前,教师可带领小组其他学生一起用队训为其鼓劲。对于严重超时的学生,教师可对其进行特别的心理辅导和施加必要的心理压力。例如,发动小组其他学生鼓励他们坚持到底,或者对他们说"别人都能上去,你们为什么不行"。

③ 对于没有信心攀爬到顶的学生,给他设定一些阶段性目标,如"你至少应该爬到第三根";还可以给他施加心理压力,如"我们大家都在下面看着你,你怎么也不能半途而废"。

④ 注意烘托团队气氛,发动学生相互鼓励和关注他人。

⑤ 观察每个学生的表现,活动过程中随时关注发生的典型事件,以便为回顾总结提供素材。

⑥ 下降时,安排学生扶住最后一根横木,以免天梯晃动伤人。

▶▶ 三、空中单杠

【项目类型】

个人挑战。

【场地器材】

场地:组合训练架或专项训练架。

器材:长25米、直径10.5毫米的动力绳2根,丝扣锁8把(2把是自锁),上保护点绳套4条(中绳套),8字环2个,安全带4条(全身式安全带2条、半身式安全带2条),头盔2顶(无外沿),手套6副以上,整理箱1个。器材紧张时以上述数量为标准,在允许的情况下可适当增加备份。

【时间要求】

120分钟(项目布置10分钟,项目挑战80分钟,引导分享30分钟)。

【项目目标】

(1) 增强学生的自我控制与决断能力,以使其适应不断变化的外部环境。

(2) 让学生学习克服心理压力,建立挑战困难的信心与勇气。

(3) 让学生懂得无论后退有多么舒适,也不为舒适而后退。

(4) 引导学生勇于抓住机会,学习在困难面前做正确的选择。

(5) 让学生学会换位思考。

【操作程序】

(1) 准备工作:

① 提前检查场地,将上方保护绳安装完毕,并将其他道具和器材准备齐全。

② 所有学生依次上到立柱顶端的跳台上,以单杠为目标,奋力向前跃出,手抓住或触碰到单杠,视为完成任务。

(2) 安全布置:

① 提醒学生虽然安全器材都是有质量保障的,本身不存在安全问题,但前提是要正确掌握使用方法。

② 抓杠时的动作:伸出双手、四指并拢、虎口张开、掌心向前,奋力向前跃出,在跳跃过程中伸手抓或拍杠。抓杠的过程有三点需要注意:第一,剪掉长指甲;第二,奋力向前跃出,而不是直接往下跳;第三,不能抓绳,因为绳子在背后,如果抓绳会形成反关节动作,可能导致失去平衡而摔下跳台。

③ 安全器材须按安全培训时的具体要求操作。

④ 布置"充电"方式。

⑤ 询问学生的身体状况(注意表达方式),确认学生身上的硬质物品已经摘除。

(3) 安全监控:

① 学生有严重的头、颈、肩、腰、背、骶等部位的伤病史,或有严重的心脑血管疾病、习惯性脱臼、低血糖等病史,可不做此项目。

② 如遇学生因个人原因强烈抵触,教师不得强求其完成。

③ 教师应亲自检查学生安全带、头盔的穿戴情况,并为其摘挂铁锁。需要特别注意的是,空中单杠项目只可使用CAMP头盔(无外沿)。

④ 教师必须站在能同时监控两组保护队员和上方做项目的学生的位置。

⑤ 学生向上攀爬时,速度不可过快(攀爬过快,保护队员会来不及收绳),注意监控保护队员是否能及时正确地收绳。学生未到3米高度前,教师站在下方做抱石动作进行保护。在学生做项目的过程中,不可更换保护队员(更换保护队员必须由教师决定)。学生下降时,教师站在下方接应,同时监控保护队员,提醒其在学生快到地面时注意慢放。保护

队员之间的距离不能过远,严禁坐着进行保护,所有高空项目的保护都应如此。

⑥ 训练架正下方严禁站人,注意提醒学生不要踩踏绳索。

⑦ 按安全培训要求检查学生全身式安全带的穿戴是否正确。

⑧ 不断提醒学生不要抓保护绳和铁锁,须使用尼龙搭扣或帆布套将学生身后的两根保护绳并成一股。

⑨ 不允许留长指甲,长发必须盘入头盔内。

【引导分享】

（1）教师可以问学生:这个项目若改在平地上能否完成?最艰难的是哪一步?最艰难的一步是如何做的?完成最艰难的一步时是怎么想的?怎样看待完成任务的过程?为什么能抓住单杠?

（2）单杠在我们面前晃来晃去,就像我们的生活、工作、学习,每一天都充满挑战,每一天都面临选择,只有抓住机会,才有可能胜利。

（3）完成任务的过程中感受如何?害怕吗?害怕为什么还要跳?

四、团队攀岩

【项目类型】

个人挑战与团队合作相结合。

【场地器材】

场地:人工岩壁或自然岩壁。

器材:长30米、直径10毫米以上的动力绳1根,8字环1个,D形锁3把,教师安全带1条,学生安全带3条,头盔3顶,手套4副,积分表1张,笔1支,内有各种户外急救药物的急救箱1个,用于存放硬质物品的整理箱每队1个。

【项目布课】

（1）各队任务:所有学生按先后顺序尝试攀爬,尽力攀爬至最高处。各队力争取得最好的成绩,以获得最终胜利。

（2）比赛规则:每人每向上攀爬一格得10分,手触最高处横杆得满分。每队所有学生结束后统计总分,总分最高的队获胜(人数不等计算平均分)。

（3）攀爬技术演示:

① 攀爬时,身体尽量贴近岩壁,控制好身体的平衡。

② 尽量使用腿部力量攀爬,注意观察脚下支点。

③ 三点固定,一点移动。

（4）加油充电:当队友准备挑战时,其他队员手扶他的身体一同喊两遍他的名字加一遍队训为他加油鼓劲。

【注意事项】

（1）学生如果有严重的头、颈、肩、背、腰、骶等部位的伤病史,或有严重的心脑血管疾病、精神病、低血糖、习惯性脱臼等病史,或处于手术恢复期、孕期,不得做此项目。

（2）所有学生都应将带在身上或放在兜中的尖锐或硬质物品取下(出),如眼镜、发夹、手机、笔、钥匙、腰带配件等,摘掉帽子和眼镜,穿着比较滑的衣服也应脱下(雨天必须脱下雨衣)。

【安全监控】

（1）学生攀爬前,教师必须亲自为其挂铁锁、系保护绳,同时确认学生已正确系好安全带、戴好头盔。

（2）指甲长的学生必须修剪后再做此项目。

（3）教师在发现有可能危及安全的动作或违规操作时,应立即鸣哨或大声制止,所有学生应做到令行禁止。

（4）非攀爬学生都要在教师身后。

（5）每名学生开始挑战前,安排2名低空保护队员为其提供保护与帮助。

【引导分享】

（1）良好的习惯是成功的基础。

（2）有的学生觉得自己做不到,爬一两格就放弃了。

（3）每个人都期望成功,但是很少有人从生活的点滴开始改变自己。要成为一个具有职业素养的人,首先需要从心态上对自己进行调整。

（4）从现在开始积极主动,更多地用肯定的思想,主动去改变自己的生活,走向成功。只有相信自己可以做到,才能真正做到。

▶▶ 五、空中击球（图7-2）

图7-2 空中击球

【项目类型】

高空拓展训练。

【场地器材】

场地:高空组合架。

器材:动力绳,主锁,8字环,全身式安全带,头盔。

【项目目标】

(1) 体验极端环境带来的挑战,增强自我控制与决断能力,以适应存在巨大压力的外部环境。

(2) 克服心理恐惧感,建立突破自我、挑战困难的信心与勇气,扩展心理舒适区。

(3) 营造相互鼓励、相互支持的团队氛围。

【项目流程】

(1) 学生围成一个圆圈,教师宣布项目名称和活动方式。

(2) 教师讲解安全装备的正确使用方法。

(3) 学生提前做好热身活动。

(4) 教师向地面保护学生讲解正确的保护手法,强调安全事项。

(5) 教师根据学生的体能调整球的远近。

(6) 学生穿戴好安全装备后,依次沿着柱子爬到顶端,站在圆盘上,奋力跃出,拍打前方的球。

【项目规则】

(1) 每名学生在攀爬以前,其他队员喊他的名字及队训为其加油。

(2) 三重检查原则:学生自查,队长复查,教师检查。

(3) 活动过程中不允许抓两边的保护绳。

(4) 当高空学生奋力跃出时,地面保护学生应及时收绳,防止其冲坠过猛。

【注意事项】

(1) 活动前须根据各安全装备的要求进行安全装备的检查。

(2) 学生身上佩戴和口袋装的硬物须统一放在安全的地方。

(3) 教师时刻关注地面保护学生的保护状态及其他学生的保护站位。

(4) 当遇学生长时间不跳时,允许其原路返回,并提醒实施保护的学生适当放绳,控制好松紧。

(5) 学生在上方时,教师可进行适当的引导。例如,"当你向上爬的时候,你会觉得绳子在拽你,这是绳子重力引起的正常现象""当你站起来的时候,你要相信身后的绳子,身体向后靠,就像靠着一堵墙,头向后仰,然后慢慢地站直"。

【引导分享】

(1) 成功跳跃后,你的感受是什么?

(2) 跳之前和跳之后的心态有何不同?

(3) 有没有发现你的潜力超过自己的想象?是否感觉以前失去了很多机会?今后遇到类似的事情会怎么办?

六、高空绳网（图7-3）

图7-3　高空绳网

【项目类型】

高空拓展训练。

【场地器材】

场地：高空组合架。

器材：安全头盔2—3顶，半身式安全带2条，全身式安全带2条，长扁带2条。

【项目目标】

（1）让学生具有挑战自我的勇气，培养学生的合作精神和协调能力。

（2）让学生学会在没有选择的情况下接纳工作上的伙伴，培养学生的责任感与自我牺牲精神。

（3）培养学生面对困难时永远向上、勇攀高峰的精神和信心。

（4）锻炼学生的手脚协调能力、肢体力量及身体平衡能力。

【项目规则】

高空绳网是一个双人合作挑战的高空拓展训练项目，成员按2人一组组合，2名队员一起攀爬一张约6米高的绳网，攀网过杠，迂回向上，其间要不断变换身体姿势、调整身体重心、保持身体稳定。每组学生通过巧妙的方法从绳网的一面到达另一面，再降落到绳网的底端，视为完成任务。

【注意事项】

（1）教师须示范讲解安全带、头盔的正确穿戴方法，并在学生攀爬前进行安全检查。长发者应将长发盘入头盔内，头发特别长的可放入衣服内。

（2）下方保护人员须高度集中注意力。

（3）严禁学生在没有安全保护措施的情况下攀爬绳网。

（4）学生不得擅自操作，必须在专业人员的指导、保护下训练，穿松紧适度的运动服装，合理使用安全装备，身上不得携带硬物。

【引导分享】

（1）重点表扬第一组学生，鼓励胆怯者。

（2）每攀登一小步，就靠近成功一小步。

（3）如果只是协调了双手或双脚，可以完成这个任务吗？在工作中与同事的关系怎么样？

（4）稳住自己，然后稳住别人；稳住别人，才能稳住自己；"失"是"得"的基础。

（5）在这个活动中，如何对学生进行分组效果更好？

▶▶ 七、平衡木（图7-4）

图7-4　平衡木

【项目类型】

户外高空拓展训练、自我挑战。

【场地器材】

场地：室外高空平衡木设施。

器材：全身式安全带、头盔、保护绳。

【时间要求】

90分钟（项目布课20分钟，项目挑战40分钟，引导分享30分钟）。

【项目规则】

学生在戴好头盔、穿好全身式安全带、扣好保护绳的情况下，以个人的平衡力和身体的协调力在不借助任何外物的情况下，依次从高约8米、直径约35厘米、长约6米的平衡木上通过，到达平衡木的另一端。该项目是一个自我挑战项目，能使学生在自我抗衡中学会坚强，在征服平衡木之后获得成功与胜利的喜悦。

【注意事项】

为了保证学生的安全，学生必须按照教师的指导完成项目任务。在没有教师指导的情况下，学生不得私自攀爬训练架和做具有危险性的动作。

八、桥降(图7-5)

图 7-5　桥降

【项目类型】

户外高空拓展训练。

【项目规则】

利用专业的设备,从大桥降到河床上,能培养学生的毅力和勇气。

【项目目标】

（1）克服恐惧,挑战自我,战胜自我。

（2）激发潜能,提高技能,勇往直前。

（3）以积极的心态迎接挑战、面对生活和工作。

九、缅甸桥(图7-6)

图 7-6　缅甸桥

【项目类型】

户外高空拓展训练。

【项目规则】

学生身穿安全带,头戴头盔,独自爬上缅甸桥,沿着桥上的木板向对岸走。在这个过程中,学生会不断越过没有木板的空白区域,同时要尽量保持身体平衡。

【项目目标】

（1）挑战自我,激发潜能。

（2）使学生以积极的心态面对生活和工作。

（3）培养学生面对困难时的团队意识和互助精神。

十、沿绳下降

【项目类型】

户外高空拓展训练、个人挑战。

【项目简介】

这个项目叫沿绳下降,我们习惯上称它为下降或速降,它起源于瑞士,盛行于欧美。速降是很多极限运动爱好者喜欢的项目,有时在城市高耸的建筑物上也会看到有人挑战这个项目。

【场地器材】

场地：户外运动场地,如人工岩壁、山崖或训练架。

器材：足够长的登山静力绳 2 根（直径大于 10 毫米）,其中 1 根备用；丝扣主锁 4 把；40 厘米的绳套 4 条；8 字环 6—8 个；主锁 10—12 把；半身式安全带 6 条；头盔 6 顶；足够数量的手套；毛巾若干；医用胶布若干。

【项目目标】

（1）学习并掌握沿绳下降的技术要领。

（2）克服恐惧,勇往直前,挑战自我,激发潜能。

（3）以积极的心态迎接挑战。

（4）培养团队意识和面对困难时的互助精神。

【安全监控】

（1）学生如有严重的外伤病史,或有严重的心脑血管疾病、精神病、慢性病及并发症,或医生建议不适合做此类挑战项目者,可以不做此项目。

（2）学生摘除身上佩戴的所有硬物,并学习安全护具的穿戴方法。

（3）本项目有一定的挑战性,所有学生必须严格按照教师的要求规范自己的操作。

（4）教师必须检查学生是否正确穿戴安全带、头盔。

（5）在学生下降之前,教师必须亲自为其连接保护装置,检查完毕,挂好下降装置后才可摘除保护装置,整个过程要符合全程保护原则。

（6）整个活动的器材要有备份,且符合器材备份原则。

（7）至少有 3 名学生负责保护下降学生,下方实施保护的学生必须戴头盔。实施保护的学生不要站在下降学生的正下方。

（8）上方保护点最好比站立点高一些。

（9）下降距离较长或在野外场地时，上下保护点必须各有1位教师。

【项目控制】

（1）语言精练，讲解清楚，及时反馈，确保学生了解任务要求并激发学生挑战的激情。

（2）鼓励所有学生参与挑战，对顺利完成任务的学生给予鼓励。

（3）提示学生互相帮助，确保护具穿戴符合要求。

（4）合理使用不同风格的语言进行指导，保持学生挑战的积极性。

（5）长距离下降时，可以戴手套，或在食指、中指和无名指指肚上贴两层医用胶布，也可以在拇指内侧和手掌易磨破的地方做些保护，但不建议使用护掌。

【注意事项】

（1）活动过程中注意控制绳索和身体的平衡。

（2）学会安全带的穿法，学会头盔、8字环与主锁的使用方法。

（3）牢记安全到达顶点的要求，整个过程要求严肃认真。

（4）挑战学生失控或速度过快时，保护人员可以适当拉紧绳子。

（5）学习下降的技术要领。例如，蹬踩岩壁时两腿略分开，防止身体向两边倾倒；身体后倾，略微顶髋；前手远离8字环，手臂略直；后手固定于臀部，虎口向前，松紧适度。

（6）下降时手抓8字环后面的绳子（接近顶端的为前面），双腿分开，上身微后倒，不能趴在前绳上，脸部离开绳子，前手可以轻扶前绳或协助后手握8字环后的绳子。

（7）接近地面时速度不能过快，双腿要主动触地。

（8）教师可以提前讲解并演示活动中常见的错误操作。

【引导分享】

（1）对所有顺利完成任务的学生给予鼓励。

（2）对活动中出现的困难和学生发现的问题进行回顾。

（3）鼓励学生讲一讲自己的感受并给予其充分的肯定。

（4）有人喜欢队友们给予自己鼓励，以达到外在激励的作用；有人喜欢让自己处于相对安静的环境下，自己激励自己。这些方式没有对错之分，但合适的激励是需要的。

（5）当你一个人参加这种活动时，你会怎么做？

第八章 场地项目

场地项目是指在室内、室外的空地或低空设施中进行的项目。场地项目以培养学生的团队意识为主,注重沟通、协作、创新等能力的训练。

▶▶ 一、信任背摔(图8-1)

图8-1 信任背摔

【项目概述】

信任背摔是最为经典的拓展训练项目之一,常被当作第一个训练项目。虽然信任背摔是一个高风险项目,但是如果操作规范,安全是能够得到保证的。

【场地器材】

场地:最好选择地面相对较软的空地。

器材:长80厘米、直径2厘米的背摔绳1根,背摔绳要求结实、柔软、摩擦力大;1.4~1.6米高的标准背摔台1个,背摔台最好有扶梯和半角护栏;海绵垫1块;物品整理箱1个。

【人员要求】

一般为12—16人,其中男学生应不少于3人。有学生体重超过100千克时,应至少有4名体格较好的男学生接人,否则此项目由其他项目替代。

【时间要求】

80~100分钟(项目布课15分钟,项目挑战30~40分钟,引导分享35~45分钟)。

【项目目标】

(1) 使团队成员相互信任。

(2) 增强学生挑战自我的勇气。

(3) 发扬团队精神。

(4) 使学生通过挑战懂得合理突破自我的重要意义。

(5) 感悟制度的制定与合理的保障对完成任务的价值。

(6) 培养学生换位思考的意识。

【项目布课】

教师向全体学生大声介绍以下内容:

我们现在要做的项目叫信任背摔,这是一个个人挑战与团队配合相结合的项目。在我们面前有一个约1.5米(1.4~1.6米)高的标准背摔台,大家将轮流到台上,然后按要求后倒,其他人在台下按要求接人。

为了确保安全,在项目开始前,大家须把身上佩戴和口袋里装的所有硬物取出,放到指定的安全区域(教师提前找一个在视野范围内、人员很少经过的安全区域,可以将坐垫或小板凳集中有序地摆放在那里),雨衣也须脱下,眼镜可在上背摔台前摘下。

信任背摔项目分为两部分:一部分是个人挑战,也就是背摔(后倒);另一部分是团队配合,也就是接人。

我介绍一下个人挑战部分的要求:

(1) 在上背摔台之前,大家先跟我做一个手臂的练习:两臂前举、交叉(上下随意),双手外旋,十指相扣,双手内旋然后紧紧地靠向身体(重复两至三遍)。我会在背摔台上给大家手腕上系一根背摔绳,用来保护大家(可以解释背摔绳是为了防止大家倒偏)。

(2) 准备背摔的学生开始挑战前,全体队友将其围在中间,队长大声地喊出其姓名或其自己大声喊出自己的姓名,随后全体队友高呼队训(最好简单地重复一遍)。该学生在"力量与激情"的支持下,沿着台阶爬到背摔台上。

(3) 站到背摔台上之后(教师将站到背摔台上的学生扶到有护栏的位置),手臂做出刚才教的动作,系上背摔绳,抱紧身体,慢慢地移向台边(教师一只手抓住背摔绳,尽量抓得离学生的手近点,试着向外拉几次,确保学生手臂抱紧身体;另一只手抓住护栏)。学生背向台边,脚后跟超出台面少许,两脚并拢,脚尖相靠,膝关节绷直,臀肌收紧,下颌微收,略含胸,不要向后看(学生如果紧张,教师可以小声说些鼓励的话或问一些转移注意力的问题)。

(4) 准备背摔的学生调整呼吸,准备好之后,大声地问:"准备好了吗?"当听到队友齐声回答"准备好了",自己喊"1,2,3",同时后直倒下(此时,教师应注意背摔学生的脚,如有必要,立即下蹲扶住背摔学生的脚,防止其踢到两边的队友)。

(5) 大家先在地面感受一下后倒的感觉,这位同学过来(就近选一个学生做示范),其他同学先看我们示范(教师走到该学生身后,并对其小声说"不用向后看,相信我"之类的话)。保护的学生两脚弓步站立,距被保护的学生半米左右,两手靠近其肩胛部位,但要保持不接触其身体,当其后倒时,随其移动,并在其靠近自己身体时将其接住。注意,保护的学生一定要认真,不要离被保护的学生太远,不许开玩笑。

(6)现在每两个身高、体重比较接近的学生一组,在地面互相练习(此时教师一定要将全体学生收入眼底,及时提醒,不要急于对个别学生进行辅导)。

好的,现在我们开始团队配合部分的练习(练习2~3分钟后及时叫停,并介绍团队配合部分的要求)。

(1)找和自己身高、体重比较接近的同学,与其面对面站立,伸出右脚呈前弓步站立,两脚左右间距比肩略窄,脚尖内侧相抵,膝关节内侧相触,调整支撑腿,保持重心稳定,上身挺直略向后倾,腰部收紧。

(2)双臂向前平举与肩同高,掌心与肘窝都向上,手指伸直,肘部自然弯曲进入用力状态,与对面同学的双臂平行或双臂夹紧对面同学的左肩,放在对方肩前,两人四臂夹紧,略含胸,胳膊尽可能均匀分布以减小空隙,抬头向后仰,看着倒下同学的背,避免被砸到头部。

(3)将力量较小、身高较矮的学生排在两端,第三至第五序位一定要派力量较大的学生。每两名学生面对面站好,一对一肩部靠近排列成面对面的两排(如果超过七队,可组成一个挡推队,站在队伍两边靠近队友,也可以将手臂伸在第二至第四序位的队友中间帮助接人)。

(4)当听到挑战队员大声地问:"准备好了吗?"其队友齐声回答"准备好了",然后转头看着挑战队员的背部。当听到挑战队员喊"1,2,3"时,其队友抬头,眼睛盯住挑战队员并随其移动,手臂用力接住挑战队员。

(5)好的,记住自己的顺序,放松一下,下面我检查一下大家接人的能力。每队各自站好,当听到我喊"准备好了吗"时,回答"准备好了"。当听到我喊"1,2,3"时,用力接住队友(教师用双臂下压各队接人学生,力量适中,如果确有不用力接的,要重试一次,必须确保每队都操作合格,并不断提醒接人学生掌心向上)。

(6)大家接住队友后,先停2秒,然后慢慢地将其放下,先放脚,待其站稳后才可松手,不许抛接,不许开玩笑。

(教师到背摔台上)好的,大家都做得很棒,现在开始由队长安排挑战队员的先后顺序。谁先上来?(确定有人第一个上时,及时提醒其队友喊队训)

接受背摔挑战的学生确认符合要求,喊完队训,即可上台。教师对上台的学生说:"欢迎你参加挑战。"教师可以给第一名上台接受背摔挑战的学生多一些鼓励,并与其多做一些沟通,以分散其注意力,缓解其紧张情绪,但是一定要不断提醒动作要领。

教师在和台上学生交流时,一定要提醒接人的队友排列整齐、膝盖顶住、腰部收紧、肩靠紧、头略向后仰等。

第一名挑战背摔的学生完成安全站立时,大家给一些掌声,并帮其解下背摔绳。

【安全监控】

(1) 学生如有严重外伤病史、严重心脑血管疾病、精神病、高度近视等,不做此项目。

(2) 教师应时刻强调安全事项,关注学生动作的规范性。

(3) 教师须试压接人学生双臂,并强调每个位置的重要性。

(4) 学生上背摔台后,教师应让其靠护栏站立。

(5) 学生背摔时,教师应一只手抓住护栏,另一只手尽量离学生的手近点抓住背摔绳,随着学生重心移动,帮助学生调整后倒方向,适时松手,必要时可以不松手或将其拉回。

(6) 教师安排接人学生由近到远按弱、较强、强、强、较强、弱排列,第三和第四序位安排男学生,接人学生的手臂或水平或由近到远渐高。

(7) 挑战背摔的学生倒下被接住后,教师下蹲控制好其脚。挑战背摔的学生落地站起时,教师注意防止其头前冲碰到背摔台。

(8) 学生须把身上佩戴和口袋里装的所有硬物取出放在指定的安全区域。

(9) 任何时候都不能从过高(如超过1.8米)的背摔台上后倒,头和肩先落地也极其危险。

【项目控制】

(1) 项目布置阶段。

① 语言精练,突出重点,讲解清楚,反馈及时。

② 提高学生对风险的认知,要求严格。

(2) 项目挑战阶段。

① 观察挑战背摔学生的同时,注意接人队形的规范。

② 及时了解学生挑战后的身体反应。

③ 大多数学生都需要被鼓励,鼓励所有学生完成挑战任务。

【引导分享】

(1) 鼓励每名学生都讲讲自己的感受并给予其充分的肯定,可引导挑战不够成功的学生联系生活进行分享。

(2) 谈谈自信和互信的问题。

(3) 谈谈突破自我在学习与工作中的作用。

(4) 谈谈背摔绳、手臂接人、弓步接人的三重保护,并谈谈这个项目中的监督保障制度。

(5) 背摔时是否闭眼,有何感受,分享一下躺在他人手臂上的感觉。

(6) 谈谈接人的感受。

(7) 谈谈对分工的看法。

(8) 结合"农民养鸡出口"谈谈信任的问题。

【重点细节】

(1) 学生身上佩戴和口袋里装的所有硬物都须取出放在指定的安全区域。

(2) 接人的学生弓步站立。与直立相比,弓步站立虽然降低了高度,但不易后撤,保护效果更佳。

(3) 接人的学生须掌心向上。
(4) 全体队员应牢记队训。

【同类项目】

(1) 信任逍遥倒：挑战者站在中间，其他队员站着围成一圈，挑战者随机倒向一个队友再被推向其他队友。

(2) 水上背摔：与信任背摔相似，只是在水中进行。水深不得低于学生的腰部、不得高于学生的肩部，可以戴游泳镜和鼻夹。

二、电网（图8-2）

图8-2 电网

【项目概述】

电网也叫"蜘蛛网"，是一个典型的穿越型团队合作项目。在这个项目中，每个人都需要做出最大的努力，因为一个人的放松就有可能给其他人带来较大的麻烦，甚至可能让所有人前功尽弃。

【场地器材】

场地：室外宽阔、平坦的场地1块。

器材：专用电网设施或利用固定立柱（树桩）临时搭建的电网（挂1张宽3～4米、高1.6米的绳网，绳网上设有用于学生通过的网眼，网眼数量为学生人数的1.1～1.2倍，在绳网较低处留2个相对好通过的网眼）。

【人员要求】

14人左右。

【时间要求】

85～95分钟（项目布课5～10分钟，项目挑战40分钟，引导分享40～45分钟）。

【项目目标】

(1) 培养学生合理计划、有效组织、统一行动、团队协作的意识。

（2）提高学生充分利用资源和对资源进行合理配置的能力。

（3）帮助学生认识合理分工与服从组织安排的重要性。

（4）帮助学生掌握科学决策的方法，培养学生严谨细致的工作作风。

（5）帮助学生领悟节约时间的意义和作用。

【项目布课】

（1）电网是一个团队合作项目，要求团队所有人在 40 分钟之内从网眼中穿过，到达电网的另一边。

（2）每个网眼只能通过 1 人次，通过 1 人次后即封闭。

（3）任何人、任何物品都不可以触网，触网部分所在网眼会被封闭，正在通过的人退回重新选择网眼。

（4）过网的唯一通道是未封闭的网眼，电网两边的学生不可从网外到达电网的另一边。

（5）身体的任何部位触网均视为违规，包括头发、衣服等。

（6）活动过程中出现危险动作或教师叫停时，活动停止。

【安全监控】

（1）确认地上没有尖锐物体，确认网绳与立柱捆绑牢固。

（2）要求学生把身上佩戴和口袋里装的所有硬物放在指定的安全区域。

（3）队员被托起后，队友在任何情况下都不得将其抛起或松手，放下时先放脚，待其站稳后才可松手。

（4）对贸然尝试、蹿跃、触摸电网等的学生应做相应处罚，如封网或让其戴一会儿眼罩等。

（5）教师要注意站位，始终站在人少的一边，并时刻做好保护学生的准备。

【项目控制】

（1）项目布置阶段。

① 活动开始前，确认参加活动的人数和学生整体的体型特征，根据需要检查和封闭多余的网眼。

② 确认网眼数为学生人数的 1.1~1.2 倍。

③ 准备好封网眼的挂件，最好是带夹子的小铃铛或模拟蜘蛛，并将其放置在固定的地方备用。

④ 如果地上尘土过多，可以在地面合适的位置放一块垫子或帆布。

（2）项目挑战阶段。

① 活动开始后，前期要严格监督触网情况，以提高学生的严肃性和警惕性，后期在强调动作规范的同时可视情况适当放松要求。

② 给予第一个穿越电网的学生适当的表扬。

③ 封网眼时，动作要轻，态度要严肃，忌用手碰网眼边框绳。

④ 抬女学生通过时，避免其面部朝下，并提前提醒其扎头发、脱掉厚衣服等。

⑤ 注意保护学生安全，坚决制止违反安全规则的行为。

⑥ 留心观察每名学生的表现，包括语言、动作、表情等，在引导分享阶段与大家分享。

⑦ 对活动过程中完成最大难度穿越任务的学生进行表扬，使学生始终保持高昂的士气。

⑧ 活动过程中，教师要保持对团队每个成员的每个动作的高度关注，尽量近距离观察和监督。

【引导分享】

（1）对顺利完成任务的学生给予肯定和表扬，对表现优秀的学生和团队给予表扬，对没能完成任务的学生慎用溢美之词。

（2）鼓励每名学生谈谈自己的感受，并对其发表的意见给予肯定。

（3）谈谈面对电网时的第一感觉。你当时是否有通过电网的信心？

（4）谈谈活动中可利用的资源。活动中是如何分配时间、身体、网眼这些资源的？自己心中选择的网眼与团队分配的网眼有哪些异同？

（5）谈谈被人抬起后的感觉。被人抬起后需要做的事情有哪些？是否赞成充分的信任是完成这项任务的重要部分？

（6）引导学生对讨论、决策、执行的各个环节进行分析，并结合实际生活、学习与工作进行分享。

（7）谈谈寻找方法、总结经验及借鉴经验在完成任务中的作用。

（8）谈谈统筹方法与全局观点的合理运用。

（9）谈谈细节对完成任务的影响。

（10）谈谈良好的监督机制对完成任务的重要意义。

【重点细节】

（1）设置网眼时，三角形网眼数不超过网眼总数的 1/3，以降低对学生的心理冲击。

（2）重点关注第一位和最后一位通过的学生，对第一位要求要严，对最后一位要根据情况适当放松要求。

（3）发现有体重过重的学生时，可在网的腰高部位适当调整出相对容易通过的网眼。

【项目延伸】

在活动过程中，当学生违规时，可以将违规学生设置为"盲人"或"哑人"，并在一定时间后解除设置。

三、孤岛求生

【项目概述】

孤岛求生是一个针对企业管理设计的经典项目，该项目中看似简单的活动所蕴含的道理、揭示的问题及对人的震撼，能让学生回味无穷。

【场地器材】

场地:平坦的场地(木箱摆放在上面紧密、平稳)1块,三座岛之间的距离以木板可以平稳搭上为准,哑人岛、珍珠岛相对大一些。

器材:60厘米×60厘米×25厘米的木箱12个左右,25厘米×25厘米×25厘米的木箱1个,木板2块(无裂纹),塑料桶1个,羽毛球5个左右,任务书1套,白纸2张,生鸡蛋3个,筷子2双,缠有一段50厘米透明胶带的筷子2双,笔1支,眼罩(N/3+1)个(N为学生人数)。

【人员要求】

9—18人最佳。

【时间要求】

100分钟(项目布课10分钟,项目挑战40分钟,引导分享50分钟)。

【项目目标】

(1)帮助不同层级之间、不同部门之间及不同角色之间实现有效沟通。

(2)学习领导艺术与培养领导力。

(3)突破思维定式,培养创新与风险意识。

(4)培养信任与合作的能力。

(5)提升时间管理能力,掌握二八定律。

【项目布课】

(1)所有学生通过随机报数分成3组,人数不平均时可有针对性地在小范围内进行适当的调整。

(2)将第一组学生带至哑人岛,告诉他们:"从现在开始,你们都是哑人,任何人不许从嘴里发出任何声音,如果违规,将受到惩罚或被取消参加活动的资格。"

(3)将第二组学生带至珍珠岛。

(4)请最后一组学生戴上眼罩并将他们带至盲人岛。戴眼罩的方法为黑色面向里,鼻托位置向下,一定要强调戴上眼罩后什么也看不见,教师可用手在缝隙处晃动检查。学生戴好眼罩后,告诉他们:"请大家手拉手跟我走,慢一点,不要着急。"在将学生带至盲人岛的过程中随时告知他们前面的路况,并在接近盲人岛时说:"现在先停一下,我们前面有一个大约25厘米高的平台,慢慢站上去,注意不要磕着腿,站上去后先不要乱动。"待所有人站到岛上后说:"现在大家可以用脚感受一下边缘和高度,注意不要掉下去。"

(5)上三座岛的顺序可适当调整。

(6)将珍珠岛任务书、生鸡蛋、笔、白纸、筷子发给珍珠岛上远离其他岛的那名学生。

(7)将哑人岛任务书交给哑人岛上的任何一名学生。

(8)将盲人岛任务书悄悄塞到盲人岛上的一名学生手里,并将羽毛球分发给不同学生。

(9)宣布项目开始,限时40分钟。

【安全监控】

(1) 重点监控盲人岛上的学生,在他们等待救援的过程中,随时告知他们所在位置,提醒他们不要掉下去。

(2) 木板搭好后,在盲人向其他岛移动的过程中,严密监控盲人,以防其掉下木板。教师可跟随盲人一起移动,张开手臂做出保护的姿势,但与盲人身体应保持适当的距离。

(3) 一个岛上集中人数较多时,尽量将盲人安置在岛的中间位置。

(4) 提醒盲人摘眼罩前要先闭眼,用手捂住眼睛,然后慢慢睁眼。

(5) 哑人运用杠杆原理搭木板时,提醒其不要压到自己的手指。木板搭好后,防止其呈跷跷板状态。

(6) 大多数人集中到一个岛上时,提醒他们相互保护。

【项目控制】

(1) 项目布置阶段。

① 学生总人数应不少于8人,其中哑人岛人数应不少于3人。

② 如果团队中有人做过此项目,可将其派至盲人岛并告知他装聋作哑,不用过多参与,或安排其做观察员或记录员。

③ 可采用预先分组的方式,如将学生的实际角色与岛上角色互换,达到换位思考的目的。

④ 分组时,应男女搭配,哑人岛上尽量安排一个力气大的男学生。

(2) 项目挑战阶段。

① 严格按照规则要求学生,如果发现盲人摘眼罩、哑人说话,应立即制止,并进行相应的惩罚。

② 在盲人未投进球前,哑人不得挪动木板,若有挪动,则告知他们违规或说"不能动"等严厉话语进行警告。

③ 若时间过去大半仍无人下岛,教师应提醒学生反复、认真、仔细地看任务书。

④ 项目伊始有学生无意落水,教师可装作没看见,时间过半时,教师可利用学生偶然落水的机会将其带至盲人岛。

⑤ 除了盲人外,其他人不得触球,如果盲人长时间无法投进球,教师可将桶挪近。

⑥ 健全人、盲人不得帮助哑人搭放木板,哑人特别努力但木板的一端仍轻微着地时,教师可将木板拖至盲人岛。

⑦ 如果发现学生有隔岛或两岛之间传看任务书的情况,教师应及时制止。

⑧ 项目结束后,所有器材必须立即复位,引导分享结束后收回任务书。

【引导分享】

(1) 安排同一个岛上的学生相对集中地围坐在一起,让他们分别谈谈自己的感受,并允许他们自由辩论。

(2) 教师不要过早进行总结,可以让学生自己先梳理一遍完成任务的步骤。

（3）三座岛上的学生分别大声读一遍自己的任务。

（4）确认完成任务的程序后,引导学生将谈论的话题从完成任务的方法与技术,转向出现问题的地方。

（5）引导学生比较分析三座岛各代表高层、中层、基层的哪一个层级,并给出理由以获得同学的认同。如果争议较大,可以提供一些问题。例如,高层是不是制订、决定整体计划与目标的人群？哪个岛知道最终的任务？哪个群体需要别人不断指挥才能按要求工作？投球的盲人在没有人指挥的情况下能完成任务吗？

（6）引导不同层级的学生重点分析一个层级。

（7）哑人最大的困难来自沟通。谈谈哑人岛上的哑人怎样才能做好上传下达的任务。

（8）组织学生讨论珍珠岛上的学生应该如何选择任务,可以和学生分享"猴子跳到谁的身上"与"县长的大小事"的故事,分析紧急和重要的事情与不同层级人员的关系,与学生探讨时可使用"时间象限图"。

（9）组织盲人岛上的学生谈谈对积极主动的工作愿望,努力想办法完成任务的能力,如何去干好工作而不是瞎干、胡乱干的看法。教师可以在这个过程中推荐学生阅读《把信送给加西亚》,并分享"罗文精神"。

（10）引导学生谈谈对彼此信任与全局观的看法。

（11）引导学生谈谈层级管理分析的问题。

（12）简单的物理定理的运用能力说明了什么？哪些是值得我们反思的？

（13）引导学生结合杰克·韦尔奇关于三个层级的"梯子的比喻"和大家分享自己的观点。

【重点细节】

（1）盲人的安全、哑人的自律、健全人受指责的问题要合理处理。

（2）在引导分享环节,教师一定要朝着积极向上的方向引导。

（3）整个活动中,如有学生情绪激动或因项目布置不清与教师发生争执,建议学生将三份任务书清晰、完整地读一遍,将争议交给学生讨论,教师不要过早亮出观点,不要站在学生的对立面,多给适当的正面激励。

（4）教师在宣布项目开始时可以说:"40分钟后海水将淹没哑人和盲人所在的岛。"

【项目延伸】

（1）如果项目时间已列入哑人岛任务书,教师只宣布"项目开始"。

（2）在野外开展此项目,如果器材不齐全,可以画圈当作"岛",用纸当作"板"。

附：孤岛求生任务书

盲人岛——1号岛

一、任务

1. 将一个羽毛球投入桶中。

2. 将所有人集中到同一个地方。

二、可用资源

1. 数个羽毛球。

2. 学生的聪明才智。

三、周边地形

学生现处在盲人岛上,周边是激流,水流湍急并布满旋涡,任何欲通过激流离开盲人岛的企图都是徒劳的,因为只要触及激流,就会被冲回盲人岛;在激流远处的岩石上固定着一个桶。

四、规则

1. 为了安全,任何人不得踏入激流。

2. 盲人在整个活动过程中不得摘掉眼罩。

哑人岛——2号岛

一、任务

1. 帮助盲人。

2. 将所有人集中到同一个地方。

二、可用资源

1. 两块木板。

2. 学生的聪明才智。

三、周边地形

学生现处在哑人岛上,周边是湍急的水流,任何从岛上落入激流中的物品都将被冲至盲人岛。

四、规则

1. 盲人岛上的盲人完成第一项任务前,哑人不得使用木板。

2. 哑人岛上的哑人完成任务前不得从嘴里发出任何声音。

3. 只有盲人可以触球。

4. 哑人是唯一可以使用木板的人。

珍珠岛——3号岛

一、任务

1. 外包装设计:用两张纸、两双筷子、几段胶带为两个生鸡蛋设计外包装。质量要求:双手持包装好的生鸡蛋的人站在岛上,双臂平伸,双手松开,落下的生鸡蛋着地不碎。

2. 将所有人集中到珍珠岛上。

二、周边地形

学生现处在珍珠岛上,周围是湍急的水流,任何从岛上落入激流中的物品都将被冲至盲人岛。珍珠岛中央非常坚固,但当遇到强大压力时,周边的松软土地会崩塌。

三、规则

1. 珍珠岛不能移动。
2. 珍珠岛的边界不能改变。
3. 可以运用一些物理定理,但是如果运用错误,将会导致危险的后果。

四、罐头鞋

【项目概述】

罐头鞋是一个团队合作应对困难的挑战性项目。该项目中部分人员需要消耗较大的体力,部分人员的付出精神对全体人员的挑战成功起着至关重要的作用。

【场地器材】

场地:平整的场地 1 块。

器材:大汽油桶 3 个,分别涂上红、黄、绿三种颜色;长 3.5 米、宽 28~30 厘米、厚 7 厘米的木板 2 块,每块木板的 1/3 部分分别涂上红、黄、绿三种颜色;目标设置旗 1 面。

【人员要求】

14 人左右,建议至少有 3 名男学生。

【时间要求】

90 分钟(项目布课 5 分钟,项目挑战 45 分钟,引导分享 40 分钟)。

【项目目标】

(1) 培养学生团队决策的能力。

(2) 培养学生相互沟通的意识,提高学生克服沟通障碍的能力。

(3) 培养学生在解决问题时合理分配人力资源、分工协作的能力。

(4) 培养学生系统思考的能力。

【项目布课】

(1) 告诉学生罐头鞋是一个团队合作项目。

(2) 全体学生相对均匀地站到木板上,不得在木板上故意震颤或打闹。

(3) 学生只能在木板上活动,注意不要跌落下来。

(4) (看具体情况采用)活动开始后,所有学生不得从嘴里发出任何声音。学生按照自己出生的月、日排序,完成任务后手在身体前下垂交叉示意。活动中如果交换位置,必须采用面对面扶肩的方式,相邻学生应互相帮助。

(5) 45 分钟之内,全体学生须利用 2 块木板和 3 个汽油桶到达指定地点。

(6) 活动过程中,学生身体的任何部位都不得触地,木板也不得触地。

(7) 学生挪动木板时,注意手指不要压在木板与汽油桶之间。

(8) 汽油桶不能放倒滚动,教师认为有危险叫停时,学生必须停止危险行为并按要求继续完成项目。

(9) 活动结束后,学生按教师的要求回到地面,严禁突然跳下木板。

（10）虚拟沼泽地场景。

【安全监控】

（1）教师应全程对活动中每名学生的安全进行监控。

（2）学生挪动木板时，教师应格外关注，防止其因失去重心被木板带掉下来。

（3）学生挪动汽油桶时，教师应跟随在其身旁，双臂伸开做好保护准备。挪桶的学生不得留长指甲。

（4）教师应注意木板上较密集的学生，不断提醒他们注意安全，以免他们掉下来。

（5）学生运用杠杆原理时，支点后方板长至少占1/3，至少4名体重较大的学生踩在木板一端并有人扶着，木板另一端的学生做动作须轻巧，教师要做好保护准备。

（6）学生抬、放木板时，教师应大声提醒其防止压到手或脚。

（7）学生交换位置时，教师应伸手保护，最好在学生身后保护。

【项目控制】

（1）项目布置阶段。

① 做项目前，确认参加人数和学生整体的体型特征，人数超过16人时，超过部分的学生做保护员。

② 语言精练，重点突出，讲解清楚，确保学生了解任务要求。

③ 鼓励全体学生参加，确因身体原因不适合参加的，可安排其做观察员或保护员。

（2）项目挑战阶段。

① 不断强调安全事项，避免学生在着急时受伤。

② 关注挪桶与传、放木板的学生，保证他们不出现闪失。

③ 可以提前准备两副手套，在学生提出需求时提供。

④ 木板压在桶上至少一脚长，不可只搭在桶边，防止木板因站人后下弯变短而从桶上滑落。

⑤ 木板不可并列或斜搭在桶上，也不可出现跷跷板的现象。

⑥ 当两块木板重叠时，禁止抽动下方的木板。

⑦ 学生若因长时间站在木板上而出现身体不舒服的情况，应及时向教师报告。

【引导分享】

（1）鼓励每名学生与大家分享自己的感受。

（2）大家对完成项目是如何进行决策与尝试的？大家在做项目的过程中是如何修正前期做出的决策的？

（3）引导学生分享对通过个人付出来推动团队前进的奉献精神的看法，如可以分享电影《董存瑞》中董存瑞炸碉堡的经典片段。

（4）引导学生谈谈"差不多"的习惯对完成任务的不利影响。

（5）引导学生谈谈被动地等待与服从调动对完成任务的价值。

（6）大家是如何确定利用杠杆原理并确认和检测其可行性的？

(7) 引导学生谈谈对团队成员分工与协作的理解。

【重点细节】

(1) 全体学生排成一条直线时如何沟通？项目开始之前可做生日排序的沟通游戏,让学生学会在木板上交换位置的方法。

(2) 大家互相保护、互相支持,在狭小的空间中可以看出团队协作的潜力。

(3) 搬运木板和挪动汽油桶是动态活动中的关注重点,而防止学生从木板上掉下来是重中之重。

(4) 教师在项目进行的过程中除了提醒学生注意安全外,尽量少说话,若非说不可,只能说"不"而不能说"行"。

(5) 如果有些团队认为无法挪动木板和汽油桶,此时教师不能发表自己的看法。

(6) 注意每名学生的情况,对于提出有效解决方案的学生,应给予特别关注,便于总结和收集案例。

【项目延伸】

用 2 个汽油桶和 2 块较小的木板进行此项目,需要合理保护,并利用杠杆原理保持平衡。

▶▶ 五、越障(图 8-3)

图 8-3 越障

【项目概述】

越障是一个通过团队协作进行挑战的项目,该项目需要较强的动手能力和判断能力,也需要一定的勇气、服从精神和奉献精神。

【场地器材】

场地:足够大的空地 1 块,地面上无坚硬的凸起物与尖锐的物体,可安置能挂网的直立物。

器材:高 2.5 米、宽 6 米的绳编大网 1 张,长约 4 米、直径约 10 厘米的长竹竿 3 根,长约 2

米、直径约6厘米的短竹竿1根,长约6米的长绳1根,长约2.5米的短绳3根,手套14副。

【人员要求】

14人左右。

【时间要求】

80分钟(项目布课10分钟,项目挑战40分钟,引导分享30分钟)。

【项目目标】

(1)培养团队决策能力及顺利实现决策的能力。

(2)体验"从做中学",提高团队学习能力。

(3)提高团队协作能力。

(4)学习绩效评估在活动中的运用方法。

【项目布课】

(1)告诉学生越障是一个以培养团队协作能力为目标的项目。

(2)活动开始前,所有学生将身上的硬物和不用的物品放到指定地点,然后做适量的热身活动。

(3)要求所有学生在40分钟内使用所提供的器材从网的一侧到达网的另一侧。

(4)活动中任何人、任何物体都不得触网,否则返回起点重新开始。

(5)为了大家的安全,在活动中要戴上手套,拿放器材动作要轻,不随意玩弄器材,用完后要及时清点器材。

(6)所有学生必须服从指挥,1米以上高度禁止跳跃。

【安全监控】

(1)布课时强调安全,要求学生将身上的硬物和不用的物品放到指定地点。

(2)竹竿绑好后,每通过2—3人,教师应检查一下绳子是否有松动,不断提醒学生重新绑紧。

(3)学生捆绑竹竿时,教师可以对捆绑点与捆绑技巧给予指导;学生搭建A字形结构时,教师应提醒学生搭高一些。

(4)建议学生越过障碍物后,双手抓竹竿,脚自然下垂触地后落下。

(5)学生爬到顶端时,监控人员一定要跟随保护。

【项目控制】

(1)项目布置阶段。

① 做项目前须确认器材的安全性,如竹竿有无裂缝、绳子是否结实等。

② 做项目前应确认参加人数和学生整体的体型特征,对于有可能影响项目顺利完成的不利因素,应提前做好防备。

③ 给学生一些鼓励,但要提醒学生不要急于求成。

(2)项目挑战阶段。

① 不断提醒学生注意竹竿的坚固程度和绳子的结实程度。

② 学生讨论时间过长时,可以提示他们有时武断的决策和勇于尝试也很有必要。

③ 对于学生违反安全规则的行为,应及时制止。

④ 必要时进行时间控制、技术指导,记录项目进行过程中的关键点、关键人物、典型事例用于引导分享。

⑤ 注意培养学生的团队精神,要求每名学生自始至终保持对活动的参与热情。

【引导分享】

(1) 对活动中全体学生的努力给予肯定和鼓励。

(2) 每名学生都对完成任务的过程进行回顾,对活动过程做简短的评价,并谈谈自己当时的内心感受。

(3) 每名学生都对活动中决策的形成进行回顾,并结合生活中类似的情形与大家分享心得体会。

(4) 请队长谈谈在活动中领导力的表现及授权与总结经验教训的方法。

(5) 鼓励学生对其他人的表现进行评价,尤其是那些表现好的学生。

(6) 引导学生谈谈绩效评估在活动中的运用方法,包括安全性、实用性和经济性,并鼓励学生将其应用到日常工作和生活中。

【重点细节】

(1) 教师一定要站在学生少的一边进行监督和保护。

(2) 关注第一个和最后一个学生完成任务的过程,最后一个学生不能靠硬撬竹竿过障,避免发生危险事故。

(3) 如果时间到了,学生仍在进行中,教师可适当延长时间让其完成,不要催促。

【同类项目】

越墙、越过生死线。

六、荆棘取水

【项目概述】

荆棘取水是一个以团队挑战为训练目标的项目,能够挑战团队的协作能力,让成员感受团队中每个人的特殊价值。在不同情况下,团队成员的优势与弱势是相对的,如果合理搭配,它们之间可以相互转换,这会提高团队完成任务的能力。

【场地器材】

场地:相对开阔的小场地 1 块。

器材:长 25 米的保护绳 2 根,长 15 米的尼龙绳 1 根,纸杯 1 个或矿泉水瓶 1 个(只取上半截),手套 3 副。

【人员要求】

14 人左右。

【时间要求】

90分钟(项目布课10分钟,项目挑战40分钟,引导分享40分钟)。

【项目目标】

(1) 感受在特殊情境下完成任务的分工与合作方式。

(2) 了解特殊人才对团队完成任务的影响。

(3) 培养团队成员各尽所能、共同努力完成任务的能力。

【项目布课】

(1) 告诉学生荆棘取水是一个能提高团队协作能力的项目。

(2) 在直径约5米的"荆棘丛"中有一杯水,你们需要在40分钟之内将它取出。

(3) 活动中任何人、任何物体都不得触及"荆棘",否则会受到处罚。人触"荆棘"后变成盲人;物触"荆棘"后,"荆棘"放出毒气,每次使一个人变成哑人。

(4) 取水过程中水滴不得溅出来,否则视为失败。如需要重新开始,每人罚做俯卧撑5个。

(5) 活动过程中注意安全,将身上不利于活动的硬物摘除后放在指定的地方。

(6) 活动过程中出现危险动作或教师叫停时须立即停止。

【安全监控】

(1) 检查场地上是否有尖锐的物体,确认保护绳的使用安全。

(2) 要求学生把身上不利于活动的硬物摘除后放在指定的地方。

(3) 要求学生在编织绳网时适当检查其牢固性。

(4) 学生拉绳时不要将绳缠在手上,如果有学生提出不缠在手上无法坚持,可要求其他学生为其提供帮助或立即停止操作。

(5) 学生不可触及杯中的水,特别是不能将水喝进嘴里。

(6) 如果是女学生在绳网上取水,注意提醒其将衣服扎入腰带中。长发必须扎紧,避免与绳交缠在一起。

【项目控制】

(1) 项目布置阶段。

① 做项目前评估学生的挑战能力,并适当设置"荆棘丛"。

② 避免周边有影响活动开展的树木等,如果有,告知学生不可借助树木等捆绑绳索。

③ 准备好眼罩等备用物品。

(2) 项目挑战阶段。

① 活动开始后,要严格监督违规行为,以使学生对活动规则有更加清晰的认知。

② 争取让尽可能多的学生参与结绳过程。

③ 在"荆棘丛"外进行试验时,教师要适当关注绳网上的学生并做好保护准备。

④ 活动中不断提醒学生不要踏入"荆棘丛",注意拉绳的用力变化。

⑤ 除非学生将水杯碰翻,否则教师不要轻易进入"荆棘丛"。

⑥ 如果学生讨论时间过长而不采取行动,教师可以适当提醒。

⑦ 如果完成项目的速度过快,可以在取水学生出现失误时给其戴上眼罩或要求换人尝试。

【引导分享】

(1)用一两句话对学生完成任务的情况进行点评。

(2)鼓励每名学生都谈谈自己的感受,并对其发表的意见给予肯定,对完成任务起到关键作用的学生给予表扬。

(3)面对这个任务时,你的第一感觉是什么?是否产生过轻视任务的心理?

(4)选择取水学生的评价指标是怎样确定的?在完成任务的过程中,有时看似弱势的资源在特殊情况下是可以转化为优势资源的,在团队中优势互补是极其重要的一部分,可以让学生就此结合日常生活谈谈自己的感受。

(5)引导学生对讨论、决策、执行的各个环节进行分析,并结合实际生活、学习和工作进行分享。

(6)有时太注重细节会影响全局,但有时不注重细节又会导致任务失败。请学生结合这个项目谈谈自己在学习、生活和工作中是如何判断和关注细节的。教师可以和大家简单分享《细节决定成败》一书。

(7)对关键人物、关键方案的产生进行鼓励性的点评。

【重点细节】

(1)不建议用危险的仿真物品设置"荆棘丛"。

(2)活动人数不超过12人或取水人员体重相对较大时,可以适当缩小"荆棘丛"。

【同类项目】

荆棘排雷、处理核废料。

▶▶ 七、盲人方阵(图8-4)

图8-4 盲人方阵

【项目概述】

盲人方阵也叫黑夜协作,是一个以团队挑战为主的项目。

【场地器材】

场地:边长不小于25米的平整空地1块。

器材:长约3米、5米、15米,粗1~1.5厘米的绳子各1根,绳子预先打结并揉乱;数量与学生人数相等的眼罩。

【人员要求】

14人左右。

【时间要求】

90分钟(项目布课10分钟,项目挑战40分钟,引导分享40分钟)。

【项目目标】

(1)培养学生的沟通意识,提高学生的沟通技巧和决策能力。

(2)引导学生掌握特殊情境下完成任务的合作方式。

(3)使学生了解团队领导人的领导风格对完成任务的影响。

(4)培养学生科学的思维方式和对知识的运用能力。

(5)使学生理解角色定位及尽职尽责完成本职工作的重要性。

(6)引导学生理解"得"与"失"的辩证关系。

【项目布课】

(1)为了真实地展现情境,所有人现在戴上眼罩,必须确保戴上眼罩后完全不能看到亮光。

(2)现在我向大家介绍活动任务:在你们附近不超过5米的范围内有一堆(捆)绳子,我宣布开始后,你们需要找到它们,并在40分钟内用它们围成一个面积最大的四边形,围好后,所有人相对均匀地分布在这个四边形的四条边上。

(3)假如每个小组围的四边形都是一件价格极高的产品,你们要一起竞标,并以充分的理由证明自己产品的优势。

(4)整个活动中任何人都不得摘下眼罩,戴上眼罩后应将双手放置在身前,不得背手行走,不能蹲坐在地上。

(5)确认完成任务后,将绳踩在脚下并通知我,得到我的准许后才可以按照要求摘下眼罩。

【安全监控】

(1)地面平整,周围没有障碍物,时刻保证学生的安全。

(2)学生戴上眼罩后应将双手放置在身前,不得背手行走,不能蹲坐在地上。

(3)提醒学生不要被绳子绊倒,不要猛烈地甩动绳子。

(4)及时阻止学生向不安全地带移动。

(5)提醒学生摘下眼罩时背对阳光,眼睛先闭一会儿再慢慢睁开。

（6）尽量避免在夏季烈日或其他恶劣天气下开展此项目。

【项目控制】

（1）项目布置阶段。

① 语言精练，重点突出，讲解清楚，及时反馈，确保学生了解任务要求。

② 讲解清楚安全要求，确保学生的安全。

（2）项目挑战阶段。

① 可以适当地运用技巧增加或降低找绳的难度，如教师在学生找绳时先抱着绳子不放在地上。找绳时间控制在 2～4 分钟为佳。最好将绳子放在训练场地相对中间的区域。

② 可以适当干扰进程过快的团队，但切忌弄巧成拙，破坏了整个活动的氛围。

③ 特殊情况下可以适当改变活动程序。例如，对于图形做得很好的学生，可以先领其到分享地点再请其摘下眼罩，让其在不知结果的情况下分享经验和感受（这种情况一般不建议对初次体验的学生使用）。

【引导分享】

（1）对顺利完成任务的学生给予肯定和鼓励（慎用溢美之词）。在学生回顾活动完成情况时，教师要注意协调发言顺序，争取让每名学生都有机会发言。

（2）引导学生分享完成面积最大的四边形的方法。例如，四边长度相等、四角为直角、对角线相等是怎样操作的？

（3）学生摘下眼罩后会觉得眼前的四边形没有感觉中的那么大，这与心理学中人在相对不安的情况下更希望靠近有关，教师可以联系生活中许多类似的情况向学生讲解。

（4）不擅长沟通的人可以用什么方式传达或接收信息？例如，有些人在活动中提出了正确的方法却没人注意，那么当他再有好点子时，他就有可能不想表达了。

（5）合理分工。例如，4—6 人整理绳子、组方阵，其他人制订方案、确定验证方法。

（6）队长可以合理授权给"专家"并维护"专家的领导"，确保任务能顺序完成。

（7）暂时的放弃是一种勇气，也是为了长久的收益。分享者可以引入"缺勤理论"，有把握者可以联系"下岗政策"进行分享。

（8）知识只有运用到实践中，才能发挥其价值，如确认四边形的方法。

（9）可以让学生复述教师布置的任务，并介绍自己作品的优势，证明这是在现有条件下自己能完成的最好的作品。

（10）对活动过程中出现的特殊情况进行分析，如在四边形四个角上的人是否能够始终握住绳角位置不松手等。

【重点细节】

（1）布课时须强调"一堆（捆）绳""面积最大""四边形""人均匀地分布"。

（2）分享时不要在组图形的问题上花太多时间，引导学生联系理论与生活进行分享和总结。

（3）很多教师喜欢让学生戴上眼罩走很长的路后再开始，经过对 10 多个队伍的跟踪调查发现,这样得到的结果并不好,容易犯"捡了芝麻,丢了西瓜"的错误。

(4) 提高班学生须了解四边相等与直角的验证方法,如用正三角形的中线确定直角或将绳折十二段用勾股定理确定直角。

【同类项目】

盲人造屋、盲人六边形。

八、雷阵

【项目概述】

雷阵也叫突破雷区,是一个以团队挑战为主的项目,挑战参训人员突破思维定式与团队有序协作的能力。

【场地器材】

场地:6米×6米的画有雷阵图的场地1块(雷阵图可参考图8-5绘制)。

器材:硬皮夹1个,笔1支,教师用图1张,教师最好准备墨镜1副。

雷阵

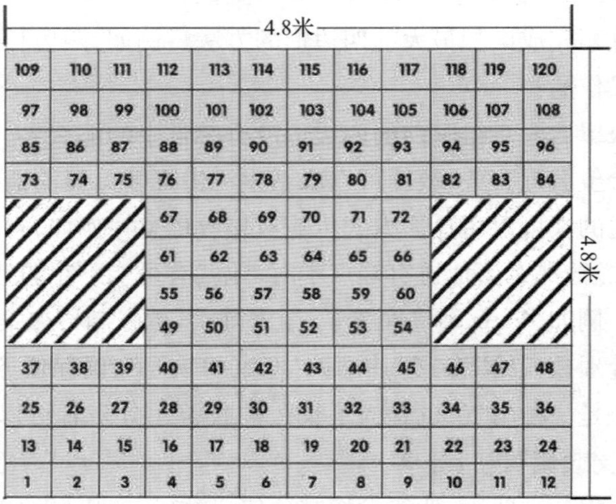

图8-5 雷阵图示例

【人员要求】

14人左右。

【时间要求】

90分钟(项目布课10分钟,项目挑战40分钟,引导分享40分钟)。

【项目目标】

(1) 培养勇于尝试、不断探索的精神。

(2) 培养创新意识,突破思维定式。

(3) 树立成本观念,培养善于吸取经验教训、少走弯路的能力。

（4）培养善于利用工具与资源的能力。

【项目布课】

（1）布课开始时告知学生，在活动过程中，教师不回答任何问题。

（2）图8-5中的大正方形区域为雷区。

（3）要求所有学生从雷区的入口开始，依次通过雷区，成功到达雷区的另一边，活动时间为40分钟。

（4）每次只允许1人进入雷区。

（5）每走一步只能迈进相邻的格子里，不准跳跃或试探。

（6）挑战者在雷区中走未被确认的新格子需要听教师的口令，口令有两种："请继续"，示意学生继续前进；"对不起有雷，请按原路返回"，示意学生退出雷区，换另一人进入。

（7）全队按时完成任务得100分，每违例一次扣1分。违例现象有以下几种：重复触雷、未按原路返回、踩线或未进入相邻格子、进入雷区的人数多于1人。

【安全监控】

（1）场地须清扫干净。

（2）在野外铺设雷阵图前，要清理地上尖锐、坚硬的物体。

【项目控制】

（1）项目布置阶段。

① 语言精练，重点突出，讲解清楚，及时反馈，确保学生了解任务要求。

② 清楚告知学生，活动中有问题在团队内部解决，教师不回答任何问题。

（2）项目挑战阶段。

① 在项目进行过程中，除口令外，教师不与学生进行沟通交流。

② 规定学生必须站在雷阵两边延长线与入口边线的区域内。

③ 严格监控学生的行为，一旦发现违例现象，立即纠正并按要求记录。

④ 如果学生提出放置标记物，教师可暗示予以认可，但不允许涂写记号。

⑤ 如果学生认为无法穿越雷阵，教师可反复询问是否放弃。

⑥ 学生间争论时，教师保持沉默，但可以提醒他们不得使用不文明语言。

⑦ 如果出现违例现象，可以采用扣时间的方式惩罚，但必须在项目布置阶段公布此规则。

⑧ 项目完成后，提醒学生注意保密。

【引导分享】

（1）教师对每名学生的表现进行公正的评价，无论结果如何都可以给一些表扬。

（2）请每名学生都分享一下自己的感受。

（3）引导学生进行理性的分析与感性的尝试，如理性地分析更应该选择"四倍路程的突破"。

（4）有时不断尝试是很重要的。

（5）经验的积累对完成同类挑战具有重要的价值与作用。

（6）引导学生分析扣分的原因，如重复踩雷、2人或多人同时进入雷区等。

（7）大家可以分享"野生动物园与狮子"的故事、蜜蜂和苍蝇的趋光性试验或跳蚤跳高试验。

（8）教师可以根据自己掌握的案例提升总结。

【重点细节】

（1）活动过程中不要过早将路封住，可以先做些调整。

（2）教师可以戴墨镜。

【项目延伸】

（1）可以在有方砖的地方选取有两棵树的大正方形区域作为雷阵，效果会更好。

（2）可以使用不规则的石砖地，不过要提前画出雷阵图。

（3）可以将学生分成两组，让他们各自站在底线两边到中间的区域，每组分别进行比赛，其他规则不变。

▶▶ 九、求生墙

【项目概述】

求生墙也叫海难逃生，是一个以团队合作为主的项目，因为经常被安排为最后一个项目，所以也叫毕业墙或胜利墙。该项目可以让参训者认识到个人目标与团队目标的关系，只有团队获得胜利才是真正的胜利。

【场地器材】

场地：高4.26米（国内习惯高度为4米，可以适当降低高度，但一般不能低于4米）、宽约4米的求生墙1面，墙后低于墙头1米处必须有带围栏的坚固平台，墙前有放置海绵垫的地面。

器材：长3米、宽2米、厚25厘米的海绵垫2块。

【人员要求】

不少于10人，其中男学生人数不少于总人数的20%。

【时间要求】

80分钟（项目布课20分钟，项目挑战40分钟，引导分享20分钟）。

【项目目标】

（1）训练学生提高危急时刻的生存技能。

（2）培养团队内部及团队之间的凝聚力。

（3）帮助学生民主、有效地讨论，合理、快速地决策，科学评估创新方案。

（4）鼓励学生勇于实践，不断尝试。

（5）引导学生认同差异，合理分工。

【项目布课】

（1）求生墙项目具有一定的难度和危险性。

（2）全队成员在40分钟内不借助任何工具爬上求生墙。

（3）进行情境描述，使学生感受到活动的紧迫性。

（4）这个项目的规则是：

① 团队中如果有人在40分钟内没爬上求生墙，则视为团队挑战失败。

② 爬求生墙时不允许借助任何工具，如衣物、腰带等。

③ 墙面是大家攀爬的唯一通道，不允许利用墙的侧边及周围台阶。

④ 没有上去的人不能事先从旁边上去，已经上去的人不能从旁边下来帮忙（人数过多时，提前从墙上下来的人必须站在指定地点），允许已经上去的人从原路退回。

（5）所有人必须将身上不利于活动的硬物摘除放在指定的地方，如手表、门卡、眼镜、发卡、戒指、钥匙串等，硬底鞋和胶钉底鞋也必须脱掉。

（6）如果搭人梯，要采用马步站桩式，不要将身体靠在墙上，注意腰部用力挺直，用手臂弯曲推墙的姿势保持人梯稳固。

（7）要有专人扶住搭人梯者的腰，可以屈膝用腿支撑搭人梯者的臀部，学生攀爬时不可踩搭人梯者的头、颈椎，只可踩肩、大腿。

（8）拉人时不可拉衣服，拉手时要手腕相扣（老虎扣），不可将被拉学生的胳膊搭在墙沿上，只能垂直拉。当肩部以上高过墙头时可以靠在墙上，从侧面将腿上提。

（9）不得助跑起跳，上爬时不可采用蹬走上墙动作，翻越墙头要稳当。

（10）学生应注意海绵垫的大小与软硬，注意垫上活动的安全，避免扭伤脚踝。人多时，最外围的学生可以弓步站立，一脚站在海绵垫外面。

（11）学生在攀爬过程中，承受不住时可大声呼救，保护人员要迅速解救。

（12）所有学生必须参与保护，保护人员应采取以下动作：弓步站立，双手举过头顶，肘略屈，掌心对着攀爬者，当攀爬者出现不稳时，随时准备接应。

（13）当攀爬者摔落或人梯倒塌时，保护人员应在保护自己的同时迅速做出以下动作：当攀爬者顺墙滑下时，将其按在墙上（不得按头）；当攀爬者在不高的地方屈膝向后坐或脚滑落时，上前将其托住；当攀爬者从高空向外摔出时，顺势将其接住放在海绵垫上。

【安全监控】

（1）确保海绵垫完好无损，确保海绵垫上没有硬物，确保墙没有松动。

（2）活动开始前，教师带领所有学生充分热身。

（3）告知攀爬者、搭人梯者、墙上提拉者相关安全要求，做到防患于未然。

（4）监控墙上人员的安全，不许骑跨或站在墙头上，注意墙后平台的范围，平台上不得超过30人。

（5）教师监控时的站位应能控制住人梯的正后方及右侧方，左侧方由专人防护（相关数据表明，人梯向右侧方倾斜的概率较大）。

（6）地面人员少于3人时，教师应站在人梯后方较近的位置，适当辅以力量帮助其稳定。

（7）重点关注前三名和最后三名学生的攀爬过程，其他学生的攀爬可以提拉与托举并用，人梯不必过高。

（8）搭救最后一名学生时，教师要不断监控下挂学生的安全，并要求学生讲出他的安全措施，教师对此进行判断，可以否决或补充要求。

（9）最后一名学生身体已离地，脚上举或做其他动作时，教师应站在学生侧后方，一方面避免学生头朝下坠落，另一方面避免学生的脸或头磕在墙上。如果学生身体开始坠落，教师应顺势帮助其调整姿势或将其揽到海绵垫中间，并要求其休息一会儿再做新的尝试。

（10）有安全隐患时，教师应果断鸣哨或叫停。

（11）女学生未经特殊训练一般不做中间连接。

（12）提醒学生在被人往上拉时不要用脚蹬墙，以免磕伤腿及面部。

（13）教师不可亲自参与到项目中，如充当倒挂者或最后一人。

（14）如有学生因身体原因不适合参加该项目，可安排该学生不做此项目或提前通过梯子上墙。

【项目控制】

（1）项目布置阶段。

① 语言精练、重点突出地向学生宣布项目规则和安全要求，确保每名学生都了解任务的相关要求。布置项目时可以模拟情景。

② 鼓励所有学生参与挑战。

（2）项目挑战阶段。

① 解决问题的办法由学生自己想，教师不要给学生安全操作以外的建议。

② 学生讨论时间过长时，教师可适当提醒时间，一般应留出2/3的时间用于执行。

③ 学生多次受挫时，教师应给予适当的帮助，包括说一些鼓励的话或传授一点小技巧。

④ 记录第一名学生开始攀爬的时刻和最后一名学生的耗时及尝试次数。

⑤ 最后一名学生尝试各种方法都遇到困难时，如果出现放弃的倾向，教师应巧妙给予提示。例如，反问要不要放弃，也可问是方法不妥、没有尽力，还是换人试试，提示学生找出问题并有针对性地解决。

⑥ 让学生将衣服扎进腰带中。

⑦ 求生墙高于4米或学生确因能力不足而上不去时，可提供备用绳套并指导使用方法。

【引导分享】

（1）对学生完成任务的表现给予肯定和表扬。

（2）如果有时间，鼓励学生谈谈对这个项目的感受。

（3）果断决策与及时执行对应对危机有何价值？在这类活动中是否应该赶早不赶晚？

（4）请第一名参加挑战的学生谈谈自己的感受。

（5）合理的上墙顺序及角色认定对团队完成任务具有积极的作用。

（6）甘为人梯的精神值得尊重。

（7）请学生分享项目完成前后的信心的差别，今后遇到此类活动时信心是否会增加。

（8）教师可以分享曾经个别没有完成任务的队伍的遗憾及他们的感悟。

（9）再一次祝贺学生完成此项目，对学生的团结互助给予表扬，并希望学生能够在生活中继续发扬这种精神。

【重点细节】

（1）教师全程监控。当学生欲搭两组人梯时，应制止；当被拉的学生出现困难滞留在空中甚至下滑时，可果断提示学生再搭一层人梯，或提示中间的学生向一侧抬腿，上面的学生抱腿；只剩最后一名学生时，无论采用什么方法都要听中间学生的感受，中间的学生认为不行时，应立刻停止。

（2）学生做倒挂动作时，问清他们采用的方法，并提出安全上的建议。面向墙壁倒挂时，建议腰部以下不得探出墙外，有专人拉住倒挂学生的双腿；背向墙壁倒挂时，提醒倒挂学生动作要规范，如将小腿压在墙头，膝关节内侧卡在外沿，大腿压在墙面上，腿下不得有手臂，后倒动作要慢，压腿的学生不得拉最后一位被救者。

（3）活动过程中不得随意开玩笑，不要在墙后的平台上蹦蹦跳跳，完成任务后照相时注意第一排人员的安全。

【同类项目】

翻越高墙、生死一线（抱团打天下）。

十、驿站传书

【项目概述】

驿站传书是一个考验团队沟通能力的项目。完成这个项目能给参训者带来很多乐趣。

【场地器材】

场地：室外较开阔的场地1块。

器材：白纸若干张，笔1支，秒表1块。

【人员要求】

不少于14人。

【时间要求】

60分钟（项目布课10分钟，项目挑战30分钟，引导分享20分钟）。

【项目目标】

（1）培养团队成员在沟通过程中获取信息、传递信息和接受信息的能力。

（2）培养学生的学习能力和积极参与的态度。

（3）感受多环节合作中每个环节都有决定性作用的重要意义。

【项目布课】

（1）各队学生分别排成一列纵队，队伍之间保持适当距离。

（2）每队队尾的学生将得到一组数字，你们必须通过肢体语言把这组数字传递给你们前面的学生，然后由前面的学生继续向前传递，一直传到每队队首的学生，由队首的学生将数字写在教师指定的纸上，看哪队传得准、传得快。

（3）在整个传递过程中，全体学生不允许讲话，后面学生的手臂不能伸到前面，前面的学生不能回头看。

（4）比赛进行三局，传对且不超过5分钟有效。都传对的，则时间最短者获胜；都传错的，则为平局，平局须加赛一局，直到决出胜负；如果全错，全体受罚。

（5）每队赛前有5分钟讨论时间，比赛过程中违规，则宣告失败。

【安全监控】

（1）夏天不要在烈日下进行此项目。

（2）在传递过程中，学生的动作不得过重，尤其不得有敲打头部和掐、捏等动作。

【项目控制】

（1）项目布置阶段。

① 语言精练，讲解清楚，确保学生了解任务要求。

② 注意队形，选择便于教师观察和监控的合适距离。

（2）项目挑战阶段。

① 第一次比赛前，可适当多练几分钟；后面如果沟通顺畅，可适当压缩比赛时间。

② 每次给的数字要有变化，并且适合团队当时的能力。

③ 要求学生遵守规则。

④ 队形可以适当调整，可以适当打破已形成的传递规律。例如，队伍全体后转或随机选出1名学生来接受数字并做第一个传递者，以提高学生的应变能力。

⑤ 制造合理的竞争气氛。

【引导分享】

（1）各队学生根据本队的表现进行简单的分享。

（2）对计划进行讨论与决策时，大家是采取系统思维全盘考虑，还是采取习惯思维我行我素？

（3）在有障碍的情况下，怎样解决沟通问题？怎样提高沟通效率和沟通的准确性？

（4）大家的沟通是相互的吗？有及时反馈吗？

（5）请学生就"细节决定成败"谈谈自己的想法。

（6）俗话说："没有规矩，不成方圆。"在团队决策阶段，一定要达成共识，在统一标尺下才有利于结果的统一。大家认可以上观点吗？

（7）选择沟通方式时，是选自己擅长的，还是选对方熟悉的？请学生谈谈换位思考的重要性。

（8）沟通是双向的，要注意信息的接受和反馈。

（9）经验是宝贵的财富，每一轮活动结束之后，大家是如何改进的？失败的教训和成功的经验都很宝贵。

【重点细节】

（1）第一次给一个难度中等的三四位的数字，数字最好有一定的特点，如当天的日期或特殊数字 2008、2046 等。建议第一次给的数字中大于 5 的数字最好不要超过 2 个。

（2）可以适当给一次简单到意想不到的数字，以检验学生的应变能力。

（3）不要轻易在数字上做过多"手脚"，不要轻易使用类似 1/3 或带根号的数字，万一学生的数学没有想象中那么好，那麻烦会转移到教师自己身上。

【同类项目】

字母传递。

▶▶ 十一、有轨电车（图 8-6）

图 8-6　有轨电车

【项目概述】

有轨电车又叫大脚板，是一个以团队挑战为主的项目，挑战参训人员协调一致、团结协作的能力。

【场地器材】

场地：户外空地 1 块。

器材：电车 1 套。

【人员要求】

14 人左右。

【时间要求】

60 分钟（项目布课 5 分钟，项目挑战 30 分钟，引导分享 25 分钟）。

【项目目标】

（1）培养学生获取胜利的信心和勇于向前的精神。

（2）使学生了解提前演练对实际工作的价值。

（3）使学生了解团队协作与指挥方式的作用。

（4）使学生理解个人、小团队、大团队的相互关系。

【项目布课】

（1）学生按照电车绳子的数量站在电车上，听到指令后让电车开动起来。

（2）活动过程中要和同伴保持步调一致，否则必须尽快调整，如果因调整不及时出现摔倒的情况，要将手中的绳子扔掉，同时大声地告知同伴暂停。

（3）不要把绳子缠绕在手上，失衡后脚要向两侧踏，不要向中间。

【安全监控】

（1）学生如有严重外伤史或不适合剧烈运动，可以不做此项目。

（2）活动尽量安排在平整的场地上进行。

（3）避免学生在活动过程中速度太快。

（4）如果安排拐弯，要注意防侧滑。

（5）教师一定要跟随在电车侧前1.5米左右的地方，随时做好防护准备。

【项目控制】

（1）项目布置阶段。

① 语言精练，重点突出，讲解清楚，及时反馈，确保学生了解任务要求。

② 人数较多时，可以交替使用电车，建议1位教师只负责1套电车的活动。

（2）项目挑战阶段。

① 可以分开进行模拟练习。

② 没有参加活动的学生可以在旁边保护参加活动的学生，留心观察行进队伍。

③ 如果有指挥，最好安排参加活动的学生担任。

④ 如果出现拐弯，要提醒学生减慢速度。

【引导分享】

（1）教师对所有齐心协力完成项目的学生给予肯定和鼓励。

（2）请学生对活动中存在的问题进行简单回顾，尤其是那些在活动中起到关键作用的学生。

（3）完成任务的方法需要所有人协商确定，请学生就此分享一下自己的感受。

（4）经验是在不断尝试与失败中总结出来的，积极的尝试对完成任务具有重要作用，请学生就此谈一下自己的感悟。

（5）统一的指挥对完成任务具有重要作用。指挥者和领导者的异同是什么？

（6）请学生结合此次活动分享一下对"团结就是力量"的感悟。

【重点细节】

（1）有学生失去平衡或倒地后，其他学生不要剧烈提放电车，倒地的学生不要用手去扶电车。

（2）注意拐弯或设计特殊的路段。

【项目延伸】

（1）有轨电车接力或多组比赛。

（2）可以用长绳代替电车完成此项目。

十二、击鼓颠球（图 8-7）

图 8-7　击鼓颠球

【项目概述】

击鼓颠球也叫鼓上飞球，是一个以团队挑战为主的项目，挑战参训人员团结协作的能力。

【场地器材】

场地：平整空旷的场地 1 块。

器材：拴有 14 根 3 米长的细绳的大鼓 1 个，排球或同类球 1 个。

【人员要求】

14 人左右。

【时间要求】

90 分钟（项目布课 10 分钟，项目挑战 40 分钟，引导分享 40 分钟）。

【项目目标】

（1）培养学生取长补短、团结协作完成共同目标的能力。

（2）培养学生不怕挫折、不断进取、争创佳绩的意识。

（3）使学生感受到互相鼓励对完成任务的积极作用。

【项目布课】

（1）击鼓颠球是一个需要团队成员配合完成的项目，要求参训人员在保证安全的前提下，尽可能多地创造颠球纪录。

（2）每人牵拉 1 根鼓上的绳子，如果人多绳少，可以轮流替换；如果人少绳多，可以让某些人牵拉 2 根绳。

（3）颠球时，学生必须握住绳头 30 厘米以内的地方，若绳头有把手，则只能握把手。

（4）颠球开始后，鼓不得落地，球飞离鼓面后，放鼓要慢。

（5）每组学生的最低纪录不应少于 N 个，数量根据鼓面的大小而定，一般以 100 个为佳。

（6）球颠起的高度距离鼓面不低于 20 厘米，否则此球不计数或从头计数。

（7）颠球过程中注意安全，教师叫停时必须停止。因场地原因停止的，可以根据情况决定是否累加颠球数。

【安全监控】

（1）所有的绳子都必须有学生牵拉，防止绳子落在地上绊倒学生。

（2）要有足够大的平坦场地，且场地上不要有石头、木棍等硬物。

（3）学生需要穿运动鞋参加颠球活动。

【项目控制】

（1）项目布置阶段。

① 语言精练，重点突出，讲解清楚，及时反馈，确保学生了解任务要求。

② 确认人数与鼓绳的数量关系。

③ 讲解清楚安全要求，确保学生的安全。

（2）项目挑战阶段。

① 教师可以帮助将球放在鼓面上，也可以选派 1 名或随机安排 1 名放球的学生。

② 学生屡次受挫后，注意提醒他们要加强协作，不要将不良情绪发泄到鼓上。

③ 不断提醒学生在关注球的同时，也要关注自己的脚下和身边的队友。

④ 从颠起第一个球开始，球不得落在地上，否则从 0 开始计数。

⑤ 如果任务完成较好，可以告知学生这个活动最近的最好成绩是 N 个（通常是 80 个左右）。

【引导分享】

（1）通过团队成员的协作，体验目标管理。

（2）民主讨论之后，如何形成决策？是否每个人都了解决策的结果？决策对执行有何帮助？

（3）如果在短时间内无法制订出方案，那么要懂得先做后说比纸上谈兵重要得多。

（4）现实和预料的结果不同时，如何调整与应对是很重要的。

（5）关注结果，但也不能忽视过程。

【重点细节】

（1）不要将鼓重摔在地上。教师可以在练习前告知学生,如果将鼓重摔在地上,全体成员将接受一个小小的惩罚,如做3个俯卧撑。

（2）教师要不断提醒学生关注移动过程中的安全。

【项目延伸】

（1）可以用木板代替大鼓,不过这样会缺少鼓声的震撼。

（2）可以用有弹性的拍面代替大鼓,但要考虑到拍面"甜点"的影响,高度也不好控制。

十三、翻树叶

【项目概述】

翻树叶也叫翻帆布,是一个以团队挑战为主的项目,挑战参训人员团结协作的能力。

【场地器材】

场地:平整开阔的场地1块。

器材:边长1.5米左右或大小不同的帆布3张（全部学生站上去后可留出约1/5空余）。

【人员要求】

14人左右。

【时间要求】

70分钟（项目布课10分钟,项目挑战30分钟,引导分享30分钟）。

【项目目标】

（1）打破学生间的隔阂。

（2）培养学生的协作能力。

（3）培养学生的时间管理能力和应对危机的能力。

【项目布课】

（1）假如我们是一个雨后受困的蚂蚁军团,我们有幸发现了一片大树叶,但我们站在树叶上后发现树叶正面有毒,只有在30分钟内将树叶翻个面,我们才能获得安全,否则大家都有生命危险。

（2）在整个过程中,所有人都必须站在树叶上,身体的任何部位都不得接触叶面以外的地方,否则必须从头再来。

（3）活动中可使用的资源是大家的身体和聪明才智,不得借助其他物体。

（4）活动中注意安全,适当的身体接触有助于我们完成任务,但如果队友反对,不得强求。

【安全监控】

（1）活动要在平整开阔的场地上进行,地面上最好不要有硬物。

（2）活动过程中不要踢到翻树叶的队友。

(3) 尽量避免用踩在队友脚上的方式保持平衡,坚持不住的学生要及时报告教师。

【项目控制】

(1) 项目布置阶段。

① 讲解要有条理,及时反馈,确保学生了解任务要求。

② 讲解清楚安全要求,确保学生的安全。

(2) 项目挑战阶段。

① 观察学生的整体倾斜状况与个别可能出现的违规动作。

② 学生轻易完成任务之后,可以换更小的帆布或让更多人加入。

③ 可以假设每隔一定时间就有一人中毒,中毒的人可自行选择失明或变哑。

④ 团队总是倾倒时,教师可以适当提醒保持平衡小技巧。例如,不要所有人都并脚站立,可以将脚交叉着站。

【引导分享】

(1) 对完成任务的学生给予肯定和表扬。

(2) 让每个学生都简单讲讲自己的感受。

(3) 团队中的决策与执行情况怎样?是否出现过忙乱的情况?执行过程中大家是否都领会了活动要求?

(4) 翻树叶的人是如何完成传帮带工作的?

(5) 当个人感觉不平衡,整体却处于平衡状态,而个人开始调节平衡时,团队就会立刻失衡,此时如何调整个人与团队的平衡?大家在生活中出现过类似的情况吗?学生如果不能举例,教师可以举些案例引导学生分析。

(6) 大家在活动过程中可利用的资源是什么?时间、帆布、人(身体)、聪明才智等,更好地发挥以上资源的作用是完成这项活动的重要一环。

(7) 人比较多时,如何排列?是从中间开始排列,还是从某一远离始翻点的地方开始排列?为什么?

(8) 教师可以通过分享"瓶子里先后装入石头、沙子、水"的故事来引导学生思考。

(9) 生活中,很多事情都有困境与顺境的转换,想想"塞翁失马"的故事,以积极的态度去面对生活,你会更开心。

【重点细节】

(1) 活动开始时要严格要求。例如,学生在翻帆布时手指不小心触地属于违规,必须从头开始。

(2) 控制好帆布数量与学生人数之间的比例关系。

(3) 尽量让学生经过不懈努力后获得成功。

十四、牵手结

【项目概述】

牵手结也叫解笼,是一个以团队挑战为主的项目,考验参训人员从纷乱的活动中找出头绪、理清思路的能力。

【场地器材】

场地:平整的空地1块。

器材:无。

【人员要求】

不少于14人。

【时间要求】

70分钟(项目布课10分钟,项目挑战30分钟,引导分享30分钟)。

【项目目标】

(1)让学生体会寻找解决团队问题的方法的重要价值。

(2)让学生体会团队的领导艺术与专家型领导的产生对完成任务的重要作用。

(3)让学生突破惯性思维,学习逆向思维。

(4)让学生体会坚持到底、永不放弃的团队精神和充满信心的态度对完成任务的作用。

【项目布课】

(1)活动前做简单的热身(如勾肩搭背操),重点活动肩臂部位关节,可以用手臂划波浪或做轮流转身的活动。

(2)所有学生站成一个肩并肩的面向圆心的圆圈。

(3)先举起左手,握住与自己不相邻的人的左手。

(4)再举起右手,握住与自己不相邻的人的右手。不要同时握住一个人的两只手。

(5)下面你们将面对一个复杂的"不规则网",要求团队成员共同努力,解开绞锁的手臂,整个过程不得松手。

(6)当学生出现反关节动作并且感觉痛苦时,教师可提醒其在保持手接触的情况下松开调整后再握紧。

(7)相信大家在这种情况下一定能解开,要不怕失败、不断总结经验。

(8)完成2—3回后,要求学生按照不抓相邻和同一个人手的要求,排列出最简单的解开组合。

(9)尝试人数为奇数时出现的结果及不分左右手时出现的结果。

【安全监控】

(1)活动前一定要做关节操热身,并要求学生摘除戒指、手镯、手链等手上佩戴的饰物。

（2）在学生出现反关节动作并且感觉痛苦时，教师及时提醒其他学生不得强行拧转。

（3）提醒学生在跨越其他同学的手臂时不要用膝盖和脚碰到其他同学的脸部。

【项目控制】

（1）项目布置阶段。

① 讲解清楚，把握气氛，尽量让学生以积极的态度对待该项目的严峻挑战。

② 讲解安全要求，并告知学生摘除手上佩戴的饰物。

（2）项目挑战阶段。

① 第一次抓手时要仔细检查，确保学生没有抓同一个人的两只手。

② 在解开绞锁的手臂的过程中，任何学生都不得将手松开以达到解开的目的。

③ 在移动换位时，注意不要扭伤同学的手臂。

④ 逆向编排时仔细观察学生是否符合规则要求。

【引导分享】

（1）组织大家围坐在一起，鼓励每个学生都谈谈自己的感受。

（2）活动中的沟通对完成任务具有重要作用，沟通困难不但会影响效率，还会影响士气。

（3）这是一个需要不断调整的项目，高效的执行力是团队成功的关键。

（4）领导者与追随者之间的互动是成功的必要保证。

（5）认真投入的态度、善于聆听、服从意识是团队顺利完成任务的根基。

（6）突破惯性思维，通过现象寻找最本质的规律。

（7）个人目标与团队目标有着密切的关系。在一个团队中，每个人不但要认真做好自己的事情，还要放眼大局，明确整个团队的终极愿景和目标，只有这样才能与队友协调合作，充分交流沟通，最终顺利成功。

（8）在局部运行良好的方法和规律，应用到较大的团队中时，却不能将良好的作风、方法、规范顺延到整个团队。在一定范围内或一定时空中，某种方法或规律或许是较好的方案，但不是整个系统的最佳方案，这就要求我们有能力透过复杂的现象去寻找最本质的规律。这些是一个团队在无限放大时，仍能够顺利高效运转的法宝，这些东西可能是企业文化，可能是先进的管理模式，也可能是其他规律。

（9）让大家谈谈个人智商、团队智商、逆商与成功的关系。

【重点细节】

（1）关注具有领导力的学生。

（2）在活动过程中善于观察，切合活动所体现出的理念，结合实际生活，用实际案例进行项目理念的提升。

【项目延伸】

（1）让一部分人变成"哑人"，或者只有一位指挥者是正常人，或者全部参训者都变成"哑人"。

(2)和其他队伍进行快速完成项目的竞赛。

十五、竹竿舞

【项目概述】

竹竿舞是一个个人挑战与团队协作相结合的项目,整个活动在欢快与愉悦的气氛中进行。

【场地器材】

场地:平整的场地1块。

器材:长约3米、直径约6厘米的长直竹竿8—10根;音乐伴奏带,如印度的《喔西利》、韩国的《阿里郎》、中国的《七月火把节》等。

【人员要求】

不少于14人。

【时间要求】

90分钟(项目布课10分钟,项目挑战50分钟,引导分享30分钟)。

【项目目标】

(1)培养团队成员的快速学习能力。

(2)培养学生的协调能力与节奏感。

(3)培养团队成员合理分工、积极交流、相互协作的能力。

(4)提高学生的创新能力。

【项目布课】

(1)竹竿舞是一个看似轻松,但有一定风险的项目,需要全体成员积极努力地学习与配合才能完成。

(2)活动开始后,前30分钟练习,后20分钟表演,至少4人完成一组二八拍动作为成功。

(3)练习时,先从打竿开始。2人一组面对面,各握竹竿的两端。打竿的节奏有两种:第一种是"开开合合",第二种是"开合,开合,开开开合"。竿的开距大于40厘米。

(4)无竿练习竹竿舞步。配合打竿节奏进行简单的练习,熟悉节奏后进行统一的编排练习。

(5)队内协商将人员分成打竿和跳竿两部分,两部分可以互相调换,慢慢练习直到所有人都熟练掌握打竿和跳竿动作。

(6)刚开始可以单人跳竿,慢慢过渡到多人跳竿。

(7)跳竿人员只能从固定的方向进出。刚开始可以多用试探步。

(8)跳竿人员出现节奏紊乱时,应及时叫停,打竿人员同时喊"嘿嘿"并完成最后两次打竿,然后停止。

(9)打竿节奏不可过快,如果跳竿人员失去平衡或停止跳动,打竿人员应立即停止。

活动过程中如果教师叫停,打竿人员也应立即停止。

(10)不得穿高跟鞋练习,练习前取下身上不利于活动的硬物。

【安全监控】

(1)要求地面平整,严禁在湿滑的场地上进行此项目。

(2)活动初期提醒学生模拟练习或在慢节奏下练习。

(3)不要让竹竿绊倒学生,节奏紊乱后立即叫停。

(4)严禁学生打闹或有意改变打竿节奏,打竿节奏应控制在10秒18拍以下,如果选择音乐伴奏也应如此。

(5)必须按照进出顺序完成跳竿,可以原地或偶尔向回跳一个竿。

(6)注意跳竿同伴的位置,不要挥舞手臂击伤同伴的脸部,自己失去平衡后不要拖拽同伴,也不要轻易用手抓竿。

(7)尽量避免在烈日或其他恶劣天气下进行此项目。

【项目控制】

(1)项目布置阶段。

① 语言精练,讲解清楚,反馈及时,确保学生了解任务要求。

② 项目布置过程中可以安排学生演示。

③ 教师可以适当表演打竿动作和跳竿步法。

④ 一定要讲解安全要领,尤其是防止崴脚的动作。

(2)项目挑战阶段。

① 学生在练习过程中,可以悄悄地帮助个别练习较慢的同学掌握要领。

② 建议刚学会跳竿的学生分解练习,在1—2组竿之间巩固提高。

③ 每次进入下一个提高阶段,教师都要提示脚下的安全问题。

④ 掌握跳多根平行竿的方法,并在提高动作熟练度的基础上,创编不同形式的跳竿方法。

⑤ 重点掌握基本跳法,感受竹竿开合的变化。

⑥ 难点是调动多种感官参与到动作之中,提高跳动节奏的持久性与稳定性。

【引导分享】

(1)鼓励每个人都谈谈自己的感受。

(2)在参与项目过程中,学会合作,与同伴友好相处,感受运动的乐趣。

(3)对于一种未知的事物,学习态度与学习的进展和结果之间有何关系?

(4)学习的重点和我们最初认知的重点是否吻合?

(5)每个人都有双重角色,既要打竿又要跳竿,结合生活谈谈相关感受。

(6)请大家谈谈互相传授经验与大家一起学习对获得良好成绩的帮助。

(7)每个人在生活中都有一个自己的"节奏",大家是如何解决"节奏"不统一的问题的?

（8）在这个项目中,男学生完成任务比女学生相对困难,分析一下如何利用性别差异更好地解决生活中出现的问题。

【重点细节】

（1）打竿节奏要统一,节奏明快、清晰且不僵硬。

（2）出现不敢进竿或脚跟将竹竿带起的现象时,应放慢节奏和多做无竿练习。

（3）节奏由慢到快,循序渐进地增加难度。

（4）强调脚进竿的方向。

【项目延伸】

技术较高的群体可以尝试翻身动作或方格竹竿舞,也可在跳竹竿舞的同时所有人同唱一首歌。

十六、红绿灯

【项目概述】

红绿灯也叫十字路口,是一个以团队挑战为主的团队智慧型项目。

【场地器材】

场地:画有道路与停车位的场地 1 块,注意除去中间的方格,最多只能一个方向为奇数,每块场地面积不小于 40 厘米×40 厘米,如图 8-8 所示。

器材:无。

【人员要求】

不少于 14 人。

【时间要求】

90 分钟(项目布课 10 分钟,项目挑战 40 分钟,引导分享 40 分钟)。

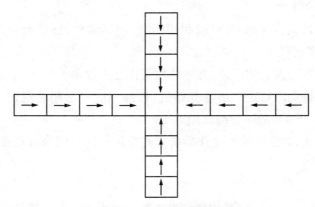

图 8-8　十字路口场地图

【项目目标】

（1）培养学生解决复杂问题的能力。

（2）让学生了解专家型领导的产生与领导力的价值。

（3）提高学生的团队协作能力。
（4）培养学生对情绪的自控能力和忍耐性。

【项目布课】

（1）将学生分成人数相对均等的4组，4组学生面对面站在十字路口，每个人站在一个方格内，只有中间的方格不站人，即总的方格数比总人数多1。

（2）4组学生在40分钟内全部通过十字路口，即全体学生从面向里变成面向外。1个学生代表1辆汽车。

（3）绿灯方向的车每次最多只能通过2辆，然后绿灯转为红灯，垂直方向的红灯转为绿灯。所有车只能直行，不得转弯和后退。

（4）1个方格只能停1辆车，如若移动，只能开到前面一个方格内或超越前面车辆1次，不能连续超车2次。中间的方格有车时，只能在轮到它时向前或由对面的车超越其前进，左右车辆不得超越。

（5）如果不前进，必须全队跳跃一次，以示让其他方向的车前行。

（6）正式开始前可以演练，但确认开始后，违规者须从头开始。不该移动的车移动则为违规。

【安全监控】

注意不要撞上后面伸头观察的学生的脸部。

【项目控制】

（1）项目布置阶段。

① 语言精练，重点突出，讲解清楚，反馈及时，确保学生了解任务要求。

② 设置方格时，可以奇偶数搭配，除去中间的方格，两边的格数应尽量接近，但每条线上的方格数之和不能同为奇数。

（2）项目挑战阶段。

① 可以分开进行试验性练习，可以利用图纸、物品试验，在试验中产生的专家型领导可以指挥大家一同完成任务。

② 注意方格总数与人数的关系，方格总数须比总人数多1。

③ 注意一定要按规则行走。活动开始后，教师不能提示相关规则。学生多次失误后情绪急躁，教师应给予适当的疏导与鼓励。

④ 可以进行变化，如团队顺利操作后要求其在最短的时间完成任务，也可以将部分学生变成"哑人"。

【引导分享】

（1）方法是如何产生的？团队中的所有人都知晓方法吗？谁最清楚方法的详细内容？是队长吗？如果不是，怎么办？引导学生分享以上问题时可以引申到授权问题。

（2）怎样提高团队的绩效与效率？获得方法后，怎样协调统一？

（3）在路上开车时，我们是否会为来车着想；在堵车时，我们会不会感到很烦躁。请学生联系自己开车时的感受谈一谈。

(4) 如果奇数方向的车先完成任务,偶数方向的车还能通过吗? 你见过一辆车横在路口导致绿灯方向的车不能通过的现象吗?

(5) 在我们焦急时,急躁的情绪能否让我们保持理智? 什么样的司机最具有安全意识? 据调查,很多交通事故都是由开快车、突发意外、疲劳造成的,每个人内心深处的安全意识都是不同的,这是许多悲剧的根源。有人说:"有些人天生就不适合开车,只要上路就不太平,总以为自己开的是飞机。"教师可以引导大家一起对这种现象进行探讨。

【重点细节】

(1) 最好在两个方向上分别安排奇数个和偶数个方格。

(2) 鼓励学生不断尝试,帮助学生调控情绪。

【项目延伸】

(1) 可以只在一个方向上移动。

(2) 可以打造较高水平的队伍,例如,教师充当交警,安排左右转弯指示,等等。

(3) 项目规则不变,要求每个方向的大车流必须在轮到自己时动一下,这是一种文字游戏,也是一种思维突破,许多参加过交通堵塞项目的人可以明白其中的奥妙。

▶▶ 十七、感恩的心

【项目概述】

感恩的心是一个流传已久的感恩类培训项目,对于在拓展基地或野外过夜的拓展培训活动,晚饭后选择这个项目可以收到意想不到的效果。

【场地器材】

场地:设有障碍物的室内或室外场地 1 块,可以根据情况将木梯、桌子、椅子、书、绳子等可利用的物品设为障碍物,如在室外,可以选择花盆、树木等。对于设定的障碍物,要采用走、绕、爬、钻等方式才能通过,以增加难度。

器材:音响设备 1 套,数量不少于学生人数一半的眼罩,活动文稿 1 套。

【人员要求】

全体参加。

【时间要求】

180 分钟。

【项目目标】

(1) 增加学生间的交流,提高学生的沟通能力。

(2) 培养学生与学生之间、学生与企业(单位)之间的感情。

(3) 给学生一个以感恩的心情梳理自己记忆的机会。

【项目布课】

(1) 所有人关闭手机,现在我们一起来做一个项目。全体学生分成人数相等的两组,两组学生面对面站立,最好将男女各分成一组。

(2)一组学生戴上眼罩扮演盲人角色,另一组学生扮演哑人角色。活动结束前,盲人不得摘下眼罩,哑人不得发出声音。

(3)扮演哑人的学生领着扮演盲人的学生通过一段设有障碍物的路。

(4)要求引路者只用身体接触来引导盲人。

(5)采用走、绕、爬、钻等方式通过设定的障碍物。

(6)按照不同障碍区的要求,引路者采用不同的方式来引导盲人。

【安全监控】

(1)障碍物设置明显,不要设置尖锐的障碍物。

(2)学生戴上眼罩后不要随意移动。

(3)严禁引路者有意加大难度或开玩笑。

(4)提醒学生摘下眼罩后先闭一会儿眼睛,然后再慢慢睁开。

【项目控制】

(1)项目布置阶段。

① 语言精练,重点突出,讲解清楚,反馈及时,确保学生了解任务要求。

② 要求所有学生关闭手机。

③ 在选择路径、设定障碍物时要注意难易结合。

(2)项目挑战阶段。

① 盲人先进房间,哑人在门外等候,待盲人全部戴好眼罩后,哑人再进入房间,每个哑人认领一个盲人,在教师的带领下开始盲行。

② 房间灯光可调暗,最好有烛光。

③ 盲行结束后,将盲人领进屋坐在一起,然后哑人坐在一起。

④ 播放《神秘园》音乐,由教师朗读煽情的美文。

⑤ 注意室内的温度与通风,以免影响活动效果。

【引导分享】

(1)首先邀请一位盲人学生站出来,并问:你想知道牵你手的人是谁吗?你能把他找出来吗?可以让他试着握一下每个人的手,回想一下那个人的特征。

(2)请牵这位盲人同学手的哑人站出来,并请他分享一下自己的感受。

(3)大家说他们是否应该拥抱一下,让他们找个地方坐在一块儿。

(4)还有哪位盲人学生想说一下自己的感受?

(5)最后请所有盲人去找到牵过自己手的哑人,然后两人坐一起交流一下。

【重点细节】

读旁白时一定要煽情,配合灯光、音乐动情地朗读。

【同类项目】

牵手、风雨人生路。

十八、七巧板

【项目概述】

七巧板又叫益智图或唐图,是中国人发明的,它是团队融合与组织融合类项目。这个项目是一个利用资源整合获得最大绩效的活动,和我们身边发生的许多事情极其相似,能给我们带来一些反思和启示。

【场地器材】

场地:户外或室内。

器材:不同颜色(红色、黄色、蓝色、绿色、橙色)的拓展训练专用七巧板各5套,任务书7份,图形的卡片7张,计分表1张,秒表1个。

【人员要求】

12—18人。

【时间要求】

100分钟(项目布课10分钟,项目挑战40分钟,引导分享50分钟)。

【项目目标】

(1)培养团队成员主动沟通的意识,提高学生的沟通技巧和沟通能力。

(2)强调团队的信息与资源共享,通过加强资源的合理配置来提高整体价值。

(3)带领学生体会团队之间加强合作的重要性,学习合理处理竞争关系。

(4)培养学生的市场开拓意识。

(5)培养学生科学系统的思维方式,增强学生的全局观。

(6)让学生体会不同的领导风格对团队完成任务的影响。

【项目布课】

(1)具体任务:全队被分成独立的7个小组(图8-9),每个小组都有自己独立的任务,每完成一个任务,举手向教师示意,教师会将分数记录在计分表上。活动时间是40分钟。

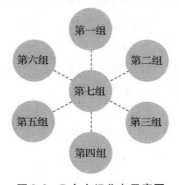

图8-9 7个小组分布示意图

(2)项目规则如下:

① 任何学生都不得离开自己的座位移动。

② 所有教学用品不得抛掷,只能用手传递。

【安全监控】

(1) 在项目实施过程中必须注意不能离开座位,同时须注意把握争抢资源的度。

(2) 严格按照图示给予的统一标准进行操作,特别是多组同时进行时,标准要统一。

(3) 当队员争吵激烈时,教师要注意调节现场的气氛。

【项目控制】

(1) 项目布置阶段。

项目准备要充分,项目布置要清晰。按照任务书和图号的顺序随机分发七巧板。

(2) 项目挑战阶段。

① 注意要求学生不得移动椅子和身体,不得离开座位。

② 学生组好图形后,请教师确认,符合要求的,教师在计分表上记分。

③ 到 40 分钟时,结束项目,计算各组分数和团队总分。

④ 计分结束后,收回七巧板。

⑤ 分享结束后,收回任务书和图形的卡片。

⑥ 活动开始后,对于较先完成图形的组,要大声报出,以激励其他组抓紧时间。

⑦ 不断提醒做得较慢的组。

⑧ 在活动过程中,对于没有七巧板的组,应适当加以关注,可适当询问他们的感受和原因等。

⑨ 控制争抢资源的度,保证活动热烈但不失风度。

⑩ 记分要及时、准确,可以根据分享需要采用不同的颜色记录分数,或者记录更加详细的信息。

⑪ 记住典型队员的表现,便于总结和作为案例。

【引导分享】

(1) 可以针对各组发生的事情进行提问和分享。

(2) 可以针对大家关心和抱怨的问题展开讨论。

(3) 当矛盾集中在第七组时,教师要适当引导,关键在于活动中的收获,而不在于活动中的表现,不要激化矛盾。

(4) 对表现突出的队员进行有针对性的回顾。

(5) 可以引导学生针对分数的问题展开讨论。

十九、挑战150

【项目概述】

挑战 150 是指在 150 秒内完成一系列看似不可能完成的任务。对于团队和个人来说,这都是一个不小的挑战,然而通过努力,我们将会看到"一切皆有可能"。

挑战 150

【场地器材】

场地：相对较大的场地1块。

器材：不倒森林用杆16根，长、宽各40厘米、厚10厘米的方台或1个汽车轮胎做的"诺亚方舟"1个，可供10人一起跳的跳绳1根，长20～30厘米的专用U形管10根，高尔夫球1个，弹力球2个，直径6～8厘米的圆桶1—2个。挑战150是一个项目组合模式，可以安排不同的项目进行组合，有时会加入同心鼓，有时会加入仰卧起坐等，因此还需要不同的器材，如眼罩、排球等。

【人员要求】

约14人一组，可多组同时进行。

【时间要求】

120分钟。

【项目目标】

（1）培养团队成员的统筹协作能力。

（2）了解团队学习的潜力与成长过程，培养学生快速学习的能力。

（3）培养学生在压力下坚持不懈地努力和敢于拼搏的精神。

（4）引导学生领会项目中暗含的道理。

【项目布课】

（1）通过团队的努力，在150秒内完成以下6个项目。

① 不倒森林：用8根80厘米长的杆首尾相连组成一个圆后按顺序从一头扶起，右手按在杆头，左手背在身后，保持距离，大家同时向前去按前一个人的杆，连续完成8次回到原位，杆倒或用手抓杆都要从头开始。

② 诺亚方舟：8人同时站在准备好的方台或汽车轮胎上保持10秒，任何时候有人脚触地都须重新开始。

③ 集体跳绳：10人参加跳绳，每人跳10个，任何时候中断都须重新开始。

④ 能量传输：在6米的距离内，6—10人每人手持1根20～30厘米长的U形管，将小球在U形管上连续传递到终点线的杯子里，整个过程不许用手碰球，不能使球停止、向后跑或落地，若违规，须重新开始。

⑤ 击地传球：两人相距3米以上，一人将球抛出，球落地弹起后另一人用圆桶接住。

⑥ 激情击掌：所有人肩并肩面向中间围成一个圆，把"我们是最棒的团队"这句话演绎出来。具体做法：所有人先左转，用双掌拍左边队友肩背部1次并说"1"，然后右转，用双掌拍右边队友肩背部1次并说"1"，随后面向圆心自己击掌1次并说"我"，接着拍左边队友2次并说"1、2"，拍右边队友2次并说"1、2"，自己击掌2次并说"我们"，如此循环，直到完成后全体学生跳起为止。以"我们是最棒的团队"为例，过程为"1，1，我"，"1、2，1、2，我们"，"1、2、3，1、2、3，我们是"，如此循环。练习时，如果不能保证两组同时使用器材，请队长协商解决。

（2）挑战前，各组有40分钟时间练习，活动项目和顺序由各组自己决定，练习结束后进行比赛，各组均应努力获得成功。

（3）活动中请注意安全并合理分配时间，确保40分钟内每个项目都有练习的机会。

【安全要求】

（1）活动前认真做热身操。

（2）不要拿着器材玩耍打闹，避免误伤他人。

（3）活动项目轮换时，不要把器材随意地扔在地上，应将其放回原处。

（4）一组挑战时，另一组在指定的区域内观察。

【项目控制】

（1）结合学生人数和场地条件，适当调整项目难度和内容，但要提前进行项目评估和分析。

（2）讲解项目时，教师和助教可以进行简单的演示，但不需要提醒技术要领。

（3）适当提醒学生不要练习太长时间，各项目都练一遍后再重点练习某些项目即可。

（4）练习一段时间后，教师可以帮助学生测试一次，测试时间最好控制在8分钟以内。

（5）两组第一次比赛结束后，再给几分钟时间练习，然后进行挑战。

（6）如果成绩不理想，可以建议学生补练一段时间后再挑战，做出建议时要有引导学生继续练习的倾向性。

（7）至少要有一组完成任务，适当的鼓励和激励是必要的，但不要有过于明显的帮助。

【引导分享】

（1）公平、公正地公布活动结果，不要对成败带有偏见。

（2）了解统筹方法对项目的影响，了解合理规划对工作绩效的影响。

（3）通过第一次测试和其后的挑战结果，了解团队学习的潜力。

（4）每一个任务都暗含许多道理，学生可以分别进行分享。

① 不倒森林：只有先照顾好自己的杆，给后来者方便，才能从容地前行，否则急中出乱必将导致恶性循环。

② 诺亚方舟：在有限的空间内完成看似不可能的事情，有时候个人的不平衡是团队平衡的基础，让出一点个人利益是团队获得成功的保证。

③ 集体跳绳：多人协调一致的努力是获得成功、提高绩效、节约时间的保障。

④ 能量传输：每个人不但要负责好自己的工作，还要和其他人密切配合，任何环节的失误都可能会导致功亏一篑。

⑤ 击地传球：关键岗位任务的顺利完成可为全体成员赢得更大的空间和更多的时间。

⑥ 激情击掌：激情为我们带来的不仅仅是工作中的干劲，还有参与其中的快乐。

（5）合理分工和合理配置人员是活动取得成功的重要操作。

二十、罗马炮架（图 8-10）

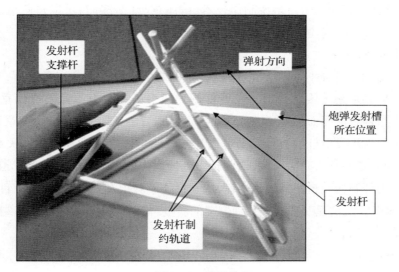

图 8-10　罗马炮架

【项目概述】

罗马炮架是一个团队竞争项目。在古罗马，抛石机作为杀伤性战略武器在大型战争中被广泛应用。现在我们要模拟古罗马战场的攻坚现场，制作射程远、精度高的罗马炮架，并将炮火如雨点般发射到敌人的阵地上。

【场地器材】

场地：根据学生数量选择场地，原则上须保证有一个边长 30 米以上的场地。

器材：（以下为一个队的数量，多队同时进行时按以下数量乘以队数）

长 1.5 米的拉器绳 9 根，直径 8～10 厘米的竹竿 9 根（1 根长杆作为发射杆，7 根中杆作为炮架主体杆，1 根短杆作为发射杆支撑杆），弹槽 1 个（定制或用铁瓢），胶带 1 卷或长 1 米的铁丝 1 根（根据弹槽的特性而定），小气球 30 个，水桶和矿泉水瓶各 1 个，如果标靶设置涉及其他器材须提前准备。

【人员要求】

多队同时进行，每队 10—18 人。

【时间要求】

100 分钟（项目布课 10 分钟，项目挑战 60 分钟，引导分享 30 分钟）。

【项目目标】

（1）培养学生的团队协作能力。

（2）培养学生的计划和合理分工能力。

（3）培养学生的精益执行与质量管理意识。

（4）培养团队凝聚力和娱乐精神。

【项目布课】

（1）具体任务：每队利用9根竹竿、9根绳子和1个弹槽，制作罗马炮架。我手中有一个炮架模型，现在我将详细讲解炮架制作技术，请注意听（队多时，可以每队选两三人出来单独学习）。

（2）技术要领。

① 你们要制作一个如模型所示的炮架，炮架的主体支架是一个三角锥体，底座三角形和前侧面三角形必须是等腰三角形。发射杆制约轨道必须和发射杆支撑杆垂直，但不相交。发射杆支撑杆和前侧面三角形的底边平行。用最长的竹竿做发射杆，注意发射杆制约轨道的宽度必须大于发射杆的直径。前侧面三角形与地面之间的夹角直接关系到弹道的弧度，最好与地面之间的夹角大一些，否则打出去的炮弹见高不见远。如果弹道弧度过小，可以通过在发射杆制约轨道上绑绳进行制动，从而调整弹道和射程，达到命中目标的目的。

② 绳子捆绑的结实程度直接关系到炮架的质量，你们须注意我教的打绳结方法（可以教打水结或单渔人结）。

③ 用气球制作水弹，你们可用水桶接水，用矿泉水瓶将水注入气球中，水弹大小应适中。

（3）制作时间为20～30分钟。

【注意事项】

（1）抬放竹竿时要注意观察四周，避免打伤、压伤队友。

（2）水弹只允许用炮架在规定时间段发射，禁止直接用水弹追逐打闹。

（3）水弹表层必须清洁干净，不得粘有沙子等硬物，否则当水弹击中人时容易造成伤害。

（4）严禁使用类似石头的硬物作为炮弹。

（5）一旦发现安全隐患，教师应立即做出调整，学生注意配合。

【标靶设置】

（1）固定靶。

教师可在场地上放置容易被水弹打破或打落的目标物，如报纸糊成的目标物、放置在平台上的排球、稻草人等。

（2）移动靶。

① 由1人或多人扮演匪徒，在远处有规律地走动。

② 在远处画一个比一队学生站满的面积大一倍或两倍的虚拟城池，各队学生轮流作为目标，被瞄准的学生只能在城池内走动以躲避炮弹袭击。

③ 保卫战式对攻：将学生分成若干阵营，每个阵营有两三个炮架，互相轮流对攻。在每个炮架前放一个面积相对较大的目标物，敌方只要击中目标物就得1分，当炮弹可能击中目标物时，负责保卫工作的学生可以用身体阻挡，击中学生身体一次得0.5分。

以上方式仅供参考，可根据现场情况设计标靶和攻击规则。在安全有保障的情况下，为了增强培训效果,可不拘泥于本项目所描述的操作方式(建议不要将教师当作标靶)。

【安全监控】

(1) 教师在各队内进行监控。

(2) 教师注意提醒和监控学生,避免学生在抬放竹竿时被打伤、压伤。

(3) 注意监控学生,避免其追逐打闹。

(4) 移动炮架时,提醒并监控学生,避免其磕伤、撞伤。

(5) 发射炮弹时,提醒学生远离发射端;放置炮弹的学生要和炮手配合好,避免被发射端的竹竿击伤。

(6) 如发现炮架有散架迹象,提醒并监督学生重新绑扎好,避免炮架倒塌伤人。

(7) 注意监控学生,避免其使用水弹以外的硬物作为炮弹发射。

【项目控制】

(1) 项目布置阶段。

① 教师对任务目标、活动规则的讲解要清楚明了。

② 教师须将炮架制作的技术要点讲清楚,避免学生在制作技术上浪费时间,或者制作出来的炮架缺乏使用价值。在任何体验项目中,如果学生将注意力过多地放在技术研究上,就失去了体验的魅力。

③ 提前设置好标靶。

(2) 项目挑战阶段。

① 设置合理的比赛规则,控制现场秩序。

② 注意调动气氛,制造战场效果。

③ 控制比赛节奏,监控好现场安全。

▶▶ 二十一、空方阵

【项目概述】

空方阵是领导力、团队沟通及合作的训练项目。

【场地器材】

场地:教室、会议室或走廊。

器材:空方阵塑料板2套。

【人员要求】

4人一小组、10人一大组、24人一班最佳。

【时间要求】

40分钟。

【项目目标】

(1) 增强人与人、小组与小组之间的沟通及合作。

(2) 找出经常出现的问题并探索解决这些问题的方法。

(3) 体会领导的作用。

【项目布课】

(1) 将10人的大组分为3个小组,其中,一个4人小组命名为"计划团队",另一个4人小组命名为"执行团队",剩下2人组成"观察团队"。

(2) 教师有3份不同的任务指令书,分别交给"计划团队""执行团队""观察团队"。

(3) 整个任务须在25分钟内完成。

【引导分享】

(1) 对比2个大组的完成情况,请先完成任务的一组分享他们在完成任务过程中的感受及比另外一组快的原因。

(2) 请观察员分别谈谈2个大组在排列任务过程中的表现。

(3) 请学生总结在这个活动中获得的最大启示。团队成员间的合作情况怎样?大家都是通过什么方法来解决问题的?

附:任务指令书

1. "计划团队"的任务指令及程序

教师给"计划团队"中4名学生每人发一个装有魔板的信封,并告诉他们这4个信封中的魔板拼在一起是一个空方阵。

教师告诉"计划团队",从现在开始,你们须制订一个指挥"执行团队"拼出空方阵的计划,并且让"执行团队"执行该计划,整个计划的制订及执行时间为25分钟。

"计划团队"可以给"执行团队"口头指导,但只要"执行团队"开始动手工作,"计划团队"就不能再做任何指导。

2. "计划团队"工作时的规则

每个人信封中的魔板都只可以摆在自己的面前,也就是说不能动别人的魔板,也不能把所有的魔板混合起来。

在计划和指导阶段,不能拿其他人手中的魔板或与其他人交换魔板。

任何时候都不能直接说出或展示图形答案。

任何时候都不能把空方阵组合起来,这要留给"执行团队"去做。

不能在魔板或信封上做任何记号。

"执行团队"必须监督"计划团队"遵守上述规则。

"执行团队"开始拼魔板后,"计划团队"就不能再做任何指导,但要留下来观察"执行团队"如何拼装。

3. "执行团队"的任务指令及程序

教师告诉"执行团队":你们的任务是按照"计划团队"下达的指令来执行任务,"计划团队"可以随时叫你们过去接受任务及计划指导,如果他们不叫你们过去,你们也可以主动向他们汇报工作,你们的任务必须在25分钟内完成,现在已经开始计时了,你们开始动手执行任务后,"计划团队"就不能再给予你们任何指导。

你们要尽可能迅速地完成分配到的任务。

在等待"计划团队"下达指令时,可以先讨论以下问题:

(1) 等待接受一项未知的任务时,你心中有什么感受和想法?

(2) 你们会怎样组织自己以一个团队的形式去执行任务?

(3) 你们对"计划团队"有什么看法?

请把以上问题的讨论结果记录下来,以便完成任务之后参加小组讨论。

4. "观察团队"的任务指令及程序

教师告诉"观察团队"的 2 位观察员:你们将分别对 2 个不同的小组进行观察并做记录。

你们将观察一项团队练习,在这项练习中有 2 个团队参加活动,一个"计划团队"和一个"执行团队",他们将共同努力拼 16 块魔板,如果拼排正确,将会拼出一个空方阵。

"计划团队"必须决定如何将这些魔板拼在一起,然后指导"执行团队"按计划将魔板拼在一起。

"计划团队"只能提供一些建议和大致的拼排轮廓,但不能亲自动手,只用言语指导,让"执行团队"自己完成整项任务。"执行团队"开始动手执行任务后,"计划团队"就不能再做任何指导。

观察员需要观察整个活动过程并写观察报告。观察时要留心考虑以下问题:

(1) "计划团队"对自己的需求、"执行团队"的需求及环境因素了解的准确程度如何?

(2) "计划团队"是否能大概把握问题的关键?

(3) "计划团队"是怎样定义这个问题的?

(4) "计划团队"是如何为以上问题定性的?或这个练习中的基本问题是什么?

(5) "计划团队"有没有努力尝试转化这个问题?

(6) "计划团队"是否有制定可操作的目标?

(7) "计划团队"的计划及组织效果如何?

(8) "计划团队"是否有评估现有的资源?

(9) "计划团队"是否受到"假设限制"的制约?

(10) "计划团队"是否预料到一些可能会出现的问题?

(11) "计划团队"用什么方法来衡量整个任务的执行过程?

(12) "计划团队"的工作效果如何?

(13) 在这次练习中,他们是否很成功?

观察员观察"执行团队"的成员在不同阶段的情绪变化及行为表现并对其进行评价。

二十二、交通堵塞

【项目类型】

团队合作。

【场地器材】

场地:空地或教室。

器材:数量比参加人数多1个的塑胶地垫。

【人员要求】

10人一组。

【时间要求】

30分钟。

【项目目标】

让学生体会沟通的方法很多,当环境及条件受到限制时,可以通过改变自己和改变沟通方法来解决问题。

【项目布课】

(1)将塑胶地垫呈"一"字形在地上铺开,让学生全部站在地垫上,中间留一个地垫不站人。(图8-11)

(2)学生分两边相对而站,通过中间的空格进行移动。

(3)移动的方式是只能前进一格或向前跳一格,不能后退,有人后退则全体重来。

(4)两边人完成互换,并且保持同一个方向。

(5)当有人知道答案时,需要每个人都知道答案。

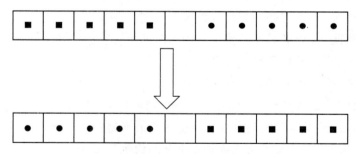

图8-11 塑胶地垫图

【注意事项】

(1)每次只能1人走动。

(2)只能前进,不能后退。

(3)每个地垫只可容纳1人。

(4)学生可做多次尝试,以提高效率。

【引导分享】

（1）你的方法是怎么想出来的？

（2）在开始操作前,是否每个学生都清楚团队解决问题的方法？

（3）请列出团队解决问题的方法及步骤。

▶▶ 二十三、坐地起身

【项目类型】

团队合作。

【场地器材】

场地：平整的空地1块,室内外均可。

器材：无。

【人员要求】

4人以上。

【时间要求】

20分钟。

【项目目标】

让学生明白团队合作的重要性。

【项目布课】

（1）4人一组,分别围成一圈,背对背坐在地上。

（2）4人手"桥"手,一同站起来。

（3）逐渐增加小组人数,重复上述过程。

【引导分享】

（1）你能仅靠自己一个人的力量就完成起立动作吗？

（2）成功往往就是再坚持一下。

（3）团队成员怎样才能步调一致？

【总结与评估】

（1）依靠团队的力量,可以更好地完成任务。

（2）什么是默契？团队成员出现与团队目标不一致的行为,会对团队建设产生负面影响。

（3）团队成员之间的默契是怎样形成的？

▶▶ 二十四、赛跑

【项目类型】

团队协作。

【场地器材】

场地:平整的空地1块,室内外均可。

器材:无。

【时间要求】

30分钟。

【项目目标】

感受团队的默契,正确理解竞争。

【项目布课】

(1) 所有队伍面朝同一方向纵队站好。

(2) 每支队伍中除了第一名学生外,其他学生抬起右脚,除了最后一名学生外,其他学生用右手抬起后面同学的大腿,使整个队伍连接起来。

(3) 所有队员在连接的情况下,一起向前跳跃行进,如果中途有学生的手脱离后面同学的大腿,则视为犯规,原地连接上后才能继续行进,先到达终点的队伍获胜。

【引导分享】

(1) 快速融入团队,体会每个人在团队中的重要性。

(2) 只有通力合作、整齐划一,才能顺利完成任务。

(3) 你的团队能否跳得更快?应该怎么做?

【注意事项】

注意保护学生的安全,防止跌倒摔伤。

二十五、默契报数

【项目类型】

团队配合。

【场地器材】

场地:平整的空地1块,室内外均可。

器材:无。

【人员要求】

5人以上。

【时间要求】

30分钟。

【项目目标】

体验团队的默契。

【项目布课】

(1) 让所有学生围成一个圆圈。

(2) 所有学生面向圆心,同时往圈内走五步,碰到人则绕开继续走。

（3）走完五步就立定，然后开始从 1 到 30 报数（以上为混乱顺序的方式，也可以请所有学生以"逛大街"的方式随意游走）。

（4）若有学生报相同的数字，则重来，直到 1 到 30 依次被报过且没有重复，才算任务完成。

【引导分享】

（1）什么是默契？团队成员如何培养默契？默契需要勇气和忍耐吗？

（2）经常沟通与协调是不是很重要？

（3）请学生回忆在游戏过程中有没有"灰色地带"，如大家都不愿意去整理的某些公共区域。

【注意事项】

（1）同一人不可连续重复报数。

（2）学生间不可沟通、暗示或使眼色。

二十六、木人梯

【项目类型】

团队协作。

【场地器材】

场地：平整的空地 1 块，室内外均可。

器材：每 2 人 1 根长约 60 厘米的体操棒。

【人员要求】

12—16 人。

【项目目标】

培养信任感与换位思考能力，感受团队的凝聚力。

【项目布课】

（1）2 人一组，面对面手握 1 根长约 60 厘米的体操棒，由多组搭成一架木梯，高度不要超过腰部。

（2）学生依次爬过木梯，然后去替换握棒的同学。

（3）爬木梯的学生不允许获得他人的帮助，只能依靠自己的力量和协调能力通过。

（4）爬木梯的学生从木梯上掉下来或犯规，则需要重来。

（5）提醒学生注意安全。

【引导分享】

（1）你是否信任自己的队友？

（2）请支持者与被支持者分别谈谈自己的感受。

（3）你是如何获得同伴的支持、协助及信任的？

【注意事项】

教师须做好每名学生的保护工作,确保学生的安全。

二十七、呼吸的力量

【项目概述】

呼吸的力量是一个促进团队沟通与协作的项目。每个团队会得到一张呼吸机的图纸,但这张图纸只能由团队中的一个人看到,看到图纸的这个人须向其他队员描述图纸的内容,接着大家就开始根据描述搭建呼吸机。除此之外,每个团队分派到的材料都是有限的,所以如何利用有限的材料成功搭建呼吸机及如何解决在此过程中遇到的困难都是一种挑战。

【场地器材】

场地:平整的空地 1 块,室内外均可。

器材:PVC 管、直通、弯头、十字等接头,30 厘米管件 25 根,40 厘米管件 8 根,60 厘米管件 7 根,88 厘米管件 5 根,四通管件 4 个,三通管件 9 个,弯头管件 20 个,堵帽管件 5 个,气球 1 包,任务卡 5—8 张(每组 1 张)。

呼吸的力量

【人员要求】

10 人一组,可多组同时进行。

【时间要求】

160 分钟(项目培训 80 分钟,项目布课 10 分钟,项目挑战 50 分钟,引导分享 20 分钟)。

【项目目标】

(1)增强学生沟通、组织和协调的能力。

(2)让学生学习人力资源的合理分配和运用。

(3)培养学生的集体荣誉感和责任感,鼓励学生甘于奉献、勇于为团队做贡献。

【操作程序】

(1)先将所有学生分成指挥组、领导组和执行组,领导组负责图纸的相关事项,执行组负责所有项目器材的相关事项。

(2)指挥组和领导组先用语言设计图纸,然后指挥组派一个人和执行组的代表进行图纸内容的沟通。

(3)执行组的代表返回后,集合组员交代图纸内容并给每个组员分配好相应的任务。

(4)搭建好呼吸机后,进入测试阶段,呼吸机的合格标准是成功爆破一个气球。

(5)在比赛规定的时间内,爆破气球数量最多的组获胜。

【引导分享】

(1)项目训练增进了队员之间的交流和感情,激发了队员的巨大潜能。

(2)气球的爆破声让现场的气氛越来越热烈,每个队员都积极参与,团队精神在不断增强。

（3）搭建呼吸机能够锻炼队员的协作能力,进一步增强团队凝聚力,加强团队建设。

（4）项目训练丰富了队员学习和工作之外的生活,拉近了队员之间的距离,提高了队员的综合素质,促进了团队发展,每个人都获益良多。

二十八、极速60秒

【项目类型】

团队合作。

【时间要求】

60分钟。

【操作程序】

在直径3米的绳圈内无序地放有30张号码为1—30的卡片,团队成员须在60秒内通过沟通与配合将30张卡片按照数字从小到大的顺序依次交到教师手中。

【项目布课】

（1）每次挑战过后,每队都有10分钟的讨论时间。讨论时要离卡片区5米以外,背对项目操作区。

（2）每队都有3次机会,每次挑战时间为60秒,从所有人进入场地开始计时,60秒后所有人必须离开。

（3）每次只能有1人进入绳圈。

（4）将30张卡片按照数字从小到大的顺序依次交到教师手中。

（5）拿错卡片时教师会提醒,此时队员必须立即放下重新拿取正确的卡片。

（6）跑动时注意安全。

【引导分享】

（1）决策和统筹意识,增强相互合作的团队精神。

（2）团队处理突发事情的能力。

（3）在执行计划过程中若偏离目标,怎样快速沟通调整计划。

（4）团队工作中协调的重要性。

（5）合作与竞争的关系(当有两支及以上的队伍一起做项目的时候)。

二十九、疯狂指压板(图8-12)

图8-12 疯狂指压板

【项目概述】

疯狂指压板是一种以趣味性为主的团队挑战项目。它借助指压板,要求参赛人员在指压板上完成一系列连贯的闯关项目,最终用时最短的队伍获胜。

【场地器材】

场地:平整的空地1块,室内外均可。

器材:指压板若干,闯关项目相关的其他器材。

【人员要求】

12—16人一队。

【时间要求】

60分钟。

【项目目标】

(1)活跃团队气氛。

(2)促进团队合作。

(3)加强团队有效沟通。

(4)体会团队领导核心和领导艺术的作用。

【项目规则】

(1)所有人员服从裁判的指令,裁判鸣哨后才可出发。

(2)比赛采用计时制,以裁判哨声为计时起点,以最后一个关卡的最后一名队员完成任务为计时终点,用时最短的队伍获胜。

(3)参赛队员必须保持比赛全程在指压板赛道上,犯规则取消比赛成绩。

(4)除了规定无须击掌外,队员之间的接力必须采取击掌的形式,犯规则取消比赛成绩。

【闯关细则】

(1) 跨栏:第一名队员从起点出发,跨过两个大积木栏杆到达第二关接力点。行进途中如果碰倒大积木,每次罚加 1 秒。

(2) 双人跳绳:第一名队员到达第二关接力点后,与第二名队员共同完成双人跳绳(除非规定无须击掌),累计跳成功 10 次即可通关。绳子完成一圈转动视为成功一次。

(3) 重量挑战:第二名队员完成双人跳绳后行进至第三关接力点,与第三名队员会合(除非规定无须击掌),第三名队员背起第二名队员继续向前,行进途中第二名队员不得接触地面,每接触地面一次罚加 2 秒。

(4) 匍匐前进:第三名队员背着第二名队员到达第四关接力点,与第四名队员会合,第三名队员与第四名队员击掌接力,第四名队员通过匍匐前进的方式通过障碍。

(5) 鱼跃龙门:第四名队员过关后到达第五关接力点,与第五名队员会合,第四名队员与第五名队员击掌接力,第五名队员抱起篮球通过两个龙门障碍,行进途中如果碰倒龙门,每碰倒一次罚加 2 秒。

(6) 投篮:第五名队员到达第六关接力点后,将篮球交给第六名队员(除非规定无须击掌),第六名队员接到篮球后进行投篮,投进篮框即完成比赛,投不进须捡球回到规定投篮点再进行投篮(其他队员及观众可帮忙捡球),直到将球投进篮框才停止计时。

【更多玩法】

1. 投飞镖

(1) 道具:飞镖盘 5—10 个。

(2) 方法:每队选 1 名队员投飞镖 8 次,60 减去 8 次所投中飞镖盘的环数的剩余数字就是该队在后面要完成的跳绳次数。投飞镖结束后,从指压板上跑到下一关接力点。

2. 跳绳

(1) 道具:跳绳 3—5 根。

(2) 方法:队员到达跳绳区后开始跳绳,跳完后迅速跑到下一个比赛区参加下一轮比赛。

3. 背部行走

方法:队员到达该比赛区后,面部朝上平躺在指压板上,从通道起点处挪动到终点位置,到达后,迅速跑到下一个比赛区参加下一轮比赛。

4. 推车

方法:此轮比赛需要两名队员配合进行,一人在前,双手接触指压板,另一人在后,双手抬起前边人的双脚。两人从赛道的一端走到另一端,到达下一个比赛区。

5. 猪八戒背媳妇

方法:此轮比赛需要两名队员,通常是一男一女,男队员背起女队员,从赛道的起点跑到终点。

6. 叠罗汉

方法:此轮比赛需要 8 名队员参加,随机抽取 1 个 0—8 之间的数字,抽到的数字是

8名队员总共可以和指压板接触的脚的数量,其他脚不可以碰到指压板。根据抽到的数字完成挑战任务,坚持15秒算过关。

【引导分享】

(1)建立共同目标,培养双赢及多赢意识。

(2)明白团队协作对完成任务的重要性。

(3)提高团队整体的凝聚力和向心力,提高队员对团队的认同感、归属感和信任感。

第九章 水上项目

▶▶ 一、户外漂流(图9-1)

图 9-1　户外漂流

【项目类型】

个人参与、户外水上拓展训练。

【场地器材】

场地:漂流景区。

器材:橡皮筏、救生衣、船桨、水上运动头盔、漂流手套、救生绳、水枪、水瓢等。

【人员要求】

6人以上。

【时间要求】

2~3小时。

【项目目标】

(1) 使学生在紧张与放松相结合的活动中释放压力、缓解精神疲劳。

(2) 通过与大自然的接触,培养学生坚毅的品质及克服困难的勇气与信心。

(3) 通过活动增强团队成员间的交流与沟通,促进融洽的人际关系。

（4）同舟共济的活动有利于学生间建立良好的支持体系。

【项目布课】

（1）在教师和安保人员的指导下进行漂流。

（2）训练指导与实施内容如下。

① 准备及检查器材。

② 检查学生着装。

③ 讲解规则及安全事项。

④ 自由组合，每组2—5人。

⑤ 每组配1只橡皮筏、1个水瓢、1杆水枪，每人配1个船桨、1个水上运动头盔、1件救生衣、1根救生绳。

（3）教师宣读项目规则和注意事项。

① 出发前检查装备的安全性。

② 戴好头盔、穿好救生衣之后才可下水。

③ 漂流过程中，学生不得下水游泳。

④ 掌握正确的操桨技术、划出漩涡的技术及在水流落差较大的地段保持身体平衡的技术。

⑤ 各组之间可以打水仗，也可以进行比赛，比赛以先到达目的地为胜利。各组之间应本着相互帮助的原则进行比赛，特别是有学生落水时不得旁观，应及时找相关人员营救。

⑥ 教师和相关辅助人员监控整个过程，避免事故发生。

⑦ 在漩涡比较大、水流落差比较大及人员比较集中的地段更应注意安全。身体有外伤、心功能不健全和年龄较大的人员要慎重选择漂流的等级。

⑧ 尽量穿拖鞋，不要穿运动鞋和皮鞋。着装要轻便，可在防水背包内放一套干净的衣服备用。

⑨ 戴眼镜的学生要固定眼镜，以免其脱落。

▶▶ 二、赛龙舟（图9-2）

图9-2 赛龙舟

【项目概述】

赛龙舟又称龙舟竞渡、划龙船、龙船赛会等,是一种具有浓郁民俗文化色彩的群众性娱乐项目,也是一种有利于增强人的体质,培养人勇往直前、坚毅果敢精神的水上项目。

【项目规则】

每队 10 名成员,分别是 1 名舵手、1 名鼓手、8 名划手,在队员的共同努力下将龙舟划向终点所花时间最少的队伍胜出。

【项目目标】

(1)学会合理利用资源,掌握良好的沟通技巧。

(2)体会组织分工和协作的重要性,体会团队的成功来自每一位成员。

(3)增强学生的整体荣誉感,增强团队的凝聚力。

(4)培养学生的决策和统筹意识,增强密切合作的团队精神。

(5)体会共同参与和充分发挥个人特长的重要作用。

三、水上圆桶木(图 9-3)

图 9-3 水上圆桶木

【项目类型】

素质拓展训练、个人挑战、户外水上拓展训练。

【项目概述】

本项目中排成一列的圆桶组成的桥横跨河面,学生需要完成的任务是踩在圆桶上走过桥面到达河对岸。

【场地器材】

场地:专业户外水上拓展场地。

器材:专业水上圆桶。

【人员要求】

多人参与。

【时间要求】

60~90分钟。

【项目目标】

（1）培养团队精神。

（2）培养竞争意识。

【注意事项】

（1）注意做好保护措施。

（2）项目开始前做好对学生身体的检查。

四、皮划艇接力赛（图9-4）

图9-4　皮划艇接力赛

【项目类型】

水上运动会、团队协作。

【项目概述】

全队成员参与，2—3人合力划一艘皮划艇。在规定的时间内，全队成员通过接力的方式完成100米往返的挑战，中途有成员落水，必须从起点处重新开始，最终用时最短的队伍获胜。该项目主要利用水上环境来模拟人处于陌生环境。

【场地器材】

场地：游泳池（长度为50米即可）。

器材：皮划艇、救生衣、救生圈。

【人员要求】

多人参与。

【时间要求】

90 分钟（项目布课 20 分钟,项目挑战 40 分钟,引导分享 30 分钟）。

【注意事项】

教师须密切关注学生的行为,若有不合规的地方须及时提醒。

五、扎筏

【项目概述】

扎筏也叫扎筏泅渡,是一个团队协作项目,活动中需要团队成员共同努力建造一个可以承载全队成员的竹筏,同舟共济,开创未来。

【场地器材】

场地:足够大的自然水面,选择的堤岸须坚硬、平坦、开阔,避免湿滑、蚊虫过多和有草的水域,气温在 20℃～35℃ 之间,水温最好在 15℃ 以上,暑天避免在烈日下做此活动。

器材:在人工游泳池中最好穿适合游泳的服装;大纯净水水桶 6 只或高约 80 厘米、直径约 50 厘米的大塑料圆桶 6 只;长约 4 米、直径约 10 厘米的毛竹 4 根;长约 2 米、直径约 6 厘米的毛竹 5 根;直径 0.5～1 厘米、长约 6 米的长绳 6 根,长约 2.5 米的短绳 8 根;船桨 6 把;救生衣每人 1 件;备用救生圈、绳索（一端系好漂浮物）、长竹竿、浮板若干。

【人员要求】

14 人左右。

【时间要求】

120 分钟（项目布课 10 分钟,项目挑战 90 分钟,引导分享 20 分钟）。

【项目目标】

（1）培养团队的决策能力与团队成员的动手能力。

（2）提高学生的学习兴趣及协作能力。

（3）增强团队的凝聚力。

（4）使学生理解工作绩效的产出标准,包括安全性、实用性和经济性。

【项目布课】

（1）扎筏项目对不会游泳的人更具挑战性。

（2）团队成员一起在 90 分钟内使用提供的器材扎一个能容纳全队成员的竹筏。

（3）全队成员一同划竹筏到指定地点拿取"羊皮书",然后返回起点交上"羊皮书"为完成任务。

（4）团队绩效考评依据为竹筏质量、完成时间等指标。

（5）活动前后必须将所有器材分别清点一次。

（6）搬运器材时一定要轻拿轻放,不要让器材碰伤队友。

（7）活动开始前,所有学生必须按规定穿好救生衣,特别注意系好救生衣腰带。

（8）禁止在划竹筏的过程中跳离竹筏游泳,不得在竹筏上嬉闹。

【安全监控】

（1）分析全体学生的身体状况，了解不会游泳的学生人数，据此确认是否需要另外安排救生员。

（2）要检查好救生衣的状况。学生扎竹筏时，教师全程跟随观察。

（3）提醒学生在扎竹筏过程中不要被竹子刺到或被绳子伤到。

（4）教师必须穿游泳裤，并且随时做好救援准备。

（5）竹筏散落时，必须保持冷静，注意观察，重点监控不会游泳学生的位置，出现紧急情况，立刻进行器材救援或直接入水救援。

（6）出发和返回时必须清点人数，非本队学生不得参与此项活动。

（7）根据水情指导学生学习自救的方法，如在有水草的地方竹筏散落时的应急方法。

（8）告知学生一旦竹筏散落，不要惊慌失措，尤其不要大喊大叫，可以举手或迅速抓住散落竹竿，如果教师离得不远并在浅水区，首先将手中的竹竿伸到落水学生手臂下，帮助其站立，然后迅速观察其他学生并进行救助；如果竹筏倾翻，要求会游泳的学生尽量帮助不会游泳的同学将手搭到竹筏的竹竿上，学生间不要互相蹬踩，不要无目的地拉拽，不论在什么情况下保持冷静都是非常重要的。教师不要轻易下水，否则会失去观察全局的机会，只有救援目标较少且没有其他人能够施救时才迅速跨入水中游向救援目标。

（9）注意保持竹筏的承重平衡，开始与停靠时学生尽量站在竹筏的中部。

（10）提醒学生注意竹刺扎脚，脚尽量不要与竹竿平行站立，防止竹竿夹脚。

（11）学生因身体原因不适合入水时，可以不参加划竹筏环节的活动。

【项目控制】

（1）项目布置阶段。

① 确认器材的安全性（特别是救生衣）。

② 找出学生中不会游泳的人，多做鼓励；教授落水屏息方法，手臂上举后要下压至侧平举，不要急起急落；告诉学生穿救生衣后完全可以漂在水面上，以消除学生的心理压力。

③ 讲解要清楚，接受学生提问，确保学生了解任务要求。

④ 讲解清楚安全要求，确保学生理解，可以适当提问并要求学生重复。

⑤ 强调团队合作，强调入水后对竹筏牢固性的检查。

⑥ 消除学生急于求成的心理，提醒学生重点是完成全员往返任务，而不是一味追求速度。

（2）项目挑战阶段。

① 教师在活动过程中关注学生的行动并做好记录，必要时进行时间控制和技术指导。

② 适当提示学生在无法制订出确切方案时，可以动手做多种尝试，不要在讨论上占用太多时间。

③ 对扎竹筏要有必要的质量要求和检查手段，可进行简单的结绳技术指导。

④ 竹筏下水后散落，如有剩余时间，组织再次扎筏，不要轻言放弃。

⑤ 出现安全隐患和学生违反安全规则的行为,及时予以制止。
⑥ 注意培养学生的团队精神,要求每个学生自始至终保持对活动的参与。

【引导分享】
（1）学生上岸后及时、迅速整理衣着,并组织分享。
（2）提示每个学生都对本队的任务完成过程进行回顾,做出相应的简短评价。
（3）队长对本项目及自己在本次活动中的领导表现进行回顾,总结成败的经验教训。
（4）学生可对其他人的表现发表自己的看法。
（5）对表现特别好的学生应该给予更多的鼓励。

【重点细节】
（1）没有游泳救生员证书和水上救生技能的教师不得负责此项活动。
（2）不要在多次出现溺水事故的水域组织此项活动。
（3）学生必须摘掉手表,不要将手机带在身上。
（4）教师讲解划桨技术:直行要求桨朝前,必要时做少量调整,保持正对波浪;左转要求左侧桨向后,右侧桨向前;右转要求右侧桨向后,左侧桨向前。

【同类项目】
羊皮筏、牛皮筏和轮胎船。

第十章 主题项目

▶▶ 一、团队赛车

【项目类型】

主题团建。

【项目概述】

团队赛车是一个团队协作类的主题项目,各团队通过集体的智慧利用最基础的器材在 2 小时内制作出一辆完整的 F1 方程式赛车,赛车手坐上该辆赛车完成赛车比赛。

【人员要求】

20—300 人。

【时间要求】

3 小时左右。

【项目器材】

车轮、车轴、瓦楞纸。

【项目目标】

(1) 完美呈现一个项目从策划到实施再到收获的全过程,让学生感受各个环节密切衔接的重要性。

(2) 营造良好的团队合作氛围,使团队成员在合作共赢的氛围中增进彼此感情。

(3) 体验 F1 赛车团队间默契配合的精神,学习如何与团队成员进行合作。

(4) 培养严谨、负责的心态。

【项目布课】

F1 方程式赛车是根据真实的 F1 赛车改造而成的。一场 F1 绝不是依靠一个赛车手完成的,它需要整个团队的协同合作。团队赛车项目从详细施工计划的制订,到各个环节的完美结合,无不展现了人类力量与机械力量的同步。最后,在精彩的 F1 赛场上,各团队竭尽所能地呈现一场 F1 的视觉盛宴,能让团队激情在此刻燃烧。

1. 人员安排

(1) 总设计师 1 名,负责总体设计和协调,一般由队长担任。

(2) 赛车手 1 名,负责坐上赛车参加比赛。

(3) 安全管理员 1 名,负责监控现场安全,用剪刀、钢锯等工具时必须戴手套。

(4) 5S 管理员 1 名,负责监控现场卫生。

(5) 车架设计师 1 名(下属 2—4 人),负责车架的设计,使车架更牢固。

(6) 车身设计师 1 名(下属 3—6 人),负责车身的设计,使车身更美观。

(7) 驱动工程师 2 名,负责赛车动力系统的设计,比赛时驱动赛车。

(8) 女性车模 2 名,要求男学生扮演,并展示出女性的基本特征(可以提示一下气球的用途)。

2. 赛车规格要求

(1) 车宽不小于 0.8 米。

(2) 车长不小于 1.4 米。

3. 比赛环节

(1) 美观评比:被评比组的总设计师就赛车的性能、寓意和美观进行解说,其他组的总设计师和教师进行评分(1~10 分)。

(2) 车模评比:在被评比赛车附近展示车模 T 台秀,其他组的总设计师和教师进行评分(1~10 分)。

(3) 赛车比赛:各赛车到起点,啦啦队就位,赛车一起赛跑一段距离,根据用时长短确定分数(1~10 分)。

【注意事项】

(1) 此项目的操作时间较长,教师要注意观察现场进度,把控好时间。

(2) 教师要注意观察现场安全情况,提醒使用剪刀、钢锯等工具的学生戴上手套。

(3) 比赛时一定要提醒赛车手抓住车上牢固的地方,如底盘。

【项目延伸】

本项目用时为 3 小时左右,建议在上午或下午用半天时间完成,每组 15—20 人,如果没有专业教师主控,会有一定的安全隐患,请谨慎操作。赛车比赛环节要注意安全,在地面平坦、阻力较小的情况下,可采用 S 形 + 直线的路线。

二、超级过山车

【项目类型】

主题团建。

【项目概述】

超级过山车是一个团队协作搭建类的主题团建项目,每个组在组长的带领下,在指定的位置根据规定设计建造过山车轨道,最后共同搭建一个过山车系统,并在仅靠地心引力的情况下,成功将篮球从轨道起点传送到终点。

【人员要求】

20—300 人。

【时间要求】

60～120 分钟。

【项目器材】

管材、篮球、剪刀。

【项目目标】

(1) 激发学生的创造性思维。

(2) 学习建立高效能团队,通过培训提高团队协作能力及解决问题的沟通能力。

(3) 帮助学生掌握时间管理技能,通过培训全方面提高学生的执行力。

【项目布课】

1. 搭建环节

按要求搭建本组的那一部分过山车轨道,并用篮球模拟能否从最高处运行到最低处。篮球中途不可以跃出轨道,需要在轨道上成功运行 3 次以上。

下面以 4 组为例介绍每组的具体任务。

(1) 第一组任务。

高度差:1.2～1.6 米。

长度:至少 5 米。

难度要求:需要完成一个纵向的 S 弯。

(2) 第二组任务。

高度差:0.9～1.2 米。

长度:至少 5 米。

难度要求:需要完成一个 U 形的转弯。

(3) 第三组任务。

高度差:0.6～0.9 米。

长度:至少 5 米。

难度要求:需要完成一个横向的 S 弯。

(4) 第四组任务。

高度差:0.3～0.6 米。

长度:至少 5 米。

难度要求:需要完成一个最后扎爆气球的装置。

2. 展示环节

(1) 每组用卷轴手绘一个愿景图(可以是对公司或小组的祝福),挂在自己搭建的那段过山车轨道上,并在展示环节派出一位代表来解说愿景图、过山车轨道的建造过程及本组的优点。

(2）用气球装饰和美化自己搭建的那一部分过山车轨道。

3．对接环节

所有组把搭建好的过山车轨道拼接在一起，完成一个巨大的过山车轨道系统。让篮球从最高点出发，顺利通过过山车轨道系统，最后在终点触动扎爆气球的装置，扎爆气球。

【注意事项】

（1）以 15 人一组为例，每组又可分为：搭建组 5—8 人、绘画组 2—4 人、装饰组 2—4 人、机关组 2—4 人。

（2）在搭建组数量很多的情况下，可以先在地面上做好标记，每组直接在标记的位置上搭建，以减少后期搬移工作。

（3）提醒使用工具的学生戴上手套，注意安全。

【项目延伸】

可根据实际情况灵活应变，组数如果超过 5，建议在过山车轨道系统中设计机关或触发装置。

三、共绘蓝图

【项目类型】

主题团建。

【项目器材】

画布、颜料、画笔。

【人员要求】

20—300 人。

【时间要求】

60～120 分钟。

【项目目标】

（1）激发学生的创造性思维。

（2）提高团队协作能力及解决问题的沟通能力。

（3）感受团队共同努力完成一件事情的喜悦。

【项目任务】

在秘鲁西南沿海有一片广袤的原野，人称"纳斯卡荒原"。在这片辽阔的原野上，有一个令人难以理解的奇迹：每当旭日东升之时，登上纳斯卡山巅，一幅美丽奇异的巨大图画便呈现在你面前；但太阳升高之后，这些巨画便消失了。原来，是古代的艺术家利用了光原理对巨画的布局设计做出了精确的计算。现以"纳斯卡巨画"为题材，设计一个大型体验式课程——纳斯卡巨画，也叫共绘蓝图。纳斯卡巨画是依靠团队进行作画的主题团建项目。

团队的任务是共同创作一幅巨大的画。这幅画需要团队所有成员分工合作，每个组根据小样完成指定画作的创作，协调好颜色的搭配，最后拼接到一起成为一幅完整的画。

【项目布课】

1. 绘画环节

下面以将 80 人分为 5 个大组,每个大组再分为 4 个小组为例介绍绘画环节。

(1) 外联组:负责相邻组画作轮廓的位置及画布最后的拼接(3—4 人)。

(2) 调色组:负责协助教师调出本组需要的颜色(2—3 人)。

(3) 绘画组:负责作品轮廓的勾勒及颜色的填充(4—10 人)。

(4) 后勤组:负责原材料的整合及其他辅助工作(2—4 人)。

2. 对接环节

以 5 个大组为例,首先确定中间位置(一般位于舞台中央),然后第三组放画布,接着第二组和第四组放,最后第一组和第五组放。

【注意事项】

(1) 关于画布:人均 0.8～1.2 平方米为宜,人数较多时,人均面积可以稍微小一点。关于画布选择横切还是竖切,根据画的内容确定。尽可能保证每组工作量差不多。

(2) 关于轮廓:常规成人团建,不建议打印轮廓,除非时间太短,或为了拍照效果,可以打印轮廓。五年级及以下学生团建,建议打印轮廓,不然很难出效果。

(3) 关于颜料:建议放在一个公共区域,每组安排调色组人员过来调色。以每瓶 100 毫升的水粉颜料为例,预估每种颜色的面积,1 平方米配 1 瓶颜料。颜料须兑水 50 毫升,每种颜色的颜料多备一些,但要防止浪费;另外,备 2 瓶白色颜料,用于涂改画错的地方。

【项目延伸】

人数超过 200 人时,可以选 1 名总指挥协助教师把控全场。画的内容不仅限于指定的图片,团队成员也可以根据自己的需求进行创作,如加上公司 Logo、团队口号等。

四、团队多米诺

【项目类型】

主题团建。

【项目器材】

多米诺骨牌(也称骨牌)。

【人员要求】

20—300 人。

【时间要求】

60～120 分钟。

【项目目标】

(1) 培养学生强烈的责任感和永不气馁、勇于挑战的精神。

(2) 培养学生坚强的意志,最大限度地发扬团队精神。

(3) 使学生明白整体与部分的关系。

【项目任务】

学生的任务是按照图纸所示图案的要求,集体策划,有序分工,精心将骨牌按一定间距码放成行。然后启动第一张骨牌,其余的骨牌能产生连锁反应,依次展开,形成一幅壮丽的画面。

【项目布课】

(1) 启动第一张骨牌后,其余的骨牌能全部展开。

(2) 每组完成组内任务后要与主系统连接成一个整体。

(3) 可按照图纸所示图案的要求摆放,也可自由发挥。

【注意事项】

(1) 前期对时间的把控要紧一些,因为在即将竣工的瞬间,往往是"灾难"的开始,后期会耗时很多,教师注意提醒大家做好时间管理。

(2) 对于年龄稍大或体胖者较多的队伍,可以准备泡沫坐垫以降低工作难度。

(3) 酌情准备粉笔或地板胶带,以备划分区域之用。

(4) 鼓励学生以新颖的方式推倒第一张骨牌。

【项目延伸】

多米诺骨牌效应是指在一个存在内部联系的体系中,一个很小的初始能量就可能导致一连串的连锁反应。团队多米诺项目最后的效果呈现非常壮观,可以分享的点也很多。不要畏惧失败,细节决定成败,起初或许只能引起察觉不到的微变,但通过连锁反应最终可能导致翻天覆地的变化。

附:示例

胸怀千秋伟业,恰是百年风华。2021 年是我国建党 100 周年,以此为背景(以 50 人党建活动分 3 组为例),可安排如下任务。

第一组任务:

(1) 完成"1921"骨牌摆放。

(2) 控制好间距,完成党旗摆放。

(3) 完成本区域白色引牌摆放,并完成与第二组的衔接。

第二组任务:

(1) 完成"2021"骨牌摆放。

(2) 控制好间距,完成红色主题骨牌摆放。

(3) 完成本区域白色引牌摆放,并完成与第一组的衔接。

第三组任务:

(1) 完成本区域白色引牌摆放,并完成与主系统的衔接。

(2) 用给到的彩色骨牌进行一个创意设计,要求骨牌数不能低于 300 张。

五、沙漠掘金

【项目类型】

主题团建。

【人员要求】

20—50 人。

【时间要求】

120～180 分钟。

【项目器材】

沙漠掘金道具 1 套,包括道具箱与其中的代金币、卡片、进程表、结算表、报价单、采购单、天气情况消耗表、助教工作参考表、羊皮卷、羊皮卷进程 PPT、天气变化 PPT 等。

【项目目标】

(1) 使全体参训人员深刻感知群体决策对组织发展的重要意义,转变决策观念与行为,认真学习群体决策的方法和技巧。

① 了解个体决策和群体决策。

② 了解个体决策与群体决策的优劣。

③ 了解决策方法的选择与实施。

④ 了解群体决策中领导的决定性作用。

(2) 使全体参训人员深刻理解执行力的重要性,把执行的观念、精神及修正的行为贯彻到实际工作中。

① 明白执行的前提是有切合实际的决策方案。

② 明白执行是一种态度,是自发的行为。

③ 明白执行文化是企业管理者义不容辞的责任。

④ 学习把执行的理念制度化。

【项目任务】

19 世纪初,有人在某国人迹罕至的沙漠意外地发现了一座储量丰富的金矿,并把这个地方取名为宝山。消息传出后,很多人组成了掘金队,他们来自不同的国度,目的只有一个,就是挖到尽可能多的金块。掘金队来到这一区域后发现,这一区域是一个地形复杂、气候恶劣的沙漠区域,要到达宝山,必须穿过一片大沙漠,而且从那一刻开始还有 25 天此地就要进入冬季,在冬季没有人可以在沙漠中存活,因此他们必须在 25 天内走出沙漠,否则将被困死在沙漠里。假如你们是众多掘金队里的一支队伍,尽管对可能发生的困难和险阻有充分的考虑和预见,但是摆脱贫困,成为家乡人人羡慕的"万元户",是你们矢志不渝的人生理想,因此你们下定决心,一定要挖最多的金块回来,成为众多掘金队中获得收益最多的一队。

你们的任务是:利用所拥有的资源及团队的聪明才智,在 25 天内,从大本营出发到宝山挖掘尽可能多的金块再返回大本营,在 25 天内回到大本营且获得收益最多的掘金队为冠军队。

【项目布课】

1. 物品明细

沙漠边缘有一个热闹的小镇,你们需要在这里为进入沙漠做好充分的准备,因为没有充分的准备,不但挖不到金块,还会命丧沙漠。

每队的物品明细为:羊皮卷(地图)1 幅、培训专用筹码 1 000 元、载重卡 1 000 千克、订购单 1 张、明细表 1 张、进程表 1 张、预算表 1 张、笔 1 支、团队收益表 1 张、物品价格单 1 张、物品消耗表 1 张。

2. 地理位置和天气情况

请大家拿出羊皮卷来对照。

(1) 大本营:可以买到食物、水和其他你们认为需要的物品,如指南针和帐篷。风和日丽,几乎都是晴好天气。

(2) 村庄:只可以买到食物和水,但价格比大本营贵 1 倍。大部分时间是晴好天气。

(3) 沙漠:什么也买不到。天气时好时坏,基本上有四种天气,分别是晴天、沙尘暴、高温、高温加沙尘暴。小镇上有一个天气预报中心,每天都会发布一个基本准确的沙漠地区各地的天气预报。

(4) 绿洲:可无偿取水。天气时好时坏。

(5) 王陵:什么也买不到且阴森恐怖。天气变幻莫测。

(6) 宝山:黄金储藏地,到达宝山的第二天就可以挖到 1 块黄金。绝大多数是晴好天气。

3. 四种天气情况可能引起的后果

(1) 如果到达地是晴天,此日每队要消耗 1 份食物、1 份水。

(2) 如果到达地是高温天气,此日每队要消耗 1 份食物、3 份水。

(3) 如果到达地是沙尘暴天气,全队将连续迷失 3 天,每天消耗 5 份食物、2 份水。如果使用了指南针,全队可避免迷失 3 天,但会消耗 5 份食物、2 份水。如果使用了帐篷,全队也可避免迷失 3 天,但只消耗 1 份食物、1 份水。

(4) 如果到达地是高温加沙尘暴天气,全队将连续迷失 3 天,每天消耗 5 份食物、4 份水。如果使用了指南针,全队可避免迷失 3 天,但会消耗 5 份食物、4 份水。如果使用了帐篷,全队也可避免迷失 3 天,但只消耗 1 份食物、3 份水。

4. 生存与安全防护物品

(1) 水。保证路途中的生存,在大本营和村庄里都可以买到。在大本营,价格为 25 元一份,每份重 50 千克;在村庄,同样重量的水价格是大本营的 2 倍,即每份 50 元;在绿洲,只要负重够就可以无偿取水,没有限制。

(2) 食物。保证路途中的生存,在大本营和村庄里都可以买到。在大本营,价格为

10元一份,每份重10千克;在村庄,同样重量的食物价格是大本营的2倍,即每份20元。

(3) 帐篷。保证路途中的安全,可防沙尘暴,避免在沙尘暴天气迷路。帐篷只在大本营售卖,价格为400元一个,每个重60千克,1个帐篷可使用3次。为了便于计算,1个帐篷由3张卡片组成,每使用1次,交易中心收回1张,收完3张,返载重卡60千克。

(4) 指南针。保证路途中的安全,可防沙尘暴,避免在沙尘暴天气迷路。指南针只在大本营售卖,价格为100元一个,每个重10千克。

5. 关于向导

掘金队可以寻找向导,但据了解,当地的百姓很少有人走进过沙漠,因此绝大多数人不了解沙漠里的情况。但有一个被称为沙漠老怪的人,有人说他是个智者,也有人说他是个疯子,据说他曾经在沙漠里生活了大半辈子,对沙漠里的各种情况了如指掌。可是,由于他年事已高,已卧床不起,说话也很费劲,只能做出肯定或否定的回答。掘金队可以向这位沙漠老怪了解沙漠里的一些情况,但想让他回答提出的问题,必须在大本营里陪他一天,并且陪一天只回答一个问题,想要知道另外一件事情,必须再陪一天。

6. 黄金价值及最终收益

到达宝山的第二天才可以挖掘金块,且每天只能挖1块。每个金块重50千克,每千克金块值100元。第一支返回大本营的队伍获得的收益为:金块数量×50千克×100元×100%+剩余钱币;第二支返回大本营的队伍获得的收益为:金块数量×50千克×100元×90%+剩余钱币;第三支返回大本营的队伍获得的收益为:金块数量×50千克×100元×85%+剩余钱币;以此类推。

注意:在整个游戏过程中,挖到的金块是不可以用来购物的。

7. 各队拥有的资源

(1) 启动资金:1 000元。

(2) 载重能力:每队1 000千克。例如,如果你购买了1份重50千克的水,你就要把50千克的载重卡交给交易中心,此时你手里就只有950千克的载重卡和1份水,加起来还是1 000千克。

8. 行动规则介绍

(1) 地图上每个格子代表一天的路程,每天只可以在地图上移动一格,且只能移动到相邻的格子中。

(2) 队伍出发前有30分钟的决策和准备时间,时间结束但没有完成决策的队伍需要在大本营停留1天。

(3) 各队每天的讨论时间不能超过5分钟,时间结束但没有行动的队伍需要在原地停留1天。

(4) 各队每天在原地收听天气预报,然后决定去向。

(5) 只有骆驼骑士可以到交易中心交易。

(6) 严禁各队之间进行任何交易,也不允许扔掉多买的水和食物。

9. 交易中心

交易中心设在会议室的侧面,桌前设有一米线,助教在此办理交易。前来交易的各队骆驼骑士排队进行交易,交易时间只有 10 分钟(如果达到 6 个队及以上,可以适当延长时间至 15~20 分钟)。时间结束但没来得及交易的队伍终止交易,且须在大本营停留一天。

(1)把你想要的物品填写在订购单上,拿到交易中心,然后把相应金额的筹码和载重卡交给交易中心的工作人员,就可以买回你想要的物品。

(2)各队每天都要把消耗的物品交到交易中心,并换回载重卡。

(3)各队在宝山每停留一天,就要用 50 千克的载重卡在交易中心换 1 块黄金。

10. 决策和交易过程

(1)所有的情况都已经向大家做了详尽的介绍(介绍务必清晰、流畅,注意控制语速,介绍完后务必留一点时间让大家提问),接下来请各队在队长的带领下进行 30 分钟的决策,即制定目标和行动计划,规则是:目标和行动计划必须是所有人一致同意的,如果有人观点不一样,教师和队员应想办法用事实和道理进行说服,严禁一开始就使用少数服从多数的方法。

(2)开始计时后最好在大屏幕上显示倒计时,并每 10 分钟提醒一次所剩时间。

(3)如果有队伍希望留在大本营从沙漠老怪那里获得信息,教师可扮演沙漠老怪,并将此人带至僻静处回答问题。注意沙漠老怪只做肯定或否定的回答,如果问对了问题,请将写有相关秘密的纸条交给提问者,并嘱咐其保密。

(4)流程控制。

① 控点 1:严格按照时间限制进行操作,这样做有两个原因:一个是无法在规定时间内完成任务一定是有原因的,这些原因在引导分享和布课阶段是非常有用的信息;另一个是如果没有按规定时间进行,决策快的团队就会有意见,培训效果会打折扣。

② 控点 2:记录下向沙漠老怪询问问题的队伍,并告知其不得与其他队伍进行信息交换。

③ 控点 3:助教做好随时交易的准备。

11. 掘金过程

(1)每天天气预报结束后,如果只有 2—3 个队伍,讨论时间只有 3 分钟,如果队伍过多,讨论时间可以增加至 5 分钟。

(2)教师注意控制时间,时间一到,所有交易停止。

(3)无论各队做出何种决定,骆驼骑士都要到交易中心交易,交易完成后,在交易名单上签名,证明无误。签字后,无论出现什么问题,都由骆驼骑士自己负责。

(4)交易完成后,骆驼骑士在大地图上走到下一天所处位置。

【注意事项】

(1)严格按照时间操作,防止学生因教师不按规则操作而不满,并由此导致矛盾与冲突。

(2)助教在交易过程中,要求各队前来交易的骆驼骑士排队进行交易,一个人在交易时,其余人都要站在一米线之外。

(3)助教在交易过程中务必细心,算清每笔交易,完成后务必请骆驼骑士签字。

(4)教师在确认所有队完成交易后,再发布明天的天气预报,并开始计时。

(5)如果某队因计划不周而"牺牲",及时制止其他队对他们的嘲笑。如果某队在项目前期就"牺牲"了,可以给他们补充物资,让他们继续参与,但是该队不参与总名次角逐。

【项目延伸】

(1)掘金行动完成之后,助教要快速完成各队分数的统计,收回所有物品并做好登记。

(2)公布收益名次,如果有投影屏幕,可以将收益名次展示在屏幕上。

▶▶ 六、疯狂市场(图10-1)

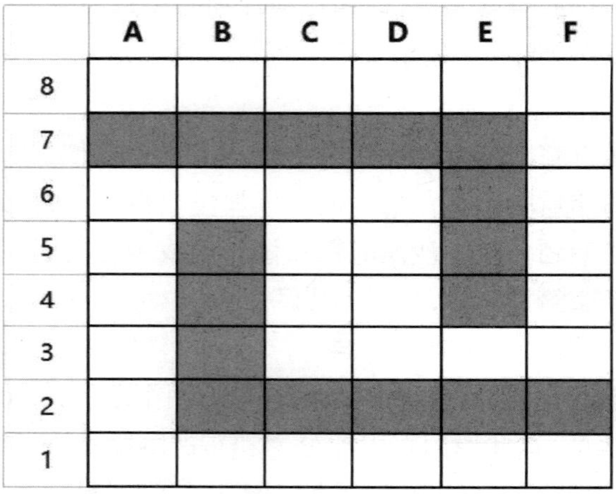

图 10-1 疯狂市场

【项目类别】

团队合作。

【人员要求】

4—6人一组,若干小组。

【时间要求】

100分钟(项目布课10分钟,项目挑战45分钟,引导分享45分钟)。

【项目器材】

雷阵图1张,相对独立的空间2个,拓展货币80 000元(1 000元、500元、100元、50元、20元、10元面值不等),资料卡9张,资料袋9个。

【项目目标】

(1)训练学生树立双赢理念。

(2)使学生面对市场变化时,学会适应而不是抱怨。

(3)训练学生及时准确地把握信息,突破思维定式,通过团队计划协调、提高团队生产力,创建整体赢利意识。

【项目布课】

(1) 40—60 名学生在 A 房间被分为 8 个小组,每个小组创建一个公司,并为公司取名字(名字各不相同),模拟在一个自由竞争的市场做生意,赚钱最多的公司获胜。

(2) 第一个通过放置在 B 房间的雷阵的小组可以获得 20 000 元奖金,第二名可以获得 10 000 元,第三名可以获得 6 000 元。

(3) 从 A 房间到 B 房间需要付费,每次费用随着市场的变化而变化。

(4) 在项目进行过程中,有许多赚钱的机会需要学生自己去发现,并在这个过程中不断尝试、创新以寻求最佳的方法。

(5) 负责迷宫的教师不回答任何问题,负责市场大门的教师负责撒钱。

(6) 学生只能从进口进,从出口出,一次只能走相邻的一格。根据教师的口令行进,口令有两种:"请继续"和"有雷请返回"。

(7) 组织进入市场的方式有明标竞价、暗标竞价、无息贷款、商业贷款(利率竞标)等。

【项目控制】

(1) 根据以往的培训经验,学生的表现是多种多样的,有时几个小组联合起来共享信息,合作赚钱;有的小组单打独斗,自己闷头赚钱,但一直很难获得最佳收益;有的小组采用贩卖虚假信息、投机取巧的方式获得收益,最终丧失了商业信誉,被市场摒弃,得不偿失;有的小组缺少统一的策略和有效的方法,在项目结束时的结算中发现公司账上的钱还不足进入市场时的3 000 元。迄今为止,我们还没有在培训中发现 8 个小组联合起来,在最短的时间内得到最准确的信息,以获取共同胜利的案例。

(2) 疯狂市场这个项目能够带给每个参训者强烈的震撼和深刻的思考,并能够在引导分享的过程中全方位提高全体参训者的认知水平。

【引导分享】

(1) 面对双赢和多赢的意识,如何与其他队伍进行多方面的合作?在本项目的操作中,如何进行信息交换?如何进行资金联合和联合竞标且不会出现恶性竞争?

(2) 合作但不排斥竞争,如何以最小的代价获得最大的利益是每个公司的追求。但是,如何竞争?以什么样的方式竞争?什么时候竞争?是杀敌一千,自伤八百,还是以最小的代价获得最大的收益?如何尽量避免无谓的成本,或者用尽量理性的方式来诱导整个市场的理性化?竞争在思路、信息、速度和价格方面直接影响公司的收益。

(3) 市场是不断发展前进的,面对飞速变化的市场环境,如何采取有效的手段抓住机会?

(4) 合理地运用信息创造价值,时间差也能创造价值。

(5) 如何在纷繁复杂的环境中突破思维定式,勇于创新,捕捉市场动向,发现新的利润增长点?

(6) 最容易忽视的资源往往是创造利润的最有效的资源。

（7）成本管理与控制。

（8）不断探索，永不轻言放弃。

（9）成功在望，不妨后退一步，不要急于求成。

【角色资料】

（1）政府。

资料袋：任务说明书 1 份，白纸若干张，笔 1 支。

一笔 2 000（500×2+100×5+50×10）元的启动资金。

（2）公司。

资料袋：任务说明书 1 份，资料卡 1 张，空白线路图 1 张，笔 1 支。

一笔 3 000（1 000×1+500×2+100×5+50×10）元的启动资金。

（3）银行。

资料袋：任务说明书 1 张，白纸若干张，笔 1 支。

一笔 5 000 元（1 000×3+500×2+100×5+50×10）元的启动资金。

【各队信息】

一队

安全 B1　E8　D3　A4　C6　D1

危险 E4　B5　B3

二队

安全 A3　F5　C6　D1　F6　D8

危险 C7　B3　E2

三队

安全 A1　C4　F6　D8　C3　F8

危险 B4　E2　F2

四队

安全 C1　B6　C3　F8　D4　B8

危险 E6　F2　E5

五队

安全 F1　C8　D4　B8　A5　F7

危险 A7　E5　C2

六队

安全 E1　A2　A5　F7　D6　F4

危险 D7　C2　E7

七队

安全 A8　D5　D6　F4　E3　F3

危险 B2　E7　B7

八队

安全 A6　C5　E3　F3　D3　A4

危险 D2　B7　B5

本信息卡打印 1 份,复印 1 份。

【政府任务说明书】

(1) 政府主持并管理市场的运营。

(2) 政府的目标:项目结束时,创造活跃健康的市场环境,维持社会安定团结,至少保持收支平衡。

(3) 主持者:主持市场开发活动,管理市场,对外联络。

(4) 管理员:收取并记录市场准入费。

【政府工作流程】

(1) 每 5 分钟一轮,每轮只有一家公司有资格进入市场,每轮缴纳市场开发费最高者获得入场资格。

(2) 方式:书面暗标竞价。

(3) 清算时间:20 分钟。

【银行任务说明书】

(1) 银行进行金融业务活动,存贷款利率由各银行自己制定。

(2) 银行的目标:项目结束时,收回全部贷款,产生最大收益,实现正向现金流。

(3) 经理:策划金融活动,对外联络。

(4) 会计:记账。

(5) 出纳:现金收付。

(6) 保安:银行保卫。

【公司任务说明书】

(1) 公司在市场里做生意赚取奖金,实现最大正向现金流。

(2) CEO(首席执行官):制定企业战略和管理企业。

(3) COO(首席运营官):执行企业业务活动和对外联络。

(4) CFO(首席财务官):记录和执行企业金融活动。

【项目延伸】

本着简单化的原则,将项目操作(包括引导分享)压缩到四分之一天。撤销银行职员和保卫员的角色,除了 CEO、CFO,建议由教师扮演政府人员。如果一定要由学生来扮演政府人员。建议选择有政府工作背景或性格强势的学生来扮演这一角色。设立顾问角色,保证对项目操作的控制。保持对口联系,例如,只有 CEO 才有招投标的发言权。

七、泡泡龙

泡泡龙

【项目类型】

主题团建。

【人员要求】

20—300 人。

【时间要求】

60～120 分钟。

【项目器材】

龙头、气球、绳。

【项目目标】

(1) 让学生感受到团队共创的喜悦。

(2) 使学生通过舞龙动作优化沟通流程。

(3) 使学生感知团队的默契及同伴的另一面。

(4) 培养团队的合作精神,提升团队的凝聚力,增强成员对团队的忠诚度、归属感和荣誉感。

【项目任务】

(1) 通过亲身参与扎龙、绘龙、舞龙的整个过程,让龙的精神与时代的运动气息结合起来,让传统舞龙新奇生动,让团建活动好玩有趣。

(2) 用双手制作出心中最完美且创意十足的泡泡龙,将团队文化、企业文化的精髓融入设计中,用制作出的泡泡龙来参加最后的舞龙争霸赛,上演一场精彩绝伦的龙腾盛世。

【项目布课】

1. 扎制龙身

龙身是由很多气球组成的,团队成员需要将气球吹大并扎紧后放在卡扣上,然后用一根绳将放有气球的卡扣紧密地串起来。队员们只有在每一道工序中都分工明确、细致耐心,才能一气呵成地扎制出龙身。

2. 整体组装

队员们各就各位、各司其职并密切配合,调整气球位置,将扎制成龙身的气球与提供的龙头道具进行组装。

3. 扎制龙珠

竹竿与气球结合,可扎制出龙珠。将吹好并扎紧的气球密集地绑在竹竿上,并让气球环绕于竹竿,龙珠便扎制成功了。

4. 舞龙练习

(1) 各队成员在音乐的指引下,摆舞龙阵型,进行舞龙练习。通过多次舞龙练习,熟记各种变化队形。

（2）执龙珠者的双眼须随时注视龙珠，并环视整体龙队及周围环境的变化，龙珠应不停地旋转。执舞龙身者须随时与前后队员保持一定距离，造出生龙活虎之势。执龙尾者须随时保持龙尾的摆动。

（3）各队在音乐的伴奏下，在规定的时间内完成舞龙动作。舞龙动作分别有：飞龙在天、龙腾虎跃、龙行天下、盘龙云海。

（4）舞龙队形变化多端，执龙珠者必须熟记各种变化队形并具备临场应变的能力，龙尾和龙身须随时摆动。舞龙动作要与动作名称相符，口号响亮、统一，动作整齐，具有震撼力与感染力。

【注意事项】

（1）注意控制整场进度。

（2）练习舞龙动作的时候，教师可以教几个常见的动作。

（3）选用加厚的气球，提醒学生不要将吹好的气球放在草地上。

【项目延伸】

本项目规则简单，重点是舞龙练习，总时间为 1～2 小时，一般练习 30 分钟以后再开始舞龙比赛，最后可以让所有队伍在一起合舞一段。

▶▶ 八、真人大富翁

【项目类型】

主题团建。

【人员要求】

20—100 人。

真人大富翁

【时间要求】

60～120 分钟。

【项目器材】

地图、色子、筹码。

【项目目标】

（1）锻炼学生的财商。

（2）培养学生合作共赢的思维。

（3）使学生明白最基础的商业逻辑。

【项目任务】

真人大富翁是风靡全球的经典游戏之一，它的赛局瞬息万变，能让每个人都玩得不亦乐乎。真人大富翁采用超大尺寸的地图和色子，参训者通过掷色子到达相应的格子，按照格子上对应的信息执行任务，每经过起点一次可获得 10 000 元，循环进行，直至游戏时间结束，最终以剩余财富最多者为胜。

【项目布课】

1. 财富积累(以50人分5队为例)

为每个人随机发4个筹码(筹码颜色有红色、黄色、蓝色、绿色、紫色)和300元启动资金。大家用10分钟在场内尽可能多地赚取财富。赚取财富的方式为通过买卖等方式,尽可能多地收集同种颜色的筹码。

2. 分组方式

财富积累结束后,组织参赛人员把同色筹码兑换成财富值,财富值排名前五者作为本场游戏的队长(董事长),其他人随机报数成为队员(股东)。一个队所有人员的资金放在一起,就是该队(公司)的启动资金。

同色筹码兑换的财富值见表10-1。

表10-1 同色筹码兑换财富值对应表

同色筹码数	财富值/元
1	100
3	3×100×2=600
5	5×100×3=1 500
7	6×100×4=2 400
9	9×100×5=4 500

3. 地块介绍

(1) G点:本方格为挑战方格,缴纳200元后可挑战任务A或任务B。

(2) 健身房:缴纳200元后可挑战任务。

(3) 唱吧:缴纳200元后可挑战任务。通过掷色子确定挑战的任务,1点和2点挑战任务一,3点和4点挑战任务二,5点和6点挑战任务三。根据任务卡上的说明完成挑战,按挑战成绩获取不同财富值。

(4) 商场:缴纳500元后可抽取技能卡,根据技能卡可获取相应技能,售完为止。

(5) 照相馆:本方格为照相馆,缴纳200元后可挑战任务。任务为按照抽取的卡片上的造型拍团队创意照片。

(6) 交易所:可购买股票,金额不限但须取整。保存好购买的股票,到项目结束时,可将购买的股票抛售变现。

(7) 彩票站:彩票号由1至6中的2个数字组成,2个数字通过现场掷色子来确定。中1个数可兑换5倍财富值的奖励,中2个数可兑换10倍财富值的奖励。

(8) 空白地块:本方格待开发,可花800元购买此地块。其他小组滞留此地块必须向地块持有小组缴纳500元租金,经过此地块必须向此地块持有小组缴纳200元过路费。

(9) 看守所:到达此方格须罚停一轮。

(10) 机场:缴纳500元后可获得一张机票,然后顺着前进的方向飞行1至6个方格,并完成方格的任务。

(11) 医院:缴纳 500 元后可进行全面体检。

(12) 税务局:缴纳税费 1 000 元,为国聚财,为民收税。

【注意事项】

(1) 注意控制整场进度。

(2) G 点游戏时间不宜过长,2~3 分钟为宜。

【项目延伸】

可以设定第一支回到起点的队伍额外奖 10 000 元,第二支奖 8 000 元,第三支奖 5 000元。

▶▶ 九、吉塔行星

【项目类型】

主题团建。

【项目器材】

地图、卡片。

【人员要求】

5 人一组,若干小组。

【时间要求】

60~120 分钟。

【项目目标】

(1) 使学生深刻体会到以结果为导向做计划的重要性。

(2) 使学生清楚自己所做的每一个行动与产出的关系,从而利用有限的资源达到产出最大化。

(3) 提升学生规避风险及管理压力的能力。

【项目任务】

一艘宇宙飞船在吉塔行星上坠毁了,飞船上有 5 个飞行员,他们的任务是想办法生存下来。

【项目布课】

1. 前期导入

你们 5 个人都是宇宙飞船上的飞行员。不幸的是,你们的飞船坠落在了吉塔行星上。吉塔行星是一个生存环境恶劣、危机四伏的星球。飞船坠落前在太空中漂泊,没有人知道怎么找到你们,所以你们必须靠自己的努力找到一个无线电发射基地。只有到了无线电发射基地,你们才能安全返回地球,而且你们的时间只有 21 天。

2. 物资发放

你们每个人会收到相应的知识卡,知识卡代表你们每个人头脑中的信息,所以不要把卡给别人看。但是,你们可以就知识卡上的内容与其他成员一起沟通交流。

每个小组有1张吉塔行星的星球地图、1张1号平面图(显示你们降落的位置)、1份学生手册及必要的纸和笔。1号平面图会显示你们下一天在东、南、西、北四个方向的地理环境。

3. 规则讲解

你们每天需要做的事情是确定第二天将前往的地方(每个方向均有编号),然后拿到相应编号的平面图。你们有东、南、西、北四个方向可以走,但不能走对角线。小组成员不能分开行动,每天必须待在一起。

在行进过程中,你们有3次复活的机会。复活卡在遇难的第二天才可领取,并放置在你们曾经走过的路线的任意一个坐标位置上。

4. 重要细节

(1) 任务天数:21天。

(2) 初始位置:地图上的十字标识处。

(3) 1天的格数:1格。

(4) 行进方向:东、南、西、北四个方向,不可以走对角线。

(5) 平面图:每天从助教处领取1张,平面图编号由各小组自己确定。

(6) 复活:遭遇火山灰烬的第二天可领取复活卡,每人有3次复活机会。复活位置自行决定,但只能选曾经走过的位置。

(7) 生存时间:每3天补充1次水分,也就是第3天必须找到树林,15天之内必须找到布兰克。

(8) 水:在树叶上,树叶在树林里。

(9) 矿物质:矿物质就是布兰克,15天之内没有找到布兰克,团队将无法存活。

【注意事项】

(1) 规则一定要讲解清楚,确保所有人都知晓。

(2) 出发6天内死亡者可以要求回到初始位置复活,以增加游戏体验感。

(3) 教师要注意做好控场。

【项目延伸】

吉塔行星是对团队运作时可能出现的人员合作、沟通、竞争、压力、冲突等问题进行深度挖掘、分析和找到解决方法的专业沙盘项目。通过情景沙盘模拟的体验引导,能让学生认识到团队做好目标设定及目标管理的重要性。

第十一章 体育项目

▶▶ 一、棒球团建（图11-1）

图 11-1　棒球团建

【项目类型】

体育团建。

【项目概述】

棒球运动的核心规则很简单,就是先击出有效球,然后绕一圈,最后回到本垒得分。本项目的规则是从近两年拓展训练实践中总结出来的,适合棒球团建活动。

【项目器材】

球棒、棒球、T座。

【人员要求】

20—300人。

【时间要求】

60~120分钟。

棒球团建

【项目目标】

(1) 让学生学会独立完成任务。

(2) 让学生将"不抱怨思维"作为日常处理工作、化解矛盾、引领团队的原则。

(3) 让学生学会通过领导力的发挥来提升团队绩效。

【项目任务】

棒球团建以职业化程度很高的棒球运动作为载体,棒球运动是极好的团队训练项目。从组建一支棒球团队开始,团队成员通过基础技能的学习和掌握、团队连接的察觉、团队模拟的反思,到最终成功。这一体验式的学习过程,真实地反映了个体在团队中的成长过程与团队的发展阶段。棒球团建能帮助团队成员提升团队管理能力和自我认知能力,激发团队动能,打造高绩效团队。队员在棒球团建活动中的任务是在棒球比赛中尽可能多地得分,不断晋级,最后获得胜利。

【项目布课】

1. 进攻方规则

(1) 进攻队员在比赛开始前确认出场顺序,该顺序在比赛过程中不得改变。

(2) 进攻队员击球以后从本垒跑向一垒,下一名队员上来击球,击球以后跑向一垒,一垒的队员跑向二垒,以此类推。

(3) 每位队员有3次击球机会,其中任何一次击出有效球即击球结束。T座被击倒或界外都是无效球,3次无效球或未击中即出局。

(4) 进攻队员在打出垒球后跑向垒位,一次只能跑一个垒位。

(5) 被迫上垒,前一个垒位有人跑垒,当前垒位的队员必须向前跑垒,否则出局。

(6) 进攻队员打出本垒打(全垒打),在垒上的所有队员依次跑完一、二、三垒,再回到本垒,得 $n+1$(n 为在垒上的队员人数)分。

(7) 跑垒员必须沿着规定的路线跑垒,禁止S形或曲线跑垒,否则出局。

(8) 跑垒时严禁抢跑,否则出局。

(9) 本垒打就是击球手把球打到外野,并且没有被防守方直接接住,然后击球手跑1圈,得1分。如果垒上已经有人,那么他们也可以跑回本垒得分,最多可得4分。

2. 防守方规则

(1) 进攻队员击球前不允许进入安全区,击球后可以进入。

(2) 有三种防守方式:截杀,防守队员持球在进攻队员之前到达垒位,跑垒员出局截杀仅限于一垒;触杀,防守方持球队员用持球的手触及跑垒员,跑垒员出局;接杀,防守队员在球未落地之前,将球接住,击球员出局,其他跑垒员回到原垒(T座被击倒也算)。

【注意事项】

(1) 严禁进攻队员甩棒、携棒跑垒,第一次出现,黄牌警告,第二次出现,直接出局。

(2) 防守队员在无球的时候不得妨碍跑垒员跑垒。

(3) 严禁防守队员用球砸人,第一次出现,黄牌警告,第二次出现,直接出局。

二、极限飞盘

极限飞盘

【项目类型】

体育团建。

【项目概述】

飞盘运动有点像足球,但飞盘用的是手而不是脚;也有点像橄榄球,但飞盘没有橄榄球那么暴力;还有点像篮球,但飞盘可以近身防守且不能有身体接触。

【项目器材】

飞盘。

【人员要求】

20—100 人。

【时间要求】

60～120 分钟。

【项目目标】

(1) 使学生深刻体会到以结果为导向做计划的重要性,并明确做计划的重要性。

(2) 使学生清楚自己所做的每一个行动与产出的关系,从而利用有限的资源达到产出最大化。

(3) 提升学生规避风险及管理压力的能力。

【项目任务】

在飞盘比赛中尽可能多地得分,最后获得胜利。

【项目布课】

1. 投掷方式

飞盘的投掷方式有反手投掷和正手投掷两种。

(1) 反手投掷。

① 握盘法:拇指置于盘面,其余四指置于盘内呈扇形分开,食指第一个关节轻扣住盘缘底部,飞盘边缘紧贴掌心。握盘法又分强力握法和混合握法。强力握法:拇指置于盘面,其余四指拳握置于盘内。混合握法:基础握法与强力握法相结合。

② 投掷法:右手投掷者以右肩正对目标,与接盘者垂直方向站立,以左脚为轴心脚,右脚向左前方跨出一步成弓步,手臂在身前挥动,转动臀部和躯干,运用手臂挥动带动手腕发力投出飞盘,重心连同飞盘移动。

(2) 正手投掷。

① 握盘法:拇指置于盘面,盘缘贴紧虎口,食指、中指置于盘内并以中指抵住盘内缘,无名指、小指贴靠盘外缘。

② 投掷法:面对接盘者,保持左脚固定状态,右脚向右前方迈出一小步,将重心放在右腿,在身体右侧挥动手臂带动手腕发力投出飞盘。

2. 接盘方式

接盘的要点:要接不要躲,要接不要怕痛,要接不要只顾看盘。

(1)"肉夹馍"接盘:惯用手在上面,另一只手在下面。

(2)双手接盘:飞盘超过肩膀,用高位接盘法,四指在上、拇指在下;飞盘低于胯部,用低位接盘法,拇指在上、四指在下。

(3)单手夺盘:判断好飞盘的落点,提前占领最优的位置,然后在最高处把飞盘接住。

(4)花式接盘:可以用腿、衣服等接飞盘。

3. 飞盘练习

(1)二人传接练习。

① 两名队员相距 10 米站立,互相掷盘。

② 准确性很重要,接盘者不一定要跑动着去接盘。

(2)O 形练习法。

① 所有人围成一个圆,抽派 1—2 名队员到圆内。

② 圆上的队员相互传接飞盘,圆内的队员阻断飞盘。

③ 圆上接盘失败的队员与圆内的队员交换位置。

(3)移动接力。

① 2 人组成一队,A 拿着飞盘站在起点,B 站在合适的位置,A 把飞盘传给 B 后马上向前跑去接 B 的飞盘。

② 手中有飞盘的人不能跑动,只能向队友传递飞盘。

③ 将飞盘传递到终点用时最少的队伍获胜。

(4)轴心练习。

① 3 人组成一队,A 拿飞盘,B 站在 A 前面充当防守员。

② A 以轴心脚为基准,原地避开防守员 B 将飞盘传给 C。

(5)掷准练习。

(6)飞盘高尔夫。

(7)飞盘九宫格。

【比赛规则】

(1)正规场地的要求为:场地长 100 米、宽 37 米,得分区长 37 米、宽 18 米,争夺区长 64 米、宽 37 米。

(2)双方各派 7 名队员上场。每局比赛开始前,双方队员在各自得分区排成一队,然后由防守方把飞盘传递到进攻方的手里(接到飞盘后直接进攻,没接到则拿盘后磕地进攻)。比赛时每得 1 分都要开盘。

(3)进攻方在防守方的得分区接到飞盘即为得分,但必须拿着飞盘站在得分区。

(4)进攻方注意事项如下:

① 持盘者不可以移动,只能以一脚为轴心转动。

② 持盘者10秒内要将飞盘传出,超时则为传盘失误,转换进攻。
③ 起跳接盘有三步缓冲空间。
（5）防守方注意事项如下：
① 3米内只能有1名防守队员,而且不能与进攻队员有身体接触。
② 不可以阻挡无盘人员跑动。
③ 禁止拉扯、推搡、撞击进攻队员。
注意：若有人犯规,教师大喊"foul"后,在场所有人停止移动,直到比赛重新开始。比赛出现争议则回到上一个盘,协商无果则采用猜拳方式定夺进攻权。
（6）攻防转换：如果进攻方传盘没有成功,即飞盘出界、落地、被防守方接到或超时,则视为进攻失误,此时攻防转换,改由之前的防守方进攻；在飞盘落地的情况下,新的进攻方发盘前,正规比赛中需要由防守方验盘,就是防守队员拍一下飞盘,在这里为了方便大家快速进攻,持盘者只要拿盘磕地,并大喊"开始",全场队员完成攻防转换就可以了。
（7）极限飞盘是一项没有身体接触、自我判罚的体育运动,场上没有裁判,每个参赛队员都有责任管理自我和遵守规则。
（8）赛制：分上下两个半场,共4节,每节8分钟。

【注意事项】
（1）比赛时要注意安全。
（2）练习环节须占总时间的70%以上,比赛时间不宜过长,防止学生体力跟不上,出现安全隐患。
（3）飞盘是体育项目,规则讲解一定要清楚,不能有争议。

【项目延伸】
团建版和专业版飞盘比赛有很大的区别,学生出现危险动作时,教师一定要及时阻止。虽然飞盘是一项避免身体接触的运动,但参赛者也很容易受伤。教师一定要强调安全问题,首先是热身,然后是为学生讲解飞盘运动的起源和发展历程,分别就飞盘接传、发盘、掷准等动作做讲解和示范。练习过后再开始比赛。

三、旱地冰球(图11-2)

图11-2 旱地冰球

【项目类型】

体育团建。

【项目器材】

旱地冰球,其他辅助器材。

【人员要求】

人数不限。

【时间要求】

1~3小时。

旱地冰球

【项目概述】

旱地冰球追求速度和乐趣,是一项易学但难掌握的运动。旱地冰球注重协调、平衡、速度、合作、分享、领导力等,是一种富有挑战性、娱乐性、趣味性的团队运动。它能增加队员的互动、交流,进而增强团队的凝聚力。旱地冰球与传统冰球最大的区别在于一个在陆地上,一个在冰面上,考虑团建对活动的兼容性,旱地冰球的规则与玩法更加有趣和多样化。旱地冰球是最令人兴奋的团建项目之一,在欧洲、美国和加拿大都非常流行,是高雅的动作、复杂的团队协作与猛烈的进攻的统一体。

【动作讲解】

(1)选杆:球杆立起来,顶端与肚脐平齐或高于肚脐位置。球杆的长短对比赛安全和打球技术都会有一定的影响。

(2)持杆:右手握球杆末端,左手握离右手两拳距离的球杆中端,也可以根据个人习惯调整左手握杆位置。

(3)动作要领:双手握杆,将球拍置于地面,两脚分开与肩同宽,后背挺直,重心降低,手腕放松。不允许将杆举过头顶。

（4）基础练习：① 拨球，原地站立，用球拍的正反面左右拨球，把球控制在自己周围；② 直线带球；③ 两两传球。

【趣味练习】

（1）我说你画：学生散开站，教师喊出图形（如圆形），学生以教师为中心通过运球画出相应的图形。

（2）赶小猪：学生分组报数后，教师喊任意数字，对应的学生快速运球出发。

（3）贪吃蛇：各小组依次带球穿越直线障碍，也可以2人传球穿越障碍。

（4）你争我夺：2人一组迎面出发，1人运球，1人抢球，看谁先把球运到对方身后规定的位置。

（5）一杆乾坤：将球成功挑入目标桶内，进球数量最多的组获胜。

（6）射门练习：小组成员依次进行射门，对手派出守门员防守，记录进球数。

【项目规则】

1. 场地

球场为长40米、宽20米的矩形场地，周边有挡板，挡板四角为圆角，经过IFF认证且具有相应标记的场地。场地最中间的小圆圈为开球点。每局比赛开始或射中球门以后，双方都要在开球点上争球，以此开始下面的比赛。场地上还有另外4个点，称为争球点（中线至球门的区域）。比赛中，如果双方队员在拼抢过程中双双违规，由裁判将球拿到违规位置附近的争球点进行争球（图11-3）。守门员区域的门将区为守门员专属区域，其他队员不允许进入（图11-4）。

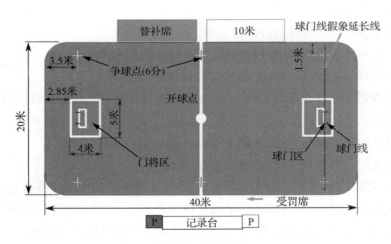

图11-3　场地图

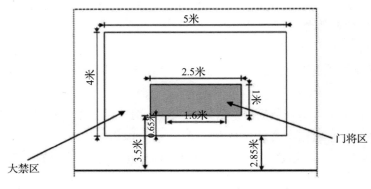

图 11-4　守门员区域

2．比赛形式

两支队伍同场竞技，每队派 7—8 人上场（具体人数视情况而定），其中有 1 人为守门员。两支队伍轮番进行攻守，得分高的队伍获胜。

3．得分

进攻方将球打进球门得 1 分，得分后回到开球点争球并进行下一轮进攻。

4．七个"不许"

（1）不许持球、有头球或有手球。

（2）不许用脚传球，允许有一次控球机会。

（3）不许跳跃接球（球员在接球的时候不能双脚同时离开地面）。

（4）不许双膝着地。

（5）不许用球杆撞人或球将杆举过头顶。

（6）不许将球杆伸进其他球员的两腿之间（这样做很危险）。

（7）不许有身体接触（除了不小心的肩部接触外）。

以上情况都是不允许在球场上发生的，如果出现了，球员会受任意球的处罚。

5．五个"必须"

（1）球员在接球的时候，球必须低于膝盖。

（2）球员在射门的时候，球杆必须在腰部以下。

（3）每局开球的时候，球杆头部必须着地，要与比赛场地的中线保持垂直。

（4）罚任意球的时候，双方球员必须站在球的 3 米之外，等球固定后才能开球。

（5）失球后球员将球从球门内取出的时候，必须先传球才能开始进攻。

【颁奖】

为总分排前三名的队伍颁奖。

四、旱地冰壶（图 11-5）

图 11-5　旱地冰壶

【项目类型】
体育团建。

【项目器材】
赛道、冰壶。

【人员要求】
20 人以上。

【时间要求】
60～120 分钟。

【项目目标】
（1）感受团队协作的魅力。
（2）领会个人技术与团队战术配合的作用。

旱地冰壶

【项目任务】
　　旱地冰壶是冰壶运动的陆地版本，与冰壶的比赛规则基本相同，它保留了冰壶运动的重要特质，但又打破了冰壶运动的场地限制，是冰雪运动发展的创新项目。冰壶起源于苏格兰，由于它斗智、斗力、斗技术，因此它又有"冰上国际象棋"之称。参训者的任务是在比赛中尽可能多地得分，不断晋级，最终获得胜利。

【项目布课】
　　1．赛道介绍
　　赛道中有有效区、得分区、T 线、防守线、投壶标志圆、投壶区（图 11-6）。

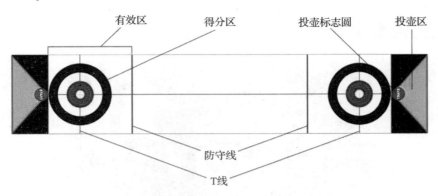

图 11-6　冰壶赛道示意图

2. 项目规则

（1）进攻方和防守方通过交替投壶进行比赛，防守方先掷球。

（2）投手应在指定的投壶区投壶，投壶时投手的脚不可超过底线，一旦违规，则视为无效球。

（3）进入有效区的运动中的壶，任何人不得触碰。若投手方接触壶，则视为无效球；若对方接触壶，则由投手决定是否重新掷球。

（4）投手必须把壶投掷过防守线才视为有效球（壶压住防守线视为有效球），壶未到达防守线或滑出场地底线视为无效球。

（5）在记分时，如双方出现分歧，则由教师来评判，若无法判断结果，就再开一局。

（6）旱地冰壶是高雅的绅士项目，禁止有抱怨、侮辱、过激等不良行为。

3. 得分规则

双方队员投完全部冰壶后，在圆垒以内，某队比另外一队的所有冰壶都靠近圆心的冰壶有几只算几分（图 11-7）。

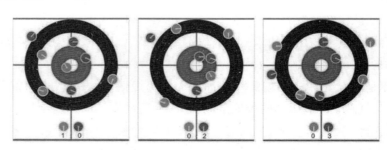

图 11-7　得分规则示意图

【注意事项】

提醒挑战的学生带上鞋套。

【项目延伸】

可以采用循环赛或淘汰赛，队伍多的时候建议采用淘汰赛。具体的现场操作可根据团队的实际情况灵活变化。旱地冰壶适合各个年龄段的人群，动静结合，注重技巧，无须碰撞,对体能没有过多要求,讲究队员间的合作与策略,可以锻炼参训者的柔韧性和对力量的控制能力,也可以锻炼参训者的应变能力、判断能力、对时机的把握能力。

▶▶ 五、橄榄球(图11-8)

图11-8　橄榄球

【项目类型】

体育团建。

【人员要求】

人数不限。

橄榄球

【时间要求】

1~3小时。

【项目器材】

橄榄球。

【项目规则】

1. 得分方式

(1)达阵得6分,即持球人安全跑到端区或在端区安全接到球。达阵后加分,射门3次,进1球得1分。

(2)从启球线开始进攻,每次进攻有4档(也就是4次),累计向前推进10码,再次刷新4挡进攻机会,同时获得3次射门机会,进1球得1分。

2. 进攻规则

(1)最少1人、最多5人在启球线上组成锋线,四分卫必须站在启球线后,每次进攻必须由中锋从胯下将球传递给四分卫,然后由四分卫组织进攻,这时四分卫可以将球传递给跑卫、外接手或锋卫,或者自己带球向前推进。在启球线后可以任意传球,过了启球线不能再传球。

（2）接球时脚不得接触界外，否则是无效接球，球要被完全控制住至少 2 秒，才算有效接球，开球前禁止移动。

（3）进攻越位，失去一次进攻机会。

（4）非法开球（中锋没有采用胯下开球的方法将球传递给四分卫），失去一次进攻机会。

（5）中锋偷球（四分卫接到中锋的胯下开球后又将球从胯下传递给中锋），失去一次进攻机会。

（6）进攻护旗（持球队员为了躲避防守队员扯旗做出拔、推、打、捂等动作或鱼跃俯冲），向后退 5 码，失去一次进攻机会。

（7）进攻撞人、推人、拉人（持球队员冲撞防守队员），向后退 5 码，失去一次进攻机会。

3. 攻守转换

（1）进攻方 4 次进攻机会没法推进 10 码。

（2）进攻方达阵得分。

（3）抄截（防守队员在球未掉地的情况下接到球直接转为进攻）。

4. 比赛时间及得分规则

（1）每场比赛分上下两个半场，每个半场 15 分钟。每次进攻有 40 秒的准备时间。

（2）比赛采用循环赛的方式，最后以积分的方式决定名次。抽签决定比赛对手。

（3）积分方式为胜场得 10 分、输场得 5 分。

▶▶ 六、健球

健球

【项目类型】

体育团建。

【项目概述】

健球（Kin-Ball）是 1986 年由加拿大人马里奥·德默斯发明，2009 年从日本传入我国的一项新兴运动。比赛中利用一个直径 1.2 米的气球，以 4 人为一组，3 个组（用 3 种不同颜色的马甲区分）在边长 18~20 米的四边形场地内同场竞技，各组交替接发球，避免球落地，竞争得分。健球是一项安全性高、分数差距小、男女老少皆宜的运动。健球的宗旨是快乐运动，激发热情，开阔视野，构建一项轻松愉快的新球类运动。

【项目器材】

健球、其他辅助器材。

【人员要求】

人数不限。

【时间要求】

3 小时。

【开场热身】

（1）通过热身舞蹈带动气氛，让全场热起来（推荐音乐：*Mr. Vain*）。

（2）互动练习传球。视场地、组织情况可选择以下几种方式练习：面对面手掌传球、面对面头顶传球、面对面坐下脚背传球、背对背手掌传球、背对背躺下手掌传球、背对背躺下脚底传球。

【动作讲解】

（1）击球需要4人配合，击球瞬间4人都要接触球，3人持球，1人击球，击球的人双手虎口相扣，用手背击球。球击出后只可以向上或平行运动，不可以向下运动，击球距离至少为1.8米。

（2）接球是指在球未落地之前将其接住，可以用手或脚以托或铲的动作接球，身体其他部位可以作为辅助。

（3）可让4人示范击球与接球动作。队伍组织要有序，所有人须摘掉手上所有尖锐和硬质物品。

【趣味练习】

（1）趣味颠球：小组成员手拉手围成一个圆，利用身体任何部位进行颠球，在颠球过程中不允许松开手，记录各组的颠球次数。球落地则挑战结束。（团队融合）

（2）贪吃蛇：后面组员的手分别搭在前面组员的肩膀上形成一条贪吃蛇（提前标记头和尾），以教师为圆心绕圆跑动，在跑动过程中不允许断开，教师在圆心位置随机将球击到圆内的任意位置，如果击到学生，以被击到的学生为起点，该起点到尾端的学生全部被淘汰。（练习学生的反应能力）

（3）九宫格：教师将九宫格样式的地毯铺在地面上并规定击球的起点线，小组4人一起参加，以球的第一落点在九宫格的位置进行计分。（练习学生的准确击球能力）

（4）能量传递：教师在场地上规定好起止线，一个小组派2人从起点出发将球传送到终点，另一个小组进行接力，再将球传送到起点，依次进行接力练习。（练习学生的持球移动能力）

（5）投篮：分出投篮组和篮框组，投篮组由4人组成，任务是利用击球的方式进行投篮；篮筐组所有成员围成一个圆作为篮框。（练习学生的击球能力，可视情况使用辅助气模道具）

以上练习可以根据活动现场的具体情况进行安排。

【项目规则】

1. 场地

边长约20米的正方形场地（视现场情况可适当缩小）。

2. 比赛形式

在正方形场地内比赛，3个小组同场竞技，每个小组派4人上场，各组交替接发球，避免球触地，得分最高的小组获胜。

3. 进攻规则

（1）击球方式：必须往正前方或斜上方击球，不可往水平线的下方击球（以击球队员的平视目光为水平参照线），击球距离至少为1.8米。

（2）通常3人持球，1人发球，发球瞬间所有人必须触碰到球。

（3）发球方在发球之前必须喊"颜色＋准备"的口号。

（4）发球方必须喊除了本队外分数最高队的口号。

（5）比赛过程中同一个人不能连续发球。

4. 防守规则

（1）接球方在球落地之前，可以利用身体任何部位接球。

（2）防守方成功抄到球就成为进攻方。

（3）接到球后可以拿球移动或传球。

（4）安全为第一原则。

5. 犯规判定

（1）防守方在球接触地面之前未击球。

（2）防守方在接触球时击球出界。

（3）进攻方以向下的轨迹击球。

（4）进攻方击球距离不到1.8米。现实比赛中可酌情缩短击球距离，关键是击球的轨迹。

（5）进攻方击球时没有做到所有人都与球接触。

（6）进攻方喊错颜色。

（7）其他方有意触球或阻挡击球、接球。

（8）不尊重裁判的判罚。

6. 得分规则

犯规的组不得分，其他组各得1分。

7. 攻守转换

（1）出现犯规时，不得分的组发起进攻。

（2）防守方在球没落地之前将其接住，可以立即发起进攻。

8. 注意事项

（1）摘掉手上所有尖锐和硬质物品。

（2）禁止做飞、扑等危险动作。

【项目赛制】

以3的倍数进行分组（参赛者希望分成不同组数时，须第一时间与教师进行沟通）。

（1）比赛前通过抽签的方式确定参加小组赛的队伍。

（2）每场比赛分为若干节，每节3~5分钟。

（3）比赛采用积分制的方式，最后以积分的多少决定名次。

（4）积分方式：小组赛按每场比赛的得分依次积 4 分、2 分、1 分。

（5）积分相同的两组通过每组在每场比赛的得分相累加进行排名。

（6）教师根据参与人数和实际情况来制定打几局,几分钟一局。

比赛时根据实际情况选择比赛时间和比赛方式。

【项目计分表】

比赛计分表如表 11-1 所示。

表 11-1　比赛计分表

项目	颜色	队名	得分	颜色	队名	得分	队名	最终排名
一号场地								
二号场地								

【颁奖】

教师根据积分排出前三名,并进行颁奖和总结。

七、攻防箭

【项目类型】

趣味拓展训练、团队竞技。

【项目概述】

一只穿云箭,千军万马来相见。在看影视作品的时候,你是否对这项运动喜欢不已呢？攻防箭是一项在美国风靡的射箭运动,现在已经走入我们的视野。攻防箭运动与野战运动的混合版,包含着"世界大战"的紧张和闪避箭的刺激,用特别设计的弓和箭为参与者带来刺激且兴奋的活动体验,是适合年轻人且能满足团队需求的趣味团建项目之一。

【场地器材】

场地：专业活动场地或经过布置的空旷场地。

器材：每人 1 套弓箭、1 个面罩、1 个护臂,每队 2 个充气掩体、4 个箭靶。

【时间要求】

1 天。

【人员要求】

20—80 人。

【项目目标】

（1）增强学生的决策能力。

(2)增强学生的合作能力。

(3)增强学生的执行能力。

(4)增强团队的协作能力。

(5)增强团队的沟通能力。

(6)增强团队的战斗力。

【比赛类型】

常规计时赛、掩护VIP、楚河汉界、无间道、三国争霸、复活赛等。

【项目规则】

1. 对阵形式

(1)对阵形式有5对5、6对6、7对7、8对8。人数不宜过多,以免发生人员挤撞事件。

(2)每场5~10分钟(可适当延长时间,增加游戏难度,从而提升体验乐趣)。

(3)随身携带弓箭篓,每个弓箭篓装备3支箭。第一时间抢占有利地形,对敌方实行压制。掩体附近有弓箭篓可补充弓箭。

(4)射击区设置掩体,包括匍匐射击、登高射击等设施。

(5)安全区中心地带可设置一个复活点(只能通过狭窄通道进入且不允许射击,直径为1米),弓箭手可抢夺复活点,安全到达复活点得1分且可自动回到我方阵营。

2. 复活方法

(1)第一个射中敌方人员的弓箭手增加一次复活机会(让强者生存到最后)。

(2)用手接住一次敌方人员射出的箭(箭头接触身体前)者增加一次复活机会。

(3)射穿任一放置在敌方阵地的五圈箭靶者增加一次复活机会。

(4)依离场先后次序复活,先离场者先复活。

3. 胜利条件

(1)歼灭(射中)敌方全部人员或把放置在敌方阵地前方的五圈箭靶全部射穿。

(2)在规定时间内进入复活点次数多的一方获胜。

(3)若在指定时间(5~10分钟)内,以上任一胜利条件都未能达成,剩余较多五圈箭靶的一方获胜。

注:新的游戏规则不仅继承了传统规则的娱乐性,而且增加了更多的竞技性。游戏的关键在于抢夺复活点,这不仅需要弓箭手之间的协作与配合,更需要闯入者的速度与勇气。

4. 安全保障

攻防箭是一个充满激情的项目,参训者被"泡沫箭"击中只会有被打中的感觉,而不会受到任何伤害,加上配备的安全面罩,参训者可以在安全的环境下尽情地享受项目带来的乐趣。

【活动须知】

(1)活动休息期间,请勿在活动场地以外擅自行动,以免发生意外。

(2)活动期间,请服从教师和基地人员的管理。

（3）活动期间,不要离开所在小组单独活动,如有困难可向工作人员请求帮助。

（4）活动期间,如有身体不适,请及时向本队队长和领队通报。

（5）活动期间,请爱护自然环境,不要乱丢垃圾。

【注意事项】

（1）在活动的前一天请休息好,不然会影响活动期间的体力和反应速度。

（2）出发前请修剪脚指甲,在户外踢伤脚指甲可是件麻烦事。

（3）出发前不要进食过多,否则肠胃出状况在山上一时半会儿是解决不了的。

（4）穿休闲服装或运动服装,尽量不要化妆,不要穿裙子或短裤。

（5）穿运动鞋或登山鞋,最好是平底高帮的。

（6）户外的紫外线比较强,爱美的学生请尽量带上遮阳帽、太阳镜、防晒霜。

（7）带好个人常用药品。

（8）请尽量不戴挂饰,如在户外遗失,是一个不小的损失。

（9）至少带上一样通信设备。

（10）请爱护周围环境,不要破坏活动场地。

（11）所有学生在接受培训期间必须接受教师的指导,严格遵守安全操作程序、标准等安全守则。

（12）在无教师指导的情况下,学生不得擅自操作任何项目或攀爬任何有高度设备。

（13）严禁在培训场地吸烟,严禁在培训期间饮酒。

（14）在活动期间必须清楚自己的身体状况,量力而行,切勿逞强好胜。

（15）在培训期间,如有身体不适,请及时告知教师。

（16）在培训期间,请不要离开所在团队单独活动,如有事情确须离开,请征得教师允许后再行离开。

（17）戒指、头饰、手镯及其他坚硬物品建议留在家里或放在随身包中,因为它们会在活动过程中产生一定的不便,甚至伤及他人。

八、真人CS（图11-9）

图11-9　真人CS

【项目类型】

执行力拓展训练。

【项目概述】

真人 CS 是一项集娱乐和培训于一体的时尚军事体育运动,起源于欧美,现在已经风靡全世界。参训者身穿迷彩服,手持模拟枪,在丛林、废墟与壕沟间穿梭奋战,好比一场真实的战斗,能给参训者带来无比的刺激与成就感。真人 CS 使用的是改装的激光仿真枪与感应系统,具有真实的体验感。

【项目目标】

(1)通过实战加强团队协作能力,让参训者明白有向心力的团队才有战斗力。

(2)让参训者明白战场上的优胜方往往是一支拥有优秀领导的队伍。

(3)让参训者明白一个人在艰难的实战状况下,能够充分领会到队友与团队的重要性。

(4)让参训者明白一个组织有序的团队总是能够战胜一个没有组织的团队。

第十二章 数字团建项目

数字团建是基于智能技术,通过游戏化场景式设计,打通线上游戏和线下活动的数据通道,采集团队成员的行为特征数据,通过智能算法进行数据处理,并用组织语言进行结果输出的新团建形式。数字团建的特点是实景互娱,线上通过互娱技术链接到线下,突破了线上虚拟空间和线下实景空间的界限。数据在线上和线下流动,成为数字团建的核心。

第一节 玩霸江湖全案剖析

玩霸江湖是国内首款数字团建操作系统(Wonderful Operation System,WOS),是基于微信生态,用小程序的形式展示给用户的一个技术支持与应用场景相结合的平台。在玩霸江湖小程序中,可以完成以下核心事项:

(1)建立一场活动。活动的内容可在玩霸江湖平台上寻找,平台还开放了自定义设计任务的功能。

(2)执行一场活动。建立活动并调试后,可由拓展教师带动学生一起参加互动体验。活动元素多元,可线上,也可线下;可结合客户需求提供多元化、定制化游戏体验。

(3)复盘一场活动。一场活动结束后,可以根据小程序中的团队排名、个人排名及相关数据进行全面复盘,让数字团建更显速度、更具依据、更有深度。

▶▶ 一、关于界面

(1)通过微信小程序进入游戏界面。

(2)应用 AR 和 AI 技术实现线上和线下空间的融合,通过网络打破空间和时间的限制,形成了一种好玩有趣的融网游和综艺于一体的智能团建新玩法。

玩霸江湖

(3)玩霸江湖采用的沙盘一共有49(7×7)个方格,每个方格对应一个挑战任务,完成相应任务就可以占领该方格并获得积分。

(4)不同方格中有不同类型的任务,有的是问答题,有的是选择题,有的是拍照、视频模仿,有的是在线游戏,等等。

▶▶ 二、设计逻辑

（1）心力:通过走心的任务设计,让参训者之间心与心相连;通过巧妙的挑战环节设计,增强团队的凝聚力。

（2）脑力:通过有挑战、有策略的任务设计,让队员之间、队伍之间进行头脑风暴,增强团队脑力。

（3）体力:好玩、有趣味,有人与人之间的身体接触,在团队协作中完成线下挑战,增强队员体质。

▶▶ 三、背景导入

清朝末年,红顶商人胡雪岩凭借高超的商业才能,迅速崛起成为江南首富。坊间传言,其在没落之前,将一笔巨额财富暗藏在一个地方,得此财富者可得半壁江山。最近,一幅藏宝图的现世终于使这笔财富有迹可循。该消息一出,震动了整个江湖。青龙、白虎、朱雀、玄武、麒麟、貔貅乃江南地区势力庞大的六大门派,他们各怀心思,意图吞并其他门派独占鳌头。在听闻宝藏现世后,六大门派均派出最得力的高手前往寻宝。

▶▶ 四、时间要求

2~3小时。

▶▶ 五、角色分工

（1）掌门:门派内最高职位,领导和管理整个门派,带领门派走向最终胜利。

（2）军师:协助掌门管理门派内务,分析复杂局势并给出应对建议。

（3）账房:辅助掌门统领门派内财产大权,管理门派银钱、货物出入,实时提供投资等建议。

（4）密探:收集线上线下、各门派的内外部情报,并及时传递给掌门,协助门派获胜。

（5）使者:负责本派与其他门派之间的外交、联盟等事宜,协助掌门与其他门派进行谈判等。

（6）护卫:保护门派的人员安全与信息安全,辅助掌门进行门派维护和运营。

▶▶ 六、玩法攻略

1. 总目标

跑动到点,打开任务,提交结果,占领点位。每个点位都有财富值,多劳多得。连点成线,红利翻倍,成就财富赢家。全场最终以财富值论英雄。

2. 两种权限

(1) 队长(掌门):团队领导者,负责全队角色分配,具有非凡的领导才能,能够在团队中起带头作用。

(2) 队员:服从队长调派,快速跑动到点,协同完成挑战任务,迅速占领点位。队员须按队长分配的角色在团队中充分发挥自己的作用,帮助团队获得有效的信息和方法,最后胜出。

3. 三类点位

(1) G点:宇宙神秘奇点,在这里会发生很多神奇的事情。参与者可以多次挑战G点任务,刷新成绩即可获得若干财富值。

(2) 拍卖点:沙盘对角线上的点(G点除外)为拍卖点。参与者挑战成功后可以获取这些点位的拍卖权。在拍卖环节,可以卖出也可以买入拍卖点,拍卖点与其他点位进行连线可实现财富值翻倍。

(3) 普通点:除了G点和对角线上的拍卖点外,其余皆为普通点,抢先一步挑战成功即可占领,普通点进行连线也可实现财富值翻倍。

4. 四种战略

(1) 点的战略——速度,决定成败。

每个点位的任务都需要团队以最快的速度去完成,这样可以弥补某些方面的不足。在对手前面,抢占资源,获取优势。

(2) 线的战略——选择,比努力更重要。

多点连线能获取翻倍财富值。三点连线翻3倍,五点连线翻5倍,七点连线翻7倍。选择能连的线很重要。

(3) 面的战略——联盟,抱团就能得利。

竞争中找到盟友,合纵连横往往可以获得更大的收益。

(4) 体的战略——升维,才能降维打击。

不要光顾着低头干活,不管战况如何、排名如何,首先要从认知上让自己升维,站在沙盘的高度看整体,理解规则,熟悉队员能力,然后制定出最佳的战略。

5. 五种赚取财富(积分)的方法

(1) 占地。

完成挑战任务,成功占领点位即可获得相应的财富值。

(2) 连线。

获得规定相邻数的点位即可进行连线,连线后点位财富值翻倍。

三格连线:单个点位财富值×3。

五格连线:单个点位财富值×5。

七格连线:单个点位财富值×7。

（3）联姻。

团队成员可以和其他团队的成员进行联姻,联姻后的20分钟内所得财富值翻倍,不得重复联姻。

（4）图钱。

在图钱里上传活动现场的精彩照片可获得相应的财富值。

（5）红包宝石。

在规定时间内抢的宝石越多,获得的财富值越多。

除了扫宝石获得红包外,还有红包雨、宝石等额外之财。

6. 六种互动形式

（1）视频模仿:团队协作拍摄微电影、进行趣味性模仿,脑力协作、体力配合、心力凝聚。

（2）创意拍照:通过拍摄好玩有趣的照片,让彼此的心靠得更近。

（3）走进你我:找到符合要求的团队成员,进行采访拍摄,拉近彼此之间的距离。

（4）绕口令:找到合适的人在合适的时间做合适的事,看谁最快完成挑战任务。

（5）脑力挑战:挑战最强大脑,替队伍将点位收入囊中。

（6）在线游戏:团队协作,共同完成线上团体游戏,如流浪星球、汉诺塔等。

7. 七种宝石

在寻宝入口进行AI扫码即可随机获得不同的宝石,不同的宝石有不同的作用,集齐七种宝石能够召唤玩霸,抢夺全场队伍一半的财富值。

（1）现实宝石:可以防御一次其他宝石的攻击。

（2）灵魂宝石:可以在使用后的3分钟内查看其他队伍的占地情况。

（3）心灵宝石:使用后可以偷取其他队伍前20分钟的财富值。

（4）时间宝石:使用后可以给本队加前20分钟的财富值。

（5）空间宝石:使用后可以交换任意两个点位的所属权(仅限普通点)。

（6）力量宝石:使用后可以抢夺一个点位的所属权和地雷(仅限普通点)。

（7）风暴宝石:使用后可以摧毁一个点位的所属权和地雷。

▶▶ 七、亮点介绍

1. 拍卖环节

拍卖前20分钟可进行其他点位的自由交易,在此期间各队展开外交攻势,合纵连横,凭借策略和实力,开启一场终极决战。

获得竞拍权的队伍有权参加点位的拍卖。每轮仅拍卖一个点位,每队出价不得高于本队所有财富值,价高者得。根据最终拍卖结果进行清算,财富值最高的队伍获胜,获胜队伍可获得最终奖励。

2. 复盘

玩霸江湖的世界是动态变化的,对手的策略随时都有可能变化,因此要拥抱变化,及时对自己的策略进行复盘,并根据最新的战况调整策略。

如果遥遥领先,就要防止对手实施宝石降维攻击;如果暂时落后,就要找到关键的盟友,对共同的对手实施狙击。不到最后一刻,不要放弃,因为随时都有逆袭的可能。

3. 玩商指数

游戏结束后可获得玩商指数报告,数字化全场个人与团队的表现,用数据说话,量化比对,发现问题。

第二节 沉浸式实景剧本团建——汇通天下

▶▶ 一、项目简介

剧本杀起源于国外的派对游戏。所谓剧本杀,就是在剧情的推动下,几个玩家共同经历一个故事,每个玩家都会扮演故事中的一个角色,体验不同的人生,而每个故事背后都隐藏着一个秘密或一个凶手。玩家们通过互动交流、交换线索,共同揭开秘密或找出凶手。

汇通天下

"商战纪元·汇通天下"是史上角色最多的大型数字沉浸式实景阵营机制剧本团建游戏。它应用 AR 和 AI 技术,结合当下最火热的剧本杀游戏,实现了线上与线下、剧本杀与实景的完美融合,形成了集综艺、剧本杀、实景体验于一体的数字化团建新玩法,突破了传统剧本杀和团建项目的纯线下玩法。该游戏采用主线案件+支线案件构成整体框架,基本角色+特殊角色玩转剧本,突破了传统剧本杀和团建项目的人数限制,且角色故事丰富,极大提升了玩家沉浸式的体验感。

玩法介绍:通过微信小程序进入游戏界面,查看故事背景与个人信息,跑动到实景点位,通过占领点位、完成点位任务来获得相关线索,最终揭开秘密或找出凶手,完成任务。

▶▶ 二、故事背景

明末清初,有一批商人的足迹遍布大江南北,他们的经营范围十分广泛,上至绸缎,下至葱蒜,以此逐渐发展形成了一个商帮。随着商业版图的快速扩张,这个商帮成为富甲一方的商业组织。该商帮由多个声名显赫的家族组成,这些家族在各大领域纵横驰骋,创造了许多商业奇迹。

如今,商帮的老会长因年迈无法继续承担带领商帮的职责,故邀请各大家族齐聚于商帮驿站,共同竞选出新的会长。

然而,就在竞选商帮会长的前一晚,老会长离奇死亡,而凶手就藏在你们之中……

三、体验流程图

体验流程图如图 12-1 所示。

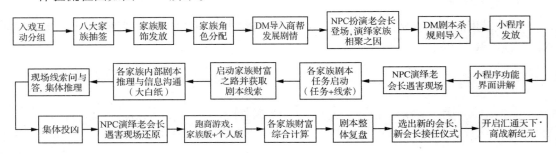

图 12-1 体验流程图

四、活动介绍

活动正式开始前,先进行破冰分组,每组根据个人性格、喜好及剧本要求进行角色分配,成为一个家族。每组取一个与家族特征相匹配的口号,并依次上台进行家族风采展示。根据人数可分为八大家族,镖师为灵活调整角色。

1. 八大家族角色分配

(1)曹氏米铺。

曹广:男,26 岁,曹氏米铺的东家,曹家家主,精明能干。

曹云合:女,30 岁,曹氏米铺的掌柜,别具慧眼,温柔大方。

高阳:男,29 岁,曹氏米铺的账房,心思缜密,德才兼备。

简安:男,32 岁,曹氏米铺的帮工,眉清目秀,好高骛远。

陆英:女,25 岁,曹氏招募的镖师,英奇秀美,清清冷冷。

百里霜:男,26 岁,曹氏招募的镖师,有情有义,血性男儿。

(2)常氏酒铺。

常侯义:男,46 岁,常氏酒铺的东家,常家家主,运筹帷幄。

陈苡仁:男,35 岁,常氏酒铺的掌柜,勤奋好学,才华横溢。

华落:女,40 岁,常侯义之妻,天生丽质,温婉端庄。

希乐:女,25 岁,华落的陪嫁丫鬟,明眸皓齿,蕙质兰心。

子苓:男,25岁,常氏招募的镖师,剑眉星眸,仪表堂堂。
降香:女,23岁,常氏招募的镖师,英姿飒爽,身手敏捷。
(3) 乔氏茶铺。
乔亮:男,32岁,乔氏茶铺的东家,乔家家主,年轻有为。
孙才:男,30岁,乔氏茶铺的掌柜,精明能干,深得人心。
乔晶:女,24岁,乔氏茶铺的账房,乔氏二小姐,机灵聪明。
梅玉:女,25岁,乔氏茶铺的帮工,温柔细心,不善言辞。
六月雪:女,26岁,乔氏招募的镖师,千娇百媚,风姿绰约。
重楼:男,24岁,乔氏招募的镖师,浓眉大眼,威风凛凛。
(4) 李氏布铺。
李仁:男,32岁,李氏布铺的东家,李家家主,雷厉风行。
林义:男,29岁,李氏布铺的掌柜,英俊帅气,沉稳内敛。
杨明:男,37岁,李氏布铺的账房,平平无奇,尽忠职守。
陆雪:女,26岁,李氏布铺的少奶奶,李仁之妻,风情万种。
京然:男,29岁,李氏招募的镖师,气宇轩昂,不怒而威。
白微:男,27岁,李氏招募的镖师,逸群之才,探扇浅笑。
(5) 王氏盐铺。
王立:男,36岁,王氏盐铺的东家,王家家主,正气凛然。
周元:男,30岁,王氏盐铺的掌柜,城府极深,能言善辩。
王冰:女,26岁,王氏盐铺的账房,不问世事,沉默寡言。
胡为:男,27岁,王氏盐铺的帮工,高大魁梧,不苟言笑。
黎若:女,22岁,王氏招募的镖师,静如处子,动如脱兔。
南星:男,28岁,王氏招募的镖师,剑眉朗目,举世无双。
(6) 侯氏药铺。
侯业:男,45岁,侯氏药铺的东家,侯家家主,掌控大局。
周胜:男,35岁,侯氏药铺的掌柜,能力出众,恃才傲物。
郑雨:女,26岁,侯氏药铺的账房,清新脱俗,古灵精怪。
陶林:男,30岁,侯氏药铺的帮工,忠厚老实,任劳任怨。
半夏:女,25岁,侯氏招募的镖师,精明能干,气质非凡。
寒水:男,27岁,侯氏招募的镖师,身材伟岸,有胆有识。
(7) 渠氏镖局。
渠扬然:男,22岁,渠氏镖局的东家,渠家家主,武功高强。
王甫轩:男,45岁,渠氏镖局的账房,城府极深,锋芒不露。
荼白:男,34岁,渠氏镖局的掌柜,虚怀若谷,俊杰廉悍。
秦染:女,25岁,渠氏镖局的帮工,环姿艳逸,柔情绰态。

韩林:男,28岁,渠氏招募的镖师,才貌双全,神采奕奕。
卜荞:女,24岁,渠氏招募的镖师,巧笑倩兮,朱唇皓齿。
(8)孔氏颜料铺。
林枫荷:女,42岁,孔氏颜料铺的东家,孔家家主,巾帼须眉。
孔曼卿:女,21岁,孔氏颜料铺的账房,亭亭玉立,冰雪聪明。
昱宁:男,32岁,孔氏颜料铺的掌柜,纵横商海,能言善辩。
陆沥:男,32岁,孔氏颜料铺的帮工,盘龙卧虎,暗度陈仓。
细辛:男,27岁,孔氏招募的镖师,武艺高强,足智多谋。
青黛:女,23岁,孔氏招募的镖师,双瞳剪水,钟灵毓秀。

2. 活动任务

(1)做任务,挣财富,当会长,找真凶。

(2)跑动到点,打开任务,提交结果,获得财富值与线索,多劳多得。根据线索寻找五种宝物,参与跑商,逆风翻盘。

(3)完成集体和个人的任务,找出会长之死的真相,获得相应的财富值。

(4)跟随家族进行跑商,帮助家族拿到第一,积累个人财富,最终成为商帮会长。

3. 特殊机制

(1)商品交易机制。

点击寻宝,获得盐、粮、茶、布、矿五种商品,集齐相应数量,才能参加跑商。商品可进行买卖交易。

(2)跑商机制。

跑商的玩法类似"超级大富翁",每个角色凭借在搜证环节得到的物品和财富,参加跑商。跑商环节一共有16个押注格子,分别标明了倍率,押中则获得倍率回报,没押中则被庄家没收押注财富。

押注时需要先消耗相应的商品卡,如盐是8个格子,需要消耗8个盐物品,如果押注1 000财富值,押中则得8 000财富值,没押中则消耗1 000财富值。

(3)家族联姻机制。

为了家族、个人利益,各家族男女之间可选择联姻。联姻成功后,双方在图钱、红包内的收益20分钟内翻倍。主持人会额外奖励嫁妆。

(4)信任机制。

有些家族内可能会有其他家族的"亲信"混进来,家族成员需要在活动过程中找出"内鬼"。

如果家族提前发现这个"内鬼",可以将其转化。转化成功,则"内鬼"财富值归现家族所有;转化失败,则"内鬼"财富值归原家族所有。

如果不想转化,现家族可以向组委会直接反馈,开除"内鬼",开除成功即可获得相应的财富值,同时将折损原家族相应的财富值。

4. 最终复盘

(1)案件复盘。主线"老会长之死"和支线"大烟案""强盗案""私铸官银案"四大案件故事内容复盘,脑洞大开。

(2) 策略复盘。商场即战场,策略动态变化,讨论和分享活动各个环节中采用的策略并进行复盘。

(3) 活动复盘。针对团队在活动中的表现进行复盘,发现、提出并解决问题,促进团队融合。

5. 剧本亮点

(1) 数据可视化。游戏结束后可获得玩商指数报告,数字化全场个人与团队的表现,用数据说话,量化比对,发现问题。

(2) 高交互性。通过智能手机、实景互娱、任务机制,打通线上线下,让玩家之间的互动性增强。

(3) 实景互娱。数字剧本杀与实景互娱高度结合,玩转各大旅游景点、古镇古村、影视基地,增添了沉浸式体验乐趣。

(4) 灵活性。参与人数可根据实际情况灵活调整,小队伍和大团队都可以参加,不再受传统剧本杀人数的限制。

6. 多种互动体验

(1) 视频模仿。团队协作拍摄微电影,进行趣味性模仿,脑力协作、体力配合、心力凝聚。

(2) 创意拍照。通过拍摄好玩有趣的照片,让彼此的心靠得更近。

(3) 走进你我。找到符合要求的团队成员,进行采访拍摄,拉近彼此之间的距离。

(4) 绕口令。找到合适的人在合适的时间做合适的事,看谁最快完成挑战任务。

(5) 脑力挑战。挑战最强大脑,替队伍将点位收入囊中。

(6) 在线游戏。团队协作,共同完成线下团体游戏。

第三节 其他数字团建产品

▶▶ 一、团队新游记

"团队新游记"是一款应用互联网技术开发的数字团建产品。西游记是我们耳熟能详的经典IP,"团队新游记"把西游记中的元素引入团建活动中,借助先进的互联网技术,通过线上操作+线下体验,融入AR+VR技术,还原西游记的取经挑战关卡,激发团队活力,提升团队效能。

"团队新游记"的玩法如下。

(1) 各队以最快速度解锁并完成三项主线任务,平台按排名奖励能量币,能量币可用于能量争夺战。解锁主线任务的方法:各队根据地图上的旗子标记前行,发现对应的任务二维码并进行扫码,就会接收到支线任务。每完成一项支线任务就可获得一块碎片,集齐碎片即可解锁一项主线任务。

（2）善用"法宝"和"角色技能"能为队伍带来相应优势。

法宝:可用于整对手,拖延对手通关,也可用于保护自己和缩短自己的通关时间。增强队伍之间的互动性和活动的策略性。

角色技能:不同角色拥有不同特长,角色技能可使队伍在执行任务时获得特殊技能和优势。

（3）能量争夺战是一个通过队伍间的交换、买卖,使自己队伍的能量币尽可能最大化的交易游戏项目。各队完成取经之路后,重新集结在一起,相互博弈,各显神通。

目标:各队在规定时间内赚取尽可能多的能量币。

形式:线下沟通＋线上操作。

（4）团队真经。经过取经之路＋能量争夺战的重重考验,每队所获得的能量币都将转换成对团队真经的贡献值,最终点亮真经卷轴,共启团队愿景。

二、最强战队

"最强战队"是国内首款团建活动智能应用程序,它将纸质任务进行数字化,用于团队定向寻宝、互动闯关、互动娱乐,形式新颖,可给参训者带来全新体验。"最强战队"通过简洁的手机操作,将要表达和体现的理念设计和植入不同类型的任务中,使参训者在具有趣味性的游戏中体会活动的重点和要点。

"最强战队"结合景区寻宝等活动主题定制任务内容。任务形式有智慧问答、超能拍摄、动感影音等。在规定时间内,团队成员配合完成任务可获得相应积分。

1 全数字化的探索与思考

今天的世界,数字化进程正在加速推进中,各行各业都在转型升级、持续快速地发展,多数领域都在逐渐被数字化。数字化对整个社会有着非常广泛和深远的影响,人们在感到兴奋的同时,随之而来的也有焦虑,因为数字化会产生一些前所未有的社会现象,其后果如何、会带来怎样的影响,我们都还未能感知。数字化世界的未来将何去何从是当下的热点问题之一。

不过,有一点可以肯定,数字化是一条长河,它从历史中走来,向未来奔去,不可阻挡,呼啸而过,越来越多的人和领域被卷入其中,对人类社会的影响也越发深远。

在这里,有一个概念需要先了解一下,它就是"全数字化",其既是当今最常用的商业术语之一,又是定义最模糊的商业术语之一。全数字化的定义是:通过连接实现的各种技术创新。虽然这些创新会随着时间的推移不断演变,但目前相关度最高的技术创新包括大数据和大数据分析、云计算和其他平台技术、移动解决方案和基于位置的服务、社交媒体和其他协作应用、互联设备和物联网(IoT)、人工智能和机器学习、虚拟现实。在我们看来,全数字化必须以上述一项或多项技术为基础,而连接是实现全数字化的关键。

那么,团建这样一类重体验的项目如何进行全数字化呢?在思考这个话题时,我们不妨从团建整个产业链的视角来看待这个问题,这样切入分析和思考才有可能更加清晰和全面。我们知道,在团建整个产业链中,至少有以下几大核心角色:团建业务开发与维护者、团建产品或项目设计者、团建产品或项目落地执行者、团建道具供应者、团建后勤支持者、团建基地或场景运营者、团建周边服务提供者等。其实,在团建这条产业链中,各个模块都有可数字化的部分。更重要的是,我们需要考虑这些模块中哪些部分实现数字化会更有利于产业升级、产业发展、成本降低、管理和效率提升等。这里我们先抛出这个话题,便于读者整体思考。

2 团建行业的数字化设想

团建营销数字化。例如,我们可以通过大数据分析客户对每款产品的关注度和喜好程度,甚至产品的哪些模块、哪些页面更吸引客户的关注。这样的大数据分析,有助于我们不断优化产品内容、展示形式、互动方式等,从而使客户更加喜欢我们的产品,既能满足客户需求又能提高产品推送的精准度。

团建产品数字化。在人数大于200人的活动现场,如果我们在给学生讲解项目时,能通过手机等移动工具,让学生更加清晰地,多视角同步看到、听到、感受到项目的介绍和玩法,是不是更加生动?更重要的是,我们可以通过数字技术手段将体验任务自动推送到学生手机上,让其根据任务规则去完成游戏的挑战、队友的协同、高效的沟通等;同时,数字化平台可以对学生在体验过程中的相关数据进行采集和建模分析,让系统生成每一场团建活动的专有数据模型,这样在高峰体验时,我们能有更合理的参考数据,为决策和团队改善提供更科学的依据。

团建供应链数字化。如果能把团建供应链数据线上化、数据采集标准化,那么我们就有可能通过数字技术和智能算法进行实时监控采集并反馈各供应链的数据情况。例如,某个基地周末团队人数是否饱和,用餐是否拥挤,各团队用餐时间间隔多长合适,大巴车停车场如何布局,等等。

项目研发数字化。如果团建行业的教练或拓展教师把个人履历和职业特长分享到一个大数据平台上,当某个教练或拓展教师发起一个项目研发创意时,系统会自动邀请跟发起项目模块相关联或相匹配的教练或拓展教师参与进来一起探讨和研究,靠团队的智慧和力量开发与完善这个项目。此项目上线后通过输出进入市场,学生体验后对项目做出反馈,系统对其进行收集和智能运算后会给出一些项目改善建议,这样循环下去,这个项目就会越来越完善,体验感也会越来越棒。如果有这样的数字化平台,再加上合理的智能化分配机制,团建行业的创新力与创造力会大大提升。

以上是我们对团建领域数字化的一些应用场景的思考,希望能给正在阅读本书的你一些启发。

3 数字团建产品的探索与实践

数字化还有一些可以思考的小应用通道,例如,在疫情防控期间聚集风险大的背景下,我们利用数字技术开发了一款线上＋线下、虚拟＋现实、可视化、跨地域互动、可弹性设计、可不断升级的数字团建操作小程序平台,该平台结合各类妙趣横生的游戏元素和任务类型,让使用者不聚集,利用现有环境就可以参与活动,并获得全新的互动体验。

3.1 数字团建1.0启动进程

2020年年初暴发的新冠病毒感染疫情让团建行业停摆,但它也是团建行业涅槃重生的起点,我们开始尝试用线上化的方式探索行业新的可能,最终形成了一款数字团建平台系统的构思与落地方案,经过和技术团队的一起探索与努力,完成了线上＋线下、虚拟＋现实、可视化、跨地域互动、可弹性设计、可不断升级的数字团建操作小程序平台。

我们在疫情防控期间发布了几款数字团建产品,如"玩霸西游""赏金猎人""玩霸武侠传"等,帮助行业在艰难时刻找到了一道曙光。其间推出的"抗疫主题"线上团建,融入了防疫知识,是一款寓教于乐的团建产品,通过线上数字化的方式,帮助因疫情而无法聚集的企业员工,轻松愉快地获得了线上互动体验的快乐。数字团建不断探索落地的进程由此开始。

回顾历史,拓展训练进入中国以来,已经经历了四个时代:团建1.0时代是以吃饭、喝酒、爬山为代表的自助自乐的农耕时代;团建2.0时代是以基地拓展为代表、以培训师为中心的工业时代;团建3.0时代是以学生为中心的主题体验式的信息时代;疫情背景下诞生的数字团建时代属于团建4.0时代,它通过数字技术平台打通线上线下,以LBS(基于位置的服务)和人工智能技术为核心,开辟团建行业的数字化、智能化时代。

当然,我们现在还处在这个智能时代的初级阶段,许多从业者可能还没太看清楚这个时代的本质。但随着数字团建实践的不断深入,我们越来越相信,通过数字赋能,困扰团建产业的许多难题、痛点将被英雄的团建人一一解决。

3.2 人口红利过后的行业成本结构

人口红利过后,行业成本结构将发生巨变,这将给团建产业带来哪些挑战?数字化团建又有哪些机会?

作为一名行业老兵,我从2018年开始就已经对不断上涨的工资水平有了切身的体会,传统团建产业属于劳动密集型产业,人力成本是总成本中最主要的组成部分。

2021年,第七次全国人口普查公报发布后,全社会都意识到,中国的人口红利时代结束了。随着老龄化时代和低出生率时代的来临,人力成本只会越来越高。如何降本增效是摆在每一个行业从业者面前的一道难题。我们思考过很多路径,如品牌定位高端化、提高客单价、提高毛利率、项目更加专业化、终极供应链更加专业化等。考虑到市场竞争的白热化,高端化和供应链专业化能在一定程度上缓解人力成本上涨的不利影响,但从长期来看,高端市场毕竟容量有限,容纳不了太多商家;而供应链专业化,会让团建机构的产品变得毫无竞争力,最终导致行业的价格战。所以,我们最终决定在团建数字化上开始更加大胆地探索与实践,在经历过两年的快速发展迭代之后,我们发现团建数字化可以大大节省人力成本,以50人为例,传统团建可能需要4位拓展教师,数字团建1位主拓展教师+1名后勤人员就可以胜任了,而且游戏互动形式和内容更加多元化。数字团建将在元宇宙这一广受年轻人喜爱的互动游戏加持下,为行业提供一个全新的解决方案,打开一个新的通道。

3.3 元宇宙技术即将引爆整个实景互娱产业

2021年,Roblox的上市,引爆了"元宇宙"这个概念,也引起了思想界、科技界、资本界、企业界、文化界甚至政府部门的关注,形成了"元宇宙"现象。很显然也很自然,元宇宙概念正在对团建、旅游产业产生冲击和深刻的影响。

作为一种新技术,我们用"BIGANT"这个组合词来概括与元宇宙相关的六大技术全景,如图12-2所示。我们仅做简单的阐述,感兴趣的读者可以自行查阅相关资料。

图 12-2　与元宇宙相关的六大技术全景图

值得一提的是，元宇宙概念和我们在数字团建中提出的实景互娱概念有着异曲同工之妙。我们认为，实景互娱的本质就是基于物理世界，运用AR、LBS、AI等技术创造出一个虚拟游戏世界，并通过交互技术和虚拟货币，打造出一个基于微信平台的团建元宇宙。在微信这一超级平台向元宇宙快速行进的历史进程中，我们基于微信平台打造的团建元宇宙也将迅速成型并不断壮大，最终使整个传统团建产业产生大变局。

元宇宙的本质其实还是数字化，属于人类第四次工业革命的一个新阶段。在未来几年，数字化依然是行业的主旋律。谁能最好地实现产业数字化，谁能最快地拥有数字工具，谁就最有可能在巨变的产业发展进程中存活下来，甚至发展更迅速。

3.4 数字剧本杀——数字团建的又一种产品形态

2021年可与元宇宙概念火爆程度相媲美的游戏非剧本杀莫属。在2020年年初短暂地遭受疫情冲击后，广受年轻人喜爱的剧本杀游戏重新风靡全国，剧本杀门店数量爆炸性增长。与在疫情中艰难度日的各行各业不同，剧本杀从线上火到了线下，从虚拟火到了实景，很快这把火就烧到了团建旅游行业。沉浸式体验、角色扮演、戏精等名词在团建行业迅速扩散。而元宇宙概念让沉浸式体验这一概念再次深入人心。从2020年年初，我们就开始思考和探索如何把剧本杀这一互动形式和团建做结合，从而打造出一款数字团建剧本杀游戏。

我们对传统剧本杀行业进行研究之后发现，人数上限太少、非玩家角色（NPC）的人力成本高、剧本盗版横行是传统剧本杀行业的三大痛点，而且这三大痛点很有可能让剧本杀行业陷入极大内卷而自毁前程。同时，我们也欣喜地发现，数字平台产品的专利技术具备解决这三大痛点的可能性。随着研究的深入，借助于元宇宙的相关技术，我们提出了"数字剧本"这一设想，并在反复测试之后证明了其切实可行，于是一个新的行业解决方案——数字实景剧本技术诞生了。

在我们团队的共同努力下，经过一年的探索和研发，基于数字团建操作系统平台的底层技术架构和剧本杀的逻辑精髓再次跨界结合，成功推出了数字剧本创作平台。

相信数字剧本的加持，可以让协作变得更加有力量。内容的不断创新，可以带来产品的推陈出新，团建行业显然将迎来一个百花齐放的时代，每一个从业者，从技术到内容，从策划到执行，从创意到设计，都可以找到自己的优势，并从协作中获得自己的收益。

经过近两年的数字团建实践，以及和在疫情防控期间依然获得了强劲发展的行业伙伴的交流，我们越来越坚信一件事：数字团建是产业振兴的不二选择。无论是知识产权的保护，还是突破空间和时间的界限；无论是去中心化的协作网络，还是产业链上下游的紧密配合；无论是开发时间的变短，还是对潮流文化的及时把握，学会并拥有一整套数字团建技术工具，必将成为团建旅游产业必需的一项修炼。

面对新技术的不断涌现和信息的不断更新，希望团建产业的发展持久不衰，我们也将时刻保持一颗开放、思考、学习、勇敢的心。

参考文献

[1] 李友海.拓展训练:全新的学习方法和训练方式[J].中国培训,2001(3):33-34.
[2] 谢恩杰,李萍美,程丽珍.学校拓展训练[M].北京:中国科学技术出版社,2007.
[3] 吴桂英.拓展训练引入高校体育的理论思考及模式构建[D].武汉:湖北大学,2007.
[4] 钱永健.拓展[M].北京:高等教育出版社,2009.
[5] 胡炬波,厉丽玉.户外运动与拓展训练[M].杭州:浙江大学出版社,2017.
[6] 钱永健.拓展训练[M].北京:企业管理出版社,2016.
[7] 臧道祥,韩庭卫.户外拓展训练全书[M].北京:地震出版社,2022.
[8] 薛保红,盛建华,肖沛宇.体验培训:创造优秀的培训师[M].北京:中国标准出版社,2016.
[9] 惠特默.高绩效教练[M].林菲,徐中,译.北京:机械工业出版社,2013.
[10] 杜威.杜威全集:晚期著作(1925—1953):第十三卷(1938—1930)[M].冯平,刘冰,胡志刚,等译.上海:华东师范大学出版社,2015.
[11] 布里奇斯,海林杰.以问题为本的学习:在领导发展中的运用[M].冯大鸣,译.上海:上海教育出版社,2002.
[12] 李毅.杜威《民本主义与教育》[J].山东师大学报(哲学社会科学版),1985(6):80-82.
[13] 毛振明,王长权.学校心理拓展训练[M].北京:北京体育大学出版社,2004.
[14] 陶宇平.户外运动与拓展训练教程[M].成都:电子科技大学出版社,2006.
[15] 李冈颬.拓展训练简史[M].北京:企业管理出版社,2018.
[16] 王宜馨.普通高校开展户外拓展训练意义研究[J].体育世界(下旬刊),2013(5):72-73.
[17] 库伯.体验学习:让体验成为学习和发展的源泉[M].王灿明,朱水萍,译.上海:华东师范大学出版社,2008.
[18] 毛凯.拓展训练对大学生身心发展影响的实践研究:以高职高专院校为例[D].济南:山东师范大学,2012.
[19] 李金芬.高校拓展训练课程教学体系的构建[J].上海体育学院学报,2010(1):80-82.
[20] 李舒平,邹凯.户外运动的风险管理[M].广州:广东科技出版社,2009.
[21] 马红宇,王斌.登山、攀岩与野营入门[M].南京:江苏科学技术出版社,2001.
[22] 季克异,季浏.拓展高校体育课程促进学生身心健康:高校开展野外生存生活训练实验研究概述[J].中国学校体育,2003(1):51-52.
[23] 钱永健.拓展训练:挑战自我,熔炼团队[M].北京:企业管理出版社,2006.
[24] 梁培根.高职体育[M].南京:河海大学出版社,2011.
[25] 许晓部.拓展训练对学生若干心理指标影响的实验研究:以高职高专院校为例[D].苏州:苏州

大学,2010.

[26] 比尔德,威尔逊.体验式学习的力量[M].黄荣华,译.广州:中山大学出版社,2003.

[27] 付贺.企业拓展培训教程[M].北京:中国时代经济出版社,2014.

[28] 王俪艳,吴恒晔,徐建国.大学生体质健康管理与健康促进指南[M].上海:同济大学出版社,2019.

[29] 李冈豳.做最好的拓展培训师[M].北京:企业管理出版社,2008.